数字乡村治理

理论阐释与实践逻辑

沈费伟 著

中国社会科学出版社

图书在版编目（CIP）数据

数字乡村治理：理论阐释与实践逻辑 ／ 沈费伟著. --
北京：中国社会科学出版社，2024.7. -- ISBN 978-7
-5227-4008-9

Ⅰ.D638-39

中国国家版本馆CIP数据核字第20241XF146号

出 版 人	赵剑英
责任编辑	李斯佳
责任校对	杨　林
责任印制	戴　宽

出　　版	中国社会科学出版社
社　　址	北京鼓楼西大街甲158号
邮　　编	100720
网　　址	http://www.csspw.cn
发 行 部	010-84083685
门 市 部	010-84029450
经　　销	新华书店及其他书店
印　　刷	北京君升印刷有限公司
装　　订	廊坊市广阳区广增装订厂
版　　次	2024年7月第1版
印　　次	2024年7月第1次印刷
开　　本	710×1000　1/16
印　　张	18.75
插　　页	2
字　　数	314千字
定　　价	106.00元

凡购买中国社会科学出版社图书，如有质量问题请与本社营销中心联系调换
电话：010-84083683
版权所有　侵权必究

序 言 一

徐旭初

当数字技术穿透人类社会，我们便无以回避地进入数字时代，从而农业农村领域也无以回避地进入数字乡村时期。数字乡村既是乡村振兴的战略方向，也是建设数字中国的重要内容。自2018年中央一号文件首次提出"实施数字乡村战略"以来，国家持续颁布相关政策文件以支持数字乡村建设发展。从2019年的《数字乡村发展战略纲要》到《数字农业农村发展规划（2019—2025年）》，再到《数字乡村发展行动计划（2022—2025年）》以及连续多年的中央一号文件，均多次提及并强调数字乡村，并在全国统筹开展数字乡村试点，这一系列的政策加码和战略提速意味着数字乡村建设发展进入了新高度。当前，以数字化、网络化、智能化为特征的新一轮技术革命正在蓬勃兴起，数字技术与农业农村的深度融合不断开创乡村建设发展"新赛道"，跑出乡村社会发展"加速度"，更加快了农业农村领域新质生产力的形成和发展，为农业农村现代化及乡村治理现代化转型带来了前所未有的机遇。例如，农村产业现代化与智慧化应用提高了农业生产力水平；农业物联网和数字农业项目推动了农业生产的规模化和组织化；农业数字管理服务平台提升了农业决策和监管的准确性。在新一代信息技术不断释放乘数效应的背景下，深入实施数字乡村发展行动，以数字化赋能乡村治理、乡村建设和乡村产业发展已成为乡村发展的必然趋势和政策要求。

"在危机中育先机、于变局中开新局"。在农村农业数字化转型、乡村治理变革中，如何释放更多数字红利惠及农民农业农村？如何以数字技术促进乡村高质量发展？如何通过数字乡村理论构建提供乡村发展的思想基石？如何通过数字乡村实践路径剖析鉴别乡村未来发展道路？这些都成为研究者、实践者和参与者急需攻克的重要课题。杭州师范大学副教授、中国式现代化理论与实践研究中心研究员沈费伟的《数字乡村治理：理论阐释与实践逻辑》一书的出版恰逢其时，该书从乡村立场、乡村价值和乡村利益角度出发，围绕经济提质增效、政治秩序重构、文化传承发展、生态环境美化、社会权益保障等内容，探索适配数字乡村发展规律的理论基础和实现路径，为全面推进数字乡村理论发展和实践指导作出重要贡献。

不难看出，该书以数字乡村治理为题，但并非聚焦于狭义的乡村治理，即以法治、自治、德治为主要内容的乡村社会治理（或为小治理），而是聚焦于广义的乡村治理，即以乡村治理体系和治理能力现代化为主要内容的乡村治理（或为大治理），换言之，该书并非仅探讨数字化如何赋能乡村社会治理，而是探讨数字化如何全面赋能乡村经济、治理、生活、生态等多方面。

该书是作者从政治学和行政学视角出发，对"数字乡村""数字乡村治理"的背景、概念、内涵、特征及意义的重新审视，同时基于乡村主体性发展维度对当前国家推进数字乡村建设进行的深入反思。通读此书，或许可从政治性与技术性、主体性与发展性、理论性与实践性、思想性与可读性等方面来进行理解。

一是关注政治性与技术性的统一。在全面推进乡村振兴、建设数字中国的时代背景下，该书注意到兼具"国家在场""乡村自治""技术运用"三重面相的数字乡村治理。首先，乡村治理现代化是国家治理现代化的重要组成部分，因而推进乡村治理现代化本身就直接涉及政府政策制定与执行，体现了政治纵向辐射和整体发展的要求。其次，新一代信息技术的变革性发展，为国家与社会在乡村场域的共同在场提供了技术支持，创造了技术空间，从治理理念、治理逻辑、治理方式、治理机制上深刻改变了乡村社会运行规律。最后，政治与技术的融合统一产生了新的治理技术和新的技术治理，重新塑造了国家角色和乡村治理规则，改变了乡村社会的运作方式，促进了国家治理现代化的发展。

二是注重主体性与发展性的统一。该书有别于从国家视角出发研究数字乡村政策制定和执行的成果，更多地强调乡村主体性。作者在研究推进数字乡村治理过程的同时也反思其对乡村特色性或被作者称为"乡村性"的破坏。经济学家熊彼特曾提出"创造性破坏理论"，认为每次技术进步、体系革新，一定会带来对旧有平衡的打破，对旧有结构和制度的破坏。因此，在运用新兴技术时要时刻警惕对乡村治理的过度破坏，要兼顾对乡村特质的保护和对乡村治理良性发展的维护，从而在数字乡村与乡村振兴之间找到平衡点，最终达成理想与现实、传统与现代、经验与实践的高度耦合。

三是强调理论性与实践性的统一。作者对于数字乡村治理的理论解读并不局限于民主政治范畴，而是将研究范围扩展至乡村经济社会各个领域的重构与升华之中，创新性地从技术维度、发展维度、人本维度、效能维度、边界维度五个方面进行透视，并对乡村精准扶贫、智慧旅游、经营主体培育、有限政府、乡村自治组织、乡村秩序重构、乡村文化振兴、文化礼堂建设、教育信息发展、乡村善治、"零污染村庄"、保持"乡村性"、老年人参与、乡村回流人才动员、治理现代化限度等方面进行深入解剖、集中阐述与翔实论证，进而提出具有针对性地数字乡村治理的优化策略，指明数字乡村治理的未来发展路径。该书对数字乡村治理既有多重理论视角的观察，也有对核心议题的深入探讨，二者有机结合使研究内容颇为丰富和饱满。

四是坚持思想性与可读性的统一。该书力图回答数字乡村治理的"时代之问""发展之问""变革之问"，寓情于理，寓理于实。在思想性方面，作者提出了不少颇具创见的观点。例如，在论述数字乡村的敏捷治理机理时，提出"弹性再造乡村治理空间；灵活设置乡村治理机制；有效形塑乡村治理流程；强化适应乡村治理体系，有助于显著提升社会治理体系和治理能力现代化水平。"在可读性层面，作者选取日常生活里息息相关的案例进行分析，例如"智慧景区、智慧旅行社、智慧酒店等数字乡村智慧旅游场景的应用，依托云计算、物联网等现代信息技术，整合乡村旅游景区的吃、住、行、游、购相关的各类旅游服务于一体，在不断提升智慧旅游品牌的同时，为广大民众提供'各取所需'的服务。"该书可贵之处正是其兼顾了思想性与可读性，在通俗易懂中让读者深受启发。

无疑，数字乡村治理将是当前和今后一段时期农业农村发展的热点、重点和难点。该书集中展示了作者近年来对数字乡村治理全面、系统而深刻的思考，对研究者而言，这是一本具有参考价值的理论文献；对从业者而言，这是一本具有指导作用的实操指南。它为政策制定者和政策执行者启示了新一轮科技革命下乡村治理变革的发展方向，为乡村管理者和乡村观察者开辟了多视角了解新时代乡村繁荣发展的思想进路，为农民参与者适应农业农村现代化转型提供了现实参考依据。总之，这是一部深度诠释数字乡村治理理论与实践的佳作，也是一部数字乡村治理领域研究的力作。

浙江大学中国农村发展研究院教授

杭州电子科技大学法学院教授

国家社科基金重大项目首席专家

2024 年 3 月 2 日于浙江杭州

序 言 二

刘祖云

21世纪是一个快速发展、充满变革的"大数据"时代，随着互联网、物联网、5G等新技术的广泛应用，一个与物理空间平行的数字空间正在形成，社会环境结构发生根本性的变化。在这样的时代背景下，大数据技术逐渐成为乡村治理创新的重要驱动力，中国的乡村振兴进入一个关键时期。为此，国家提出实施数字乡村战略，这显然不是简单的乡村网络设施改造，而是乡村治理理念与范式的重大调整，以适应大数据时代的现实要求。因此，如何借助数字技术赋能乡村全面发展，如何推进数字乡村治理以满足中国式现代化新要求，如何提升数字乡村治理绩效从而进一步实现乡村振兴，成为当前亟待解决的问题。

杭州师范大学沈费伟副教授专注于政府管理和乡村治理等领域，潜心学术研究且颇有建树，自2018年中央一号文件提出实施数字乡村战略以来，形成了丰硕的研究成果。《数字乡村治理：理论阐释与实践逻辑》一书是其近年来对数字乡村治理的一些思考的集结，其中既有对其多年来乡村治理研究和实践的提炼，又有学术贡献价值的提升，对我国数字乡村战略的细化实施具有明显的借鉴意义。该书基于乡村立场、乡村价值和乡村利益，以"数字乡村治理"为研究对象，在把握多种治理理论的基础上，探索数字技术在乡村振兴战略落地中的不同作用方式、作用机理及成功经验，科学合理地论证了不同数字乡村治理的理念，展望了未来推行数字乡村治理的多种可能路径，具有重要的理论和现实意义。这是一本恰逢其时、满足客观需求，并且兼具理论建树和实际应用价值的作品。

该书分为八个章节，章节之间逻辑关系清晰，结构严谨、主题鲜明，并且有着扎实的理论功底和丰富的实践经验，向读者呈现出一个由宏观到微观、由理论到实践的清晰架构。总体来看，该书在以下几个方面令人印象深刻。

第一，问题意识强烈，破题视角独特。2017年10月，习近平总书记在党的十九大报告中提出乡村振兴战略，指出农业、农村、农民问题是关系国计民生的根本性问题，明确了"产业兴旺、生态宜居、乡风文明、治理有效、生活富裕"的乡村振兴总要求。乡村振兴是一个系统性工程，兼顾阶段性发展的时间观念、县域发展的空间观念和城乡统筹发展的整体观念。但在实施乡村振兴战略过程中，出现了诸多治理缺陷，如组织协调不灵活、资源统筹缺体系、治理机制不配套等。在这样的情况下，如何创新乡村发展理念、转变乡村发展方式，成为需要认真思考和研究的重大问题。面对这样的现实挑战，数字乡村治理有力回应了乡村振兴的需求，通过将现代信息技术作为驱动农村组织和制度向现代化发展的赋能方式，提升乡村振兴质量和整体化发展水平。除此之外，本书还提出了诸多富有洞见的建议，使该书在发现问题的同时，也为其寻求解决之道提供了新的思路，从而增强了该书的实用性。

第二，逻辑思路清晰，研究内容丰富。首先，观点新颖。作者从治理主体、治理要素、治理结构整合的广阔视角考虑数字乡村治理，不再仅仅局限于乡村的资源以及收益分配问题，而是将乡村的经济、文化、社会空间作为融合城乡发展元素、构建基层治理网络、服务多元主体的场所，探讨如何激发乡村进一步发展的势能动力。其次，内容全面。本书瞄准了乡村振兴内涵，坚持以人为本的核心价值，将视野集中在经济提质增效、政治秩序重构、文化传承发展、生态环境美化、社会权益保障五大方面，重点研究乡村精准扶贫、智慧旅游、经营主体培育、有限政府、自治组织、秩序重构、文化振兴、文化礼堂建设、教育信息发展、环境善治、"零污染村庄"、保持乡村性、老年人参与、乡村回流人才动员、治理现代化限度等议题，实现了从整体到部分、从宏观到微观、从线性到立体的有效衔接，打开了数字赋能视角的中国特色乡村治理路径研究。最后，多研究方法交叉融合。本书综合运用了文献分析法、案例研究法、归纳演绎法等代表性、稳定性、共识性兼具的方法，借助翔实的田野调查资料，采用科学的研究范式，确保了调查研究的真实性和研究成果的科学性。另外，作者搭建了一个研究数字乡村治理的理论框架，提出"理念引领—技术主导—制度协同"的包容式乡村建设机制，无疑是非常具有学术价值的观点。

第三，理论基础坚实，实践价值深厚。本书理论阐释充分，思辨明晰，解读深刻而透彻，具有较强的理论性和思想性。首先，作者进行了扎实的理论文献检索及比较分析，深度把握研究现状，夯实了本书的研究基础。其次，本书特别重视理论阐释。作者从政治与行政学科的理论视角出发，深入阐述了数字治理理论、精明增长理论、内生发展理论、敏捷治理理论、系统治理理论，达到了较高的学术水准。另外，本书所形成的一系列基本概念、范畴和理论观点，使该书的理论诠释体系获得了科学的表达。最后，本书理论与实践紧密结合。理论基础研究和实践经验借鉴是学术研究中不可缺少的两大方面，理论研究能够为实践提供理论支撑，而实践的积累和总结又能为理论研究提供新的问题和视角。作者在进行理论阐释的同时，又注重对实践经验的借鉴，选取日常生活里息息相关的案例进行分析，实现了理论分析与实践经验的有机结合。

数字乡村是符合时代发展与现实需求的乡村振兴新途径。《数字乡村治理：理论阐释与实践逻辑》一书的问世，可谓正当其时，它为实现乡村振兴战略添上浓重一笔。作者凭借扎实的理论功底和开阔的理性思维，对中国数字乡村治理做出了独到的理论阐述。该书顺应时代发展潮流，贯彻以人民为中心的根本立场，对于理解数字乡村治理的产生与发展具有重要的价值，值得公共管理者、相关研究者参阅。

南京年农业大学公共管理学院教授
博士生导师

2024 年 2 月 1 日于江苏南京

前　言

为确保乡村振兴战略贯彻落地，真正推进农业农村现代化，必须坚持城乡融合发展，创新乡村治理方式，保障村民权益。自 2019 年 5 月开始，国家陆续印发《数字乡村发展战略纲要》《数字乡村发展工作要点》《数字乡村建设指南 1.0》等文件，提出要弥合城乡数字鸿沟，发挥现代技术在推进乡村治理体系和治理能力现代化中的基础支撑作用，构建数字乡村治理新体系，提升乡村振兴绩效。因此，本书基于乡村立场、乡村价值和乡村利益，旨在通过对乡村振兴时代背景下数字乡村治理议题的研究，重点剖析数字乡村治理的理论基础、数字乡村治理与经济提质增效、数字乡村治理与政治秩序重构、数字乡村治理与文化传承发展、数字乡村治理与生态环境美化、数字乡村治理与社会权益保障等内容，探析数字技术在乡村振兴战略落地中的不同作用方式、作用机理及成功经验，从理论上论证数字乡村治理的理念，促进乡村治理能力现代化，为乡村全面振兴夯实基础。本书运用新方法研究新问题、提出新观点，对相关研究和政府决策具有重要的参考价值。

为实现以上研究目标，本书以八个章节的篇章结构围绕数字乡村治理议题展开理论分析和案例阐述，以求对乡村振兴时代背景下数字乡村的整体性治理有深刻理解。

第一章为绪论。这是本书的开篇之章，一是分析了数字乡村治理与乡村振兴的时代背景，进而明确现阶段研究数字乡村治理议题的实践意义和学术价值。二是通过对既有文献进行详细评述，明确既往研究与本书的关系，阐明本书的研究定位。三是根据本书的研究需求，界定"数字乡村""数字乡村治理"两个核心概念及其内涵。四是交代本书主要的研究方法。五是介绍本书的研究思路和技术路线。

第二章为数字乡村治理的理论解读。本章主要从政治与行政学科的理论视角出发，阐述"数字乡村治理"的理论内涵以及本书的分析框架。

在具体的内容安排上，一是从数字治理理论出发，阐述数字乡村治理的技术维度；二是从精明增长理论出发，探析数字乡村治理的发展维度；三是从内生发展理论出发，论证数字乡村治理的人本维度；四是从敏捷治理理论出发，剖析数字乡村治理的效能维度；五是从系统治理理论出发，叙述数字乡村治理的边界维度。

第三章为数字乡村治理与经济提质增效。本章主要探讨的是数字乡村治理与精准扶贫绩效、数字乡村治理与智慧旅游发展、数字乡村治理与经营主体培育三个方面的内容。首先，在数字乡村治理与精准扶贫绩效层面，从国家减贫战略的技术治理趋势、技术治理与国家精准扶贫实践、数字乡村精准扶贫的实现条件、数字乡村精准扶贫的政策选择四个方面展开研究。其次，在数字乡村治理与智慧旅游发展层面，从数字乡村智慧旅游的发展动力、数字乡村智慧旅游的技术框架、数字乡村智慧旅游的品牌价值、数字乡村智慧旅游的提升策略四个方面展开研究。最后，在数字乡村治理与经营主体培育层面，从新型农业经营主体的培育特征、新型农业经营主体的培育逻辑、新型农业经营主体的发展困境、新型农业经营主体的创新路径四个方面展开研究。

第四章为数字乡村治理与政治秩序重构。本章主要探讨的是数字乡村治理与有限政府角色、数字乡村治理与村民自治组织、数字乡村治理与乡村秩序重构三个方面的内容。首先，在数字乡村治理与有限政府角色层面，从政府角色理论的框架提出、数字乡村治理与有限政府、数字乡村治理的角色误区、数字乡村治理的政府定位四个方面展开研究。其次，在数字乡村治理与村民自治组织层面，从村民自治组织的主体解读、村民自治组织的治理逻辑、村民自治组织的治理功能、村民自治组织的发展困境、村民自治组织的提升策略五个方面展开研究。最后，在数字乡村治理与乡村秩序重构层面，从乡村秩序建构的理论剖析、乡村秩序与数字乡村治理、乡村秩序失灵的具体表现、数字乡村治理秩序的路径四个方面展开研究。

第五章为数字乡村治理与文化传承发展。本章主要探讨的是数字乡村治理与乡村文化振兴、数字乡村治理与文化礼堂建设、数字乡村治理与教育信息发展三个方面的内容。首先，在数字乡村治理与乡村文化振兴层面，从传统乡村文化生成及其思想价值、现代化解构传统乡村文化的特征、现阶段传统乡村文化的衰败呈现、数字乡村治理重构传统文化路径四个方面展开研究。其次，在数字乡村治理与文化礼堂建设层面，从农村文化礼堂建设与数字乡村文化振兴、农村文化礼堂对于数字乡村治理的作用、农村文化礼堂制约数字乡村治理的原因、农村文化礼堂助推数字乡村治理的策略四个方面展开研究。最后，在数字乡村治理与教育信息发展层面，从数字乡村教育治理的优势特点、数字乡村教育治理的现实困境、数字乡村教育治理的优化路径三个方面展开研究。

第六章为数字乡村治理与生态环境美化。本章主要探讨的是数字乡村治理与乡村环境善治、数字乡村治理与"零污染村庄"、数字乡村治理与保持乡村性三个方面的内容。首先，在数字乡村治理与乡村环境善治层面，从数字乡村利益相关者理论内涵、数字乡村环境污染的理论解释、实现数字乡村环境善治的策略三个方面展开研究。其次，在数字乡村治理与"零污染村庄"层面，从"零污染村庄"的实践逻辑探析、"零污染村庄"的创新模式提炼、建设"零污染村庄"的对策建议三个方面展开研究。最后，在数字乡村治理与保持乡村性层面，从数字乡村治理中的乡村性问题、数字乡村治理破坏乡村性特色、数字乡村保持乡村性价值策略三个方面展开研究。

第七章为数字乡村治理与社会权益保障。本章主要探讨的是数字乡村治理与老年人参与、数字乡村治理与乡村回流人才动员、数字乡村治理与治理现代化限度三个方面的内容。首先，在数字乡村治理与老年人参与层面，从老年人参与数字乡村的治理框架、老年人参与数字乡村的数字鸿沟、老年人参与数字乡村的制度包容、提升老年人数字包容的策略选择四个方面展开研究。其次，在数字乡村治理与乡村回流人才动员层面，从数字乡村治理中乡村回流人才的形成原因、乡村回流人才促进数字乡村治理机理剖析、乡村回流人才在数字乡村治理的现实困境、乡村回流人才助推数字乡村治理对策建议四个方面展开研究。最后，在数字乡村治理与治理现代化限度层面，从数字乡村治理现代化限度的框架、数字乡村治理现代化的实现逻辑、数字乡村治理现代化限度的表现、实现数字乡村现代化的优化策略四个方面展开研究。

第八章为总结与展望。本章对全书进行总结，提出了四大富有意义的研究展望。

目 录

第一章 绪论 ………………………………………………………… 1
  第一节 问题提出 ………………………………………………… 1
  第二节 文献综述 ………………………………………………… 4
  第三节 基本概念界定 …………………………………………… 19
  第四节 研究方法 ………………………………………………… 24
  第五节 研究思路与技术路线 …………………………………… 26

第二章 数字乡村治理的理论解读 ………………………………… 28
  第一节 数字治理理论：数字乡村治理的技术维度 …………… 29
  第二节 精明增长理论：数字乡村治理的发展维度 …………… 35
  第三节 内生发展理论：数字乡村治理的人本维度 …………… 42
  第四节 敏捷治理理论：数字乡村治理的效能维度 …………… 48
  第五节 系统治理理论：数字乡村治理的边界维度 …………… 56

第三章 数字乡村治理与经济提质增效 …………………………… 61
  第一节 数字乡村治理与精准扶贫绩效 ………………………… 61
  第二节 数字乡村治理与智慧旅游发展 ………………………… 72
  第三节 数字乡村治理与经营主体培育 ………………………… 83

第四章 数字乡村治理与政治秩序重构 …………………………… 95
  第一节 数字乡村治理与有限政府角色 ………………………… 95
  第二节 数字乡村治理与村民自治组织 ………………………… 108
  第三节 数字乡村治理与乡村秩序重构 ………………………… 118

第五章　数字乡村治理与文化传承发展 …… 133

　　第一节　数字乡村治理与乡村文化振兴 …… 133
　　第二节　数字乡村治理与文化礼堂建设 …… 146
　　第三节　数字乡村治理与教育信息发展 …… 158

第六章　数字乡村治理与生态环境美化 …… 170

　　第一节　数字乡村治理与乡村环境善治 …… 170
　　第二节　数字乡村治理与"零污染村庄" …… 181
　　第三节　数字乡村治理与保持乡村性 …… 194

第七章　数字乡村治理与社会权益保障 …… 203

　　第一节　数字乡村治理与老年人参与 …… 203
　　第二节　数字乡村治理与乡村回流人才动员 …… 218
　　第三节　数字乡村治理与治理现代化限度 …… 230

第八章　总结与展望 …… 247

主要参考文献 …… 252

后　记 …… 281

第一章 绪论

第一节 问题提出

  20世纪90年代以来，随着互联网技术的崛起，尤其是对人工智能、云计算、物联网、区块链等新技术的广泛应用，促进了大数据时代的来临。在大数据时代下，传统乡村社会迎来了变革的重要契机，通过不断催生新技术、新产品、新模式促进乡村振兴发展。为回应大数据时代带来的乡村新变化趋势，2018年《中共中央 国务院关于实施乡村振兴战略的意见》明确提出"实施数字乡村战略"。乡村振兴是在系统把握我国现代化发展目标及社会主要矛盾的基础上提出的农业农村现代化发展战略，是兼顾阶段性发展的时间观念、县域发展的空间观念和城乡统筹发展的整体观念的系统性工程。[①] 具体而言，乡村振兴内涵包括五个方面的主要内容。第一，产业兴旺是实现乡村振兴的基石。以乡村整体价值和村民利益为准则，开发乡村各类资源，形成符合乡村发展特点和规律的产业结构。[②] 第二，生态宜居是提高乡村发展质量的保证。坚持"绿水青山就是金山银山"的发展理念，通过绿化覆盖、垃圾处理、厕所革命、水资源保护等行动打造自然环境优美、社会环境和谐的美丽乡村。[③] 第三，乡风文明是乡村建设的灵魂。以党组织为基础，培育家庭、村委小组等文化发展的多元主体，共同推动发展乡村文化教育事业，繁荣地方

[①] 杨华等：《多维视野中的乡村振兴（笔谈）》，《西北民族研究》2020年第2期。
[②] 朱启臻：《乡村振兴背景下的乡村产业——产业兴旺的一种社会学解释》，《中国农业大学学报》（社会科学版）2018年第3期。
[③] 孔祥智、卢洋啸：《建设生态宜居美丽乡村的五大模式及对策建议——来自5省20村调研的启示》，《经济纵横》2019年第1期。

特色文化产业，打造乡风文明、文化繁荣的现代乡村。① 第四，治理有效是乡村善治的核心。在继承传统乡村治理优势的基础上，以现代治理理念重塑乡村治理生态，通过组织动员、主体协调实现有序的乡村自治并完善基层治理的法律体系，实现乡村层面的"三治融合"。② 第五，生活富裕是乡村振兴的目标。乡村振兴的实施效果要用农民生活富裕程度来评价。为此，要努力保持农民收入较快增长，不断缩小城乡居民收入差距，向着共同富裕目标稳步前进。③ 乡村振兴事业在上述理念的指引下顺利展开，在农民创收、社会保障、文化发展、生态保护等方面取得显著成效。但亦存在诸多治理缺陷，例如，组织协调不灵活、资源统筹缺体系、治理机制不配套等。④ 这就需要创新乡村发展理念、转变乡村发展方式，以新的治理方式带动乡村振兴系统提质升级。而数字乡村战略则是对这一发展需求的有力回应，通过将现代信息技术作为驱动农村组织和制度向现代化发展的赋能方式，提升乡村振兴质量和整体化发展水平。

数字乡村战略的提出，既是中共中央、国务院对信息化社会繁荣发展趋势的深刻把握，也是对乡村振兴实践难题的积极回应。2022年1月中央网信办、农业农村部等联合印发的《数字乡村发展行动计划（2022—2025年）》明确指出："数字乡村是乡村振兴的战略方向，也是建设数字中国的重要内容。"《数字乡村发展战略纲要》亦对数字乡村建设的四个阶段任务目标做出部署，具体内容包括：到2020年数字乡村建设取得初步发展，农村互联网普及率明显提升；到2025年数字乡村取得重要进展，城乡数字鸿沟明显缩小；到2035年数字乡村基本实现，农民数字化素养显著提升；到21世纪中叶，全面建成数字乡村，助力乡村全面振兴。数字乡村发展不仅侧重于政策制度的完善，而且在全国层面开始广泛试点实践。例如，浙江省湖州市张陆湾村将全村30多家企业的信息录入"数字乡村一张图"，便于地方政府为企业提供精准服务，推动产业振兴。贵州省开发"数字乡村建设监测平台"，创新区域化的分级权限

---

① 唐兴军、李定国：《文化嵌入：新时代乡风文明建设的价值取向与现实路径》，《求实》2019年第2期。

② 胡红霞、包雯娟：《乡村振兴战略中的治理有效》，《重庆社会科学》2018年第10期。

③ 申云、李京蓉：《我国农村居民生活富裕评价指标体系研究——基于全面建成小康社会的视角》，《调研世界》2020年第1期。

④ 周庆智：《乡村贫困及其治理：农民权利缺失的经验分析》，《学术月刊》2020年第8期。

管理方式，实现村民、政府、市场主体对乡村事务的协同治理。福建省平潭综合实验区建设城乡居民养老村级便民信息化平台，为村民提供申报参保登记、待遇领取、关系转移或注销等服务。数字乡村建设是新时代国家应用现代信息技术提高农业农村现代化治理水平的创新路径，既是乡村振兴战略深入推进的必然选择，也是提升数字中国战略绩效的重要内容。开展数字乡村试点工作，能够真正将现代技术所释放的红利应用到现实的乡村建设行动中，从而极大地促进农业农村发展的内生活力。

现阶段数字乡村以现代信息技术作为推动农业农村现代化的核心力量，覆盖了乡村振兴领域的经济、文化、生态、治理等各个方面。首先，在乡村经济发展方面，数字乡村通过优化传统乡村的基础设施，引进先进的技术设备、组织模式、经营体系，推动乡村产业的高质量发展。[1] 其次，在乡村文化发展方面，数字乡村治理不仅能够借助先进的信息技术助推传统乡村文化的传承，而且打造了统一的公共文化空间，实现城乡文化融合发展。再次，在乡村生态保护方面，数字乡村综合考虑制度、技术与主体参与在数字乡村环境治理过程中的结构与功能，呈现出外部约束、内部动力和技术支持的数字乡村环境综合治理格局。[2] 最后，在乡村治理方面，数字乡村强调运用技术为个人发展和组织协调赋能，从强化主体能力和组织互联等层面提高乡村公共事务治理的有效性。[3] 数字乡村治理通过多领域、多层次、多范围的数字赋能，有效实现了治理主体、治理要素、治理结构的协调整合，弥补了传统乡村振兴模式的诸多治理缺陷。乡村的经济、文化、社会空间日益扩展为融合城乡发展元素、构建基层治理网络、服务多元主体的场所，这些特征逐步成为未来乡村振兴进一步发展的势能动力。

综上所述，数字乡村治理是一种遵循以人为本、开放共享、整体协同的治理理念，以数字技术为建设工具，对乡村生产、生活、生态等各方面进行数字化重塑的建设模式。数字乡村建设以数字技术为核心依据，

---

[1] 沈费伟、陈晓玲：《技术如何重构乡村——乡村技术治理的实现路径考察》，《学术界》2021年第2期。

[2] 胡溢轩、童志锋：《环境协同共治模式何以可能：制度、技术与参与——以农村垃圾治理的"安吉模式"为例》，《中央民族大学学报》（哲学社会科学版）2020年第3期。

[3] 沈费伟：《乡村技术赋能：实现乡村有效治理的策略选择》，《南京农业大学学报》（社会科学版）2020年第2期。

将蕴含在数字技术中的去中心化、主体平等、互联共享等特质融入乡村治理理念、治理制度中，形成"理念引领—技术主导—制度协同"的包容式乡村建设机制。一方面，数字乡村建设注重打造基层数字化办公系统，改变信息采集方式、搭建综合性信息共享服务平台，满足村民的多元需求，拓宽基层治理共同体。另一方面，数字乡村建设通过构建"纵向到底、横向到边"的公共服务网格，使国家公共服务不断下沉到基层，提高乡村公共服务的质量和效率。此外，数字乡村治理发挥数字技术的时空压缩功能，能够跨越城乡距离，缩小城乡数字鸿沟，在资源流动、文化沟通等方面推进城乡统筹。因此，数字乡村治理既符合乡村振兴的价值要求，又能弥补传统乡村治理路径的缺陷，是符合时代发展与现实需求的乡村振兴新途径。

第二节　文献综述

数字乡村治理是融合社会结构、制度发展、组织价值等多元力量，以数字技术创新为乡村振兴的内源驱动力，以实现乡村生产数据化、治理透明化、生活智能化和消费便捷化为目标的治理共同体的构建。[①] 数字乡村的建设对于传统乡村治理的影响也是巨大的，它既可以实现传统乡村社会关系的重构和权力体系的再构，[②] 也可以从技术上为乡村居民的政治参与拓展了新的途径与方式，[③] 甚至还重构了乡村社会治理的公共领域。[④] 总的来说，数字技术打破了乡村原有的社会结构、经济结构、关系结构、地缘结构和文化结构，形成了以交互性和群结构性为特征的交互式群治理模式。[⑤] 现阶段伴随着现代信息技术在乡村社会的不断普及，学

[①] 夏显力等：《农业高质量发展：数字赋能与实现路径》，《中国农村经济》2019年第12期。
[②] 赵秀玲：《乡村互联网治理的兴起与制度变迁》，《河南大学学报》（社会科学版）2019年第2期。
[③] 沈费伟、诸靖文：《乡村"技术治理"的运行逻辑与绩效提升研究》，《电子政务》2020年第5期。
[④] 赵敬丹、李志明：《从基于经验到基于数据——大数据时代乡村治理的现代化转型》，《中共中央党校（国家行政学院）学报》2020年第1期。
[⑤] 陈明、刘义强：《交互式群治理：互联网时代农村治理模式研究》，《农业经济问题》2019年第2期。

者对于数字乡村治理的研究也日益丰富。

一 研究现状

通过对"数字乡村"主题相关研究的年度发文量情况、研究力量分布、高被引文献及关键词频次进行统计，可以较为全面地把握该研究主题的研究热点、演进趋势和发育程度。本书以中国知网（CNKI）数据库为检索源，以"数字乡村"为检索主题，共检索到2006—2024年共4456篇文献。由于"数字乡村"是乡村建设领域相对热门的研究主题，文献量较多，不利于整体上的统计分析，因此，本书选取以CSSCI数据库为主要类别的高质量文献，并最终确定2007—2024年共690篇研究文献。

（一）文献时间分布

在对检索到的文献进行统计与整理后，得到2007—2024年（2月）的年度发文量增长趋势图（见图1-1）。由此可知，以2018年为节点，2007—2024年的年度发文量整体上可以划分为两个阶段。

第一阶段是信息化建设阶段（2007—2017年），发文量保持低水平稳定，年均发文量约为3篇。这一阶段的研究以国家农业农村信息化建设为背景，2007年，云南省委、省政府作出了实施"数字乡村"工程建设的战略决策，指出要完善农村信息基础设施、建立农业农村综合信息数据库、推进农业生产经营信息化和农村社会服务信息化，提升农村经济社会发展水平。在这一阶段，国内学术界对农业信息化内涵做出较为完备的分析并试图寻找快速实现国内农业农村现代化的路径。[1] 一方面，学者深入研究我国国情、民情、农情，提出以满足农民需求为导向的农业农村信息化建设思路，[2] 逐步完善农业农村发展的技术综合与集成体系。[3] 另一方面，学者不断学习借鉴美、日、韩等国外先进农业信息化建设经验，从政府支持、知识投入、主体互动等多角度思考并推进中国农业农村信息化建设。[4]

第二阶段是数字乡村建设阶段（2018—2024年），发文量呈爆发式增

---

[1] 梅方权：《农业信息化带动农业现代化的战略分析》，《中国农村经济》2001年第12期。
[2] 陈良玉：《农村信息化现状及趋势研究》，《农业经济问题》2004年第10期。
[3] 梁敬东：《我国新农村信息化建设现状、内涵与技术对策》，《南京农业大学学报》（社会科学版）2006年第3期。
[4] 张忠德：《美、日、韩农业和农村信息化建设的经验及启示》，《科技管理研究》2009年第10期。

长，从 8 篇跃升至 320 篇。2017 年，党的十九大提出乡村振兴战略，指出建设"数字乡村"。2019 年 5 月发布《数字乡村发展战略纲要》，数字乡村建设成为实现乡村振兴的战略选择。在这一阶段，国内学术界深入剖析数字乡村的具体内涵，在现代化时代背景下深入考察数字乡村建设与我国乡村振兴事业的耦合性。① 一方面，基于地方数字乡村建设实践，分析数字技术作为一种新兴要素如何在不同环节、不同层面赋能乡村发展，同时不断总结数字乡村的具体实践经验。② 另一方面，从理论视角出发，深刻解读数字乡村的战略意义、概念框架、理论逻辑等内容，试图以构建数字乡村建设框架来指导不甚成熟的数字乡村建设实践。③ 由此可以发现，国家政策在我国数字乡村建设事业中起着关键作用，不仅推动了数字乡村的工程化建设，还提高了学术界对数字乡村主题研究的积极性。

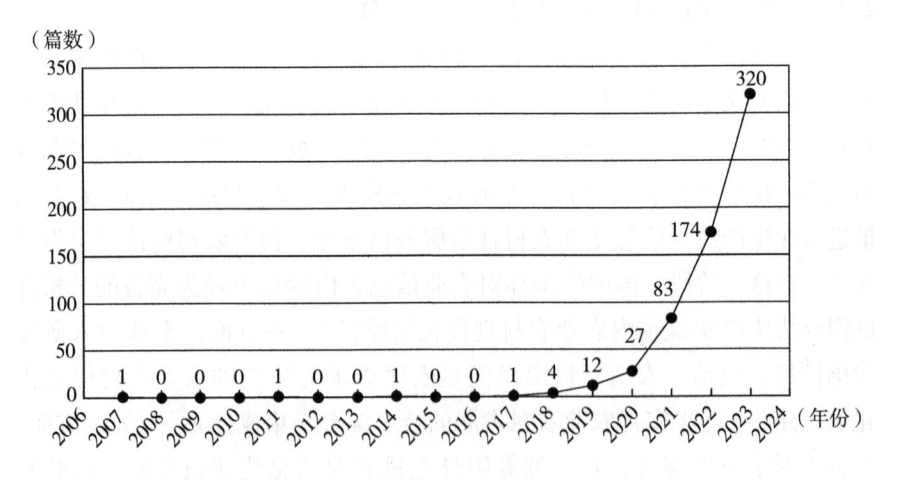

图 1-1　数字乡村研究年度发文量趋势（2007—2024 年）

资料来源：作者根据中国知网（CNKI）检索信息整理得出。

---

① 徐旭初、吴彬：《推进数字乡村与乡村振兴全面对接》，《中国社会科学报》2021 年 1 月 19 日第 8 版。

② 沈费伟：《乡村技术赋能：实现乡村有效治理的策略选择》，《南京农业大学学报》（社会科学版）2020 年第 2 期。

③ 曾亿武等：《中国数字乡村建设若干问题刍议》，《中国农村经济》2021 年第 4 期。

（二）研究力量分布

研究作者和研究机构是分析研究主题推动力量的主要指标。如表1-1所示，研究作者主要为高校学者，科研单位的研究员、政府部门的研究人员也是重要推动力量。其中，沈费伟（4篇）、段尧清（3篇）、温涛（3篇）、武小龙（3篇）等学者的发文量较高，发文量所占比重较大，成为数字乡村研究领域的推动力量；就研究机构而言，华中师范大学（9篇）、南京农业大学（8篇）、中国人民大学（8篇）、浙江大学（7篇）、武汉大学（7篇）、湘潭大学（7篇）等学术机构的发文量居于前列，成为推动数字乡村研究主题的主要力量。另外，通过阅读相关文本发现，云南省农业信息中心的文献倾向于对数字乡村发展实践进行描述与相关解读，为学术界补充了更多的实践依据。综上，数字乡村作为一个新兴研究主题，尽管整体发文量较低，不如更成熟的研究主题，但其推动力量集合了实践和理论双向力量，呈现出积极的发展前景。

表1-1　2023年数字乡村研究作者与机构发文量排名（前11名）　单位：篇

序号	作者	篇数	序号	机构	篇数
1	沈费伟	4	1	华中师范大学	9
2	段尧清	3	2	南京农业大学	8
3	温涛	3	3	中国人民大学	8
4	武小龙	3	4	浙江大学	7
5	陈桂生	3	5	武汉大学	7
6	郑永兰	2	6	湘潭大学	7
7	王敏	2	7	重庆工商大学	7
8	陈一明	2	8	杭州师范大学	6
9	文丰安	2	9	西北农林科技大学	6
10	周其鑫	2	10	安徽大学	6
11	张嘉实	2	11	中国农业大学	6

（三）高被引文献分析

高被引文献体现了相关研究在该研究主题中的认同度。表1-2显示了数字乡村研究主题下的前10篇高被引文献。其中，曾亿武、孙久文、孟维福、沈费伟、王敏、高榕蔚等从运作逻辑、乡村经济、影响机制、数字包容、人居环境等微观视角切入，探讨数字技术赋能对农业农村产生的影响。特别地，李丽莉等分析当前数字乡村建设存在诸如工作重心落在硬件设备上、数字形式主义滋生蔓延、公共资源分配不合理、过度依赖运营服务商等实践误区，背离了数字乡村建设的核心要义和底层逻辑，亟须纠正。[①] 沈费伟等从数字鸿沟到数字包容视角，解释通过数字包容策略化解数字鸿沟，尝试解决农村老年人参与数字乡村不足的难题。[②] 以上代表性作品从不同维度进行数字乡村的相关研究，具体内容集中于"数字乡村是如何在农业农村发展中起作用的"这一主题。从研究方法看，高被引文献多采用实证研究的方法，以某一地区的具体实践为案例，通过数据统计、实地调研、资料分析等方法，提炼地方数字乡村发展的经验，实现理论与实践的对话。此外，从学科性质来看，高被引文献来自传播学、经济学、社会学、统计学等学科，说明数字乡村建设作为一个多学科交叉的研究主题，涉及产业经济、基层自治、公共服务、文化发展等多方面内容。

表1-2　2023年数字乡村研究高被引文献列表（前10名）　　单位：次

篇名	作者	频次	年/期	期刊
《数字乡村建设：底层逻辑、实践误区与优化路径》	李丽莉、曾亿武、郭红东	54	2023/1	《中国农村经济》
《数字经济时代的数字乡村建设：意义、挑战与对策》	孙久文、张翱	49	2023/1	《西北师大学报》（社会科学版）
《数字普惠金融促进乡村振兴的影响机制研究》	孟维福等	44	2023/3	《经济问题》
《从数字鸿沟到数字包容：老年人参与数字乡村建设的策略选择》	沈费伟、曹子薇	33	2023/1	《西北农林科技大学学报》（社会科学版）

① 李丽莉、曾亿武、郭红东：《数字乡村建设：底层逻辑、实践误区与优化路径》，《中国农村经济》2023年第1期。

② 沈费伟、曹子薇：《从数字鸿沟到数字包容：老年人参与数字乡村建设的策略选择》，《西北农林科技大学学报》（社会科学版）2023年第1期。

续表

篇名	作者	频次	年/期	期刊
《数字普惠金融与乡村振兴：理论逻辑与实证检验》	王敏、谷羽、李兆伟	30	2023/1	《西北大学学报》（哲学社会科学版）
《数字赋能农村人居环境治理的社会基础与实践逻辑》	高榕蔚、董红	30	2023/1	《西北农林科技大学学报》（社会科学版）
《乡村振兴驱动共同富裕：逻辑、特征与政策保障》	田祥宇	28	2023/1	《山西财经大学学报》
《数字经济赋能乡村振兴：影响机制和空间效应》	孟维福、张高明、赵凤扬	27	2023/3	《财经问题研究》
《数字乡村建设赋能农民增收：直接影响与空间溢出》	史常亮	27	2023/1	《湖南社会科学》
《农业全链条数字化助推乡村产业转型的理论逻辑与实践路径》	韩旭东、刘闯、刘合光	27	2023/3	《改革》

二 研究议题

关键词是对一篇文献研究主题和研究内容的高度概括。通过分析相关研究主题的关键词频率和关键词聚类，可以有效掌握该研究主题的研究热点。在一个研究领域中，关键词频率越高，就说明该关键词的研究热度越强；关键词聚类则是由联系密切的关键词聚合而成的，每个聚类都是关键词共现网络中的词汇，经过算法计算后，该聚类中最具代表性的词汇成为该聚类的标签。为有效把握数字乡村研究主题的研究议题，本书运用 Cite Space 5.7. R5W 软件对从中国知网（CNKI）数据库中筛选的 690 篇文献进行关键词共现及关键词聚类分析，时间切片设置为 1 年。聚类选择显示最大的 10 个聚类团并选择频次最大的 30 个关键词。将类团由大到小排序，依次为数字普惠金融、数字乡村、农业信息化、乡村振兴战略、信息化、数字经济、乡村治理、实践参与度评估、乡村振兴、整合性发展。通过对高频率关键词和聚类团的分析，可将我国数字乡村主题研究归纳为四个主题，分别是数字乡村与村民自治、数字乡村与技术赋能、数字乡村与治理模式和数字乡村与乡村整合。

（一）数字乡村与村民自治

村民自治是我国实现国家民主化以及乡土社会良性运转的重要基石。数字乡村作为数字时代下的乡村治理模式，对传统的村民自治带来了相当程度的影响，具体体现为三个方面。第一，乡村转型与空间再造。随着互联网、信息与通信技术等技术的发展，乡村不断完善电力、宽带等信息化基础设施，加强了与城市的互动，逐步实现乡村的数字化转型。随着乡村开始引入微信、钉钉等互联网平台处理乡村事务，乡村公共空间裂变为线下公共空间和以数字治理平台为基础的虚拟社区。传统与虚拟的双重公共空间不仅强化了村民在乡村自治中的主体性作用，还使"该空间兼具'国家在场'与'乡村自治'的双重面相"[1]。为国家与社会在乡村场域的共同在场提供了技术空间。第二，制度重建与秩序优化。数字化重塑后的乡村公共空间比传统乡村社会更多元和更复杂，需要重新建构一套与之适配的制度体系。特别是技术治理运用信息技术对乡村事务进行程序化的处理，其依据是算法、编码等数字规则，颇具"专业技术知识独立性"，因而得以对抗以人情、血缘纽带为特点的传统农村权威治理。[2] 此外，数字技术凭借其强大的网络建构能力，可以成为在治理结构不甚稳定的过渡时期重新连接与制衡国家与基层组织、农民的纽带，成为构建现代公共规则之治的重要因素。[3] 第三，组织再塑与社会发育。乡村组织是村民自治的依托，一个乡村的组织化程度越高，越能整合乡村治理资源，实现"自我管理、自我教育、自我服务"。传统乡村社会中多数村民被排斥在乡村事务与利益链条之外，而随着互联网新媒介的介入，村庄内的体制外精英形成了媒介自组织，通过话语表达、公共行动，将原子化的村民联系在一起，促进乡村社会发育。[4]

---

[1] 徐琴：《"微交往"与"微自治"：现代乡村社会治理的空间延展及其效应》，《华中农业大学学报》（社会科学版）2020年第3期。

[2] 韩春梅等：《农村基层治理的技术契合与创新进路》，《重庆大学学报》（社会科学版）2023年第1期。

[3] 陈锋：《分利秩序与基层治理内卷化 资源输入背景下的乡村治理逻辑》，《社会》2015年第3期。

[4] 牛耀红：《建构乡村内生秩序的数字"社区公共领域"——一个西部乡村的移动互联网实践》，《新闻与传播研究》2018年第4期。

（二）数字乡村与技术赋能

数字乡村作为以新一代信息技术驱动的乡村现代化发展路径，其发展依赖于将数字技术嵌入乡村场域中，赋能村民个体、乡村产业、治理方式带来的发展红利。第一，技术赋能与个人发展。技术赋能个人发展是指数字技术可以提升村民的数字素养。沈费伟指出个人技术赋能分为内在的、交互的与外在的三个方面，即自我学习的能力、数字社交的能力以及个人发展的能力。[①] 具备一定信息素养的村民可以通过数字媒介了解公共信息、参与公共事务，"打破精英主义的话语垄断，重塑基层治理的话语体系"[②]。第二，技术赋能与产业升级。随着互联网技术的发展，技术赋能深入乡村农业发展、电商服务、文化旅游等各大产业，形成数字乡村的经济特质。夏显力等指出，数字乡村战略通过技术赋能挖掘农业发展潜力，一方面，强化科技创新，提升生产硬实力；另一方面，不断完善优化信息收集及政策评估机制，为农业高质量发展提供新动能。[③] 崔凯、冯献通过构建乡村数字经济指标，建议数字技术赋能应深入数字环境营造、数字产业培育、数字人才培养、市场信息服务等各个方面。[④] 第三，技术赋能与治理有效。数字技术对乡村治理领域的优化升级首先体现在提升乡村管理与服务的技术方面，如智慧屏、钉钉、微信等数字化设施的运用将传统以人为纽带的乡村治理程序转变为更扁平、更客观的治理程序，可以实现乡村事务共同决定、村务监督公开透明、乡村活力组织有力。其次，技术赋能还可以优化治理逻辑，如"区块链的智能合约技术可以为精准扶贫建立一种基于算法的执行模式"[⑤]，优化了乡村治理秩序。

（三）数字乡村治理模式

与传统乡村治理模式相比，数字乡村治理吸取了数字治理的理念并具有数字技术的生产性、创造性特点，必然在治理理念、治理内容方面

[①] 沈费伟：《乡村技术赋能：实现乡村有效治理的策略选择》，《南京农业大学学报》（社会科学版）2020年第2期。

[②] 胡卫卫、于水：《场域、权力与技术：农村政治生态优化的三重维度》，《河南社会科学》2019年第11期。

[③] 夏显力等：《农业高质量发展：数字赋能与实现路径》，《中国农村经济》2019年第12期。

[④] 崔凯、冯献：《数字乡村建设视角下乡村数字经济指标体系设计研究》，《农业现代化研究》2020年第6期。

[⑤] 杨明、郑晨光：《区块链在精准扶贫脱贫中应用研究》，《云南民族大学学报》（哲学社会科学版）2020年第2期。

存在不同，因而具有独特的治理优势。第一，数字乡村的治理理念。数字乡村治理实质上是数字治理理念在乡村视域中的运用，因而具有主体平等、开放共享等鲜明的数字治理特征。首先，数字技术为村务公开提供技术基础，乡村的财务、人事工作可以在线上完全公开，所有村民可以通过线上、线下多种渠道主动了解村务并进行实时监督。其次，以人情关系、亲缘网络为基础的乡村传统权威及人才俘获逻辑链条在现代化的数字逻辑下逐渐式微，为村民平等参与乡村治理营造有利的社会环境。第二，数字乡村的治理内容。数字乡村治理内容包括乡村与村民、乡村与政府、乡村与市场之间的治理。数字技术一是为乡村处理公共安全、矛盾纠纷、环境保护等工作提供技术支持，二是为村民与上级政府的沟通提供更便捷的渠道，三是通过乡村淘宝、抖音、钉钉等网络平台实现村民与广大市场的双向联系，以"拓宽渠道+制度保障"的方式实现数字乡村治理的高质量开放。正如师曾志等所言，信息时代多元主体的治理体系不仅发挥了农民的自主性，也使个体与政府、企业在治理权力的博弈中实现了动态平衡。建设数字乡村需要将一元化的乡村统治转变为多元共治的社区式治理。[①] 第三，数字乡村的治理优势。数字技术强大的信息收集、运算功能为数字乡村治理开拓了极大的发展空间。如12345政府热线借助数字治理过程追踪、处理精确、办事留痕的机制重塑了乡村权责体系，可以有效应对以选择性治理、形式化治理和空转性治理为表现形式的低效乡村治理行为，促进乡村善治。[②]

（四）数字乡村与整合视角

我国乡村作为以农业为主要生产方式的场域，在历史上长期处于离散状态，村落与村落、村落与城镇、村落与国家之间的联系都不是很紧密，很大的原因在于国家缺乏将权威性力量传达至乡村社会的技术手段。[③] 随着国家治理体系与治理机制的发展，乡村社会正不断被整合进国家整体治理体系中，治理制度、治理方式亦不断规范化，但仍然存在一些乡村陷入发展瓶颈、城乡差距显著，或是与国家整体体制不甚吻合之

---

① 师曾志等：《"重新部落化"——新媒介赋权下的数字乡村建设》，《新闻与写作》2019年第9期。

② 杜姣：《重塑治理责任：理解乡村技术治理的一个新视角——基于12345政府服务热线乡村实践的考察与反思》，《探索》2021年第1期。

③ 徐勇：《国家化、农民性与乡村整合》，江苏人民出版社2019年版。

处。数字技术成为解决上述乡村整合问题的良方。第一，数字乡村与技术整合。互联网、大数据、信息与通信技术等助力国家将信息与力量触角延伸至乡村社会，农民可以通过互联网平台直接公开表达自己的利益与意志。通过互联互通的技术网络，乡村社会可以互相沟通并直观地呈现在国家治理视野中，有利于国家治理角色的塑造。第二，数字乡村与城乡融合。随着数字技术的快速发展，数字乡村与智慧城市建设成为国家现代化建设的城乡实践，推进了城乡融合关系的建构。① 而二者之间的数字化建设水平的差距为城乡整合问题带来了挑战。② 第三，数字乡村与国家整合。陈良玉指出，以"专业技术知识独立性"为特征的技术治理是对传统农村权威治理的对抗。③ 数字乡村治理通过普及的互联网技术打破了国家主导的总体性治理和乡土社会的乡土规则治理相对抗的局面，更有利于当下的整体性治理的实现。以往自上而下的单方面整合力量转变为自上而下与自下而上的双向对话体系，两种治理规则在实践中不断磨合，有利于国家整合。

三 研究论争

当前关于数字乡村治理的研究基本上涵盖了对数字乡村治理模式、治理方式、治理效果等内容，形成较为完整的研究体系。在对上述问题进行探讨的过程中，学术界对技术与制度、治理与行政、经济发展与社会质量、民生权益与利益价值的关系产生了较大的争论。

（一）技术升级优先还是制度保障优先

在数字乡村发展的初始阶段，众多学者关注数字技术对乡村治理的积极作用，赞同数字技术作为符合时代发展的新兴要素，是乡村发展的强大动力。但在数字乡村建设过程中，如何处理好技术与制度的关系尚无定论。针对"是技术优先，还是制度优先"这一问题，有学者指出，数字乡村治理在实践中更多的是数字基础设施的应用以及数字化治理程序的更新，因而乡村数字化发展对数字技术具有极强的依赖性。传统乡村中抽象的治理内容在数字乡村治理中可以转化为直观的数据，进而通过对数据的管理实现乡村治理精准有效。就目前数字乡村的实践而言，

---

① 陈潭：《数字时代城乡融合发展的着力点与新路径》，《人民论坛·学术前沿》2021年第2期。
② 陈潭、王鹏：《信息鸿沟与数字乡村建设的实践症候》，《电子政务》2020年第12期。
③ 陈良玉：《我国农村专业技术协会发展研究》，《中国农村科技》2007年第11期。

制度优化对数字乡村建设尚无明显效果。大部分学者选择从理论方面论证"制度更为优越"这一观点。从技术的功能方面看，朱政认为"技术治理的工具性变革"只是改变了治理形式，而无法从根本上改变治理逻辑。传统治理模式所具有的问题与困境，在数字治理时代依然无法解决，反而更为突出。[①] 从技术的治理结果看，数字治理是国家向乡村社会进一步渗透与整合的结果，自上而下的治理逻辑使数字治理悬浮于乡村社会，即无法实现数字治理在地化。

依据现有的研究，学术界对技术本身的价值具有较多的思考，主流观点认为技术是不具有价值偏向的，其对治理实践产生的效果和技术运用主体与环境紧密相关，因而是一把"双刃剑"。这种工具主义的观点将数字技术的功能进行了理性的限定。而依据福柯的权力技术观，制度可以被称为对权力的技术性配置。[②] 数字乡村要获得优于传统乡村治理的发展，对乡村主体进行赋能赋权，最核心的是对乡村治理制度进行一定的调整。因此，在推进数字乡村治理的过程中，应当综合考虑技术与制度两方面因素。不能仅仅关注表面上的乡村治理平台、村民具体需求、数字监管流程等数字技术问题，而应该从这些治理难题中重新回归乡村治理体系本身，对其中的制度设计、赋权体系进行再检查与再创新。将数字乡村治理作为一个系统，共同推进数字技术优化、制度体系配套、工作人员培养等部分的优化升级，实现数字乡村高质量发展。[③]

（二）多元治理优先还是行政主导优先

在乡村治理视域中，处理好国家与社会的关系是一个重要命题。村委会作为国家与社会之间资源流动、意志传达的关键，国家始终通过基层政府自上而下地加强对乡村社会的控制，推进国家整合，而相对孤立的乡村社会在内部亦有一套自治机制。关于行政与治理的关系，当前主要存在两种相互对立的观点，即"行政优于治理"和"治理优于行政"。"行政优于治理"的观点强调行政体制对基层治理的规范作用，认为数字乡村采取行政化的治理模式有利于上级部门对乡村事务的监管和指导，

---

① 朱政：《国家权力视野下的乡村治理与基层法治——鄂西L县网格化管理创新调查》，《中国农业大学学报》（社会科学版）2015年第6期。

② 金江峰：《乡村政策动员中的"权力——技术"及其影响》，《中国农村观察》2020年第2期。

③ 李利文：《乡村综合整治中的数字监管：以D村经验为例》，《电子政务》2020年第12期。

可以提升乡村治理的有效性。在政策执行过程中，由于乡村执行组织的分利秩序及能力限制，政策落实必定会产生偏差，进而形成"治理消解行政"的后果。由于数字乡村是国家制定的发展战略，在发展进程中必然采取自上而下的方式予以推进，成为数字乡村建设鲜明的行政因素。"在具体的政策实践中，国家基本上也沿着弱化乡村'治权'的路径行进，即弱化乡村组织配置各种资源的能力。"① "治理优于行政"的观点则认为，在乡村场域中，治理作为自下而上的乡村运行规则，在治理有效性方面必然优于行政体制。尽管技术治理中的行政色彩规范了村干部的治理行为，在一定程度上维护了村民的利益，但诸如网格化管理和政府热线的服务机制，因其属于自上而下的运行逻辑，与乡村实际需求不完全对应，致使行政管理低效化。同时，村级治理组织成为官僚科层体系的延伸，带来了行政消解自治的结果。

根据已有的数字乡村研究可以发现，治理与行政是在乡村治理过程中必不可少的一对矛盾，二者孰先孰后，实质上是对乡村治理规范性和有效性的偏向选择。技术治理主要依托于技术或者制度，通过弱化乡村治权，达成从间接治理转向直接治理的转换，对乡村组织的治理能力和治理动力产生较大影响。而新建立的技术治理规则面临复杂的乡村社会治理现实，存在诸多不甚吻合之处。② 对此，杨华指出，要依据不同乡村的乡村事务状况，选择不同偏向的治理方式，若乡村事务处理已较为常规化，则可以考虑偏行政化的治理方式；若乡村事务处理比较复杂，则可以考虑自下而上的处理逻辑。③

（三）经济发展优先还是社会质量优先

农业农村现代化发展最根本的是经济发展，主要体现为乡村产业数字化和数字产业化发展。刘海启指出，数字农业是实现乡村振兴战略和大数据战略的必然要求和根本途径，具体而言，包括数字技术产业化和农业产业数字化两条路径。④ 此外，乡村数字经济发展主要呈现出经济发

---

① 陈锋：《分利秩序与基层治理内卷化 资源输入背景下的乡村治理逻辑》，《社会》2015年第3期。
② 陈锋：《治术变革与治道重建：资源流变背景下乡村治理困境及出路》，《学海》2017年第4期。
③ 杨华：《农村基层治理事务与治理现代化：一个分析框架》，《求索》2020年第6期。
④ 刘海启：《加快数字农业建设 为农业农村现代化增添新动能》，《中国农业资源与区划》2017年第12期。

展新业态，包括农村电子商务、智慧旅游、创新创业等内容。截至2022年年底，全国农村网络零售额达2.17万亿元，比上年增长3.6%。利用电商销售的农产品加工企业营业收入比上年增长10.8%。"832平台"入驻脱贫地区供应商超2万家，2022年交易额超过136.5亿元，同比增长20%。[①] 电子商务凭借线上整合和配送网络优势，极大地缓解了农产品的滞销问题及市场供给保障难题，推动了乡村经济的发展。但是纯粹的经济发展并不能概括数字乡村发展的全部内容，也有部分学者更强调数字乡村的社会质量优先，即包括经济发展、社会和谐、生态保护、文化繁荣为一体的乡村社会发展。张新文、詹国辉指出，以社会质量为核心的乡村社会建设以提升社会整体性福祉为目标，有助于正确处理好乡村经济与社会发展之间的主体关系，而基层政府在其中的作用十分重要。[②] 方堃等发现，数字乡村治理对优化乡村公共服务、提升公共产品质量、优化乡村生态环境具有积极作用，可以有效提升乡村社会质量。[③]

在以往的乡村发展规划中，经济发展（特别是农业发展）是最重要的内容之一，是乡村社会实现农业农村现代化需要解决的首要问题，这是由我国经济社会发展水平决定的经济发展战略。而随着我国经济快速发展以及人民对美好生活愿景的激发，社会质量成为乡村建设的发展趋向。当前，诸多学者对社会质量的概念、具体发展框架、指标构建等内容进行了理论探讨和实践分析，可以预见的是，我国数字乡村治理将处于经济发展、文化繁荣、生态保护、治理有效于一体的经济社会高质量发展阶段。

（四）民生权益优先还是利益追求优先

数字乡村治理内容包括乡村产业发展、政治民主、生活富裕、生态良好、文化繁荣等多维价值体系。在推进数字乡村治理的进程中，乡村经济发展、村民权益保障成为最主要的内容。而关于"乡村发展应遵循民生权益优先还是利益价值优先"这一问题，有学者指出，村民自治作为广大农民的一种基本权利，"核心价值是为广大村民的自由自主和自治

---

① 农业农村部信息中心：《中国数字乡村发展报告（2022年）》，https://www.cac.gov.cn/rootimages/uploadimg/1679309718522950/1679309718522950.pdf? eqid = c6f0e12f00055d8a000000264464aa2&eqid=d90285660002311400000002648c0b1b。

② 张新文、詹国辉：《乡村建设、社会质量与政府角色》，《南京农业大学学报》（社会科学版）2017年第5期。

③ 方堃等：《基于整体性治理的数字乡村公共服务体系研究》，《电子政务》2019年第11期。

活动提供制度性平台"①。村民自治涉及的不仅仅是村民的意见表达、利益诉求，更是对乡村权力资源和治理机制的分割和配置。② 还有学者认为，乡村治理遵循了经济利益置于民生权益之上的发展逻辑。基层政府基于"效率优先、兼顾公平"的原则，纷纷大力建设宽带、水电、马路等基础设施，同时优化城乡交流环境，吸引大批青年返乡创业，推动乡村经济发展。正如张丙宣所言，地方政府通常有选择地提供公共产品和公共服务，即倾向于提供经济增长而不是有助于民众政治协调的公共产品。③

事实上这两种观点都有一定的合理性。通过对乡村治理以及基层治理相关文献的阅读可以发现，治理本身是对治理资源的一种合理性调配，这种调配路径与方向和治理主体所具有的价值偏向紧密相关。而诸如民生权益与利益价值偏向的不同，其本质是"以人为本"的治理理念与"经济至上"的发展观之间的结构性变动。这种价值偏向一是受乡村经济社会发展阶段的影响，二是与社会发育程度紧密相关，三是受村委会及基层政府治理理念的影响。第一种观点认为民生权益优先于利益价值，这是村委会以人为本、注重民主权利的治理理念的体现。此外，乡村社会的自治传统使社会发育较成熟，因而村民可以更大力度地争取民生权益。第二种观点认为利益价值优先于民生权益，或许是由于乡村发展正处于经济飞速发展、由低水平发展到高水平发展的阶段，村民的经济水平提升成为该阶段的重点任务。而利益价值的合理分配可以最大限度地稳定乡村社会的治理秩序，促进社会和谐有序。因此，我们应当在规范基层行政组织治理行为的同时大力促进社会发育，推动经济发展与民主权益共同提升。

四 未来走向

当前学术界关于"数字乡村"主题的研究仍处于初始阶段，相关研究的数量较少，质量也有待提高。在理论与实践的快速推进下，当前学

---

① 徐勇：《村民自治的深化：权利保障与社区重建——新世纪以来中国村民自治发展的走向》，《学习与探索》2005年第4期。
② 徐勇：《现代国家的建构与村民自治的成长——对中国村民自治发生与发展的一种阐释》，《学习与探索》2006年第6期。
③ 张丙宣：《地方政府的选择性治理：制度基础与优化机制》，《公共管理与政策评论》2014年第4期。

术界主要从四个方面展开关于数字乡村的研究。第一，数字乡村内涵与理论剖析。明确数字乡村的政策内涵、概念框架，从理论层面解读数字乡村治理的理论依凭。第二，数字乡村与乡村振兴的耦合关系。数字乡村治理是国家政策提出的治理概念和治理体系，因此，学术界在后续的研究中充当了评估其必要性、可行性、有效性的角色，探讨数字乡村作为实现乡村振兴与农业农村现代化的必由之路。第三，数字乡村与数字赋能。依据当前研究，数字乡村的实践逻辑在于数字技术对乡村治理各个层面的赋能，这不仅提高了主体能力，也优化了产业链条、发展方式，在功能层面实现了乡村治理的优化升级。第四，数字乡村实践模式提炼。众多学者从数字乡村实践中提炼出信息化服务模式、组织重塑模式、公民数字素养提升模式等，从不同侧面完善数字乡村的治理框架。

综上所述，学术界在数字乡村的研究方面对"什么是数字乡村""为什么要建设数字乡村""如何建设数字乡村""数字乡村具有何种功能"等问题均做了不同程度的回答，但数量和质量尚有欠缺。此外，数字乡村相关研究仍具有以下不足。

第一，概念解读未涉及乡村本质。关于数字乡村的概念内涵主要从数字乡村的政策解读、治理内容、治理功能出发，对其进行框架性的内涵解读，但未从数字乡村的乡村本质出发，未对数字乡村与传统乡村进行比较，未考察数字乡村的特色。第二，功能分析过于偏向工具主义。在数字乡村的治理功能方面，数字赋能理论占据了绝大部分篇幅，数字技术的工具性、嵌入性及赋能赋权的作用被扩大，导致对数字乡村功能的研究更多地集中于对技术的考察，而不是对乡村治理体系本身的探讨。第三，实践模式理论解读不足。关于数字乡村实践模式的研究大多是从数字化的乡村治理内容出发，对其进行实践内容和模式的提炼，缺乏进一步的理论解读。第四，由于数字乡村治理当前存在技术与制度、治理与行政、经济发展与社会质量、民生权益与利益价值四对矛盾，对数字乡村治理结构与治理效能具有根本性的影响，目前仍缺乏一个统一的研究框架可以将上述矛盾进行统一性的分析。

依据上述研究不足，在后续的数字乡村研究中，应从三个方面进行创新。第一，将数字乡村与传统乡村进行比较，总结提炼出数字乡村区别于其他类型乡村的特征。第二，从乡村治理体系本身出发，分析数字乡村在治理体制和机制方面是如何实现乡村产业发展、政治民主、文化繁荣、治理有效等乡村治理目标的。第三，未来研究可以选择一个较高层级的理论视角，对技术与制度、治理与行政、经济发展与社会质量、民生权益与利益价值进行统一的解读，同时通过理论与实践的双向互动，对数字乡村治理实践进行整体性的描绘。

第三节 基本概念界定

一 数字乡村

数字要素涌入乡村社会，为在现代化建设中发展相对缓慢的传统乡村带来了数字时代的发展红利。尽管传统乡村有"皇权不下乡"的说法，但事实上乡村社会治理一直处于国家与社会的张力之中，国家权力以赋税等方式间接控制乡村社会。近代以来，随着家族对乡村社会整合力量的衰弱，国家通过权力下沉和群众动员来维系乡村社会的秩序，行政逻辑成为乡村现代化进程的主旋律。[1] 但在国家行政权力下沉的过程中，由于乡村不断增长的公共服务需求，国家政权呈现"悬浮"特征。杜鹏指出，在乡村治理转型期，乡村治理单元呈现出政治逻辑与行政逻辑"虚实相生"的配置特征，即以"块块"为主的政治动员和以"条条"为主的行政控制。[2] 此外，乡村治理实现了从政府包办一切的权威治理模式向乡村社会合作治理模式的转变，在协调国家与社会互动关系的基础上注重乡村治理的社会自主性和独立性。[3] 这种治理结构大大增强了在传统乡村治理空间中的治理弹性，有助于应对复杂的基层治理问题。相较于传统乡村的伦理式规范、悬浮型政府、封闭式治理，数字乡村在数字赋能过程中呈现出治理主体、治理制度、治理空间、治理方式方面的不同特征。

第一，治理主体协同化。传统乡村社会治理是以政府为治理权威主体的单一型治理模式，数字乡村则通过互联网技术整合多元主体的利益

---

[1] 郭亮：《家国关系：理解近代以来中国基层治理变迁的一个视角》，《学术月刊》2021年第5期。

[2] 杜鹏：《乡村治理结构的调控机制与优化路径》，《中国农村观察》2019年第4期。

[3] 刘涛、王震：《中国乡村治理中"国家—社会"的研究路径——新时期国家介入乡村治理的必要性分析》，《中国农村观察》2007年第5期。

诉求，畅通主体沟通渠道，为打造乡村多元共治格局奠定基础。数字乡村治理具有数字基础和治理内容的双重体现。在数字技术层面，信息与通信技术的发展为不同治理主体之间的沟通创造了条件。由于多元化的治理主体意味着多元化的治理资源和多元化的治理能力，诸如村民群体、社会组织、市场企业等不同主体可以通过互联网平台表达自身的利益诉求，① 从而形成以农户生产生活服务为中心、政企合作的现代农村服务模式。② 在治理内容层面，多元共治结构是面对复杂的乡村社会治理现实，充分发挥政府、市场、社会多元主体的长处，进而提升治理效能的过程。政府在数字乡村治理实践中发挥制度制定、方向引导的功能，同时以放权或赋权的方式将市场、村委会、社会组织等不同治理主体纳入乡村治理体系中，将碎片化的治理内容整合为一个富有韧性的治理体系。③

第二，乡村治理制度理性化。传统乡村治理以既定的家族规矩、道德规范作为乡村治理秩序，20世纪90年代以来，国家通过行政手段推动法律制度在乡村治理中的应用。但整体而言，乡村市场交易仍多是在关系情感的基础上建立的长期协作，并以乡村伦理维护市场交易秩序。④ 可以说，从乡土乡村到城乡乡村，更进一步发展到现代乡村，其治理制度也经历了从伦理性制度向行政规则，进一步向数字化理性规范发展的规律。所谓数字化理性治理规范，即运用数字技术中性化、准确化的特点，以"技术+制度"的统筹方式，构建以平等公正、信息透明为核心的现代治理制度，提升乡村治理效率。⑤ 特别是区块链技术，可以在开放系统中建立分布式公共账本、机器信任及智能合约，其去中心化、透明开放、不可篡改的特性为乡村治理构建了值得信任的机器理性。区块链式的经济社会发展模式可以提供"理想化的价值传递"。⑥

第三，乡村空间延展化。空间结构的碎片化是传统乡村治理的缺陷

---

① 赵早：《乡村治理模式转型与数字乡村治理体系构建》，《领导科学》2020年第14期。
② 袁野等：《农村信息化服务模式研究——以云南省"数字乡村"为例》，《北京邮电大学学报》（社会科学版）2014年第1期。
③ 张诚：《韧性治理：农村环境治理的方向与路径》，《现代经济探讨》2021年第4期。
④ 潘劲平、王艺璇：《技术的社会嵌入：农产品淘宝村形成机制研究——基于W村的实证分析》，《西南大学学报》（社会科学版）2020年第1期。
⑤ 陈锋：《治术变革与治道重建：资源流变背景下乡村治理困境及出路》，《学海》2017年第4期。
⑥ 何翔舟、杨佳华：《区块链经济机理与乡村振兴战略》，《安徽行政学院学报》2020年第2期。

之一，而数字治理正为此带来了解决方案。① 数字乡村将信息技术运用于乡村场域中，拓展了乡村公共空间，推动了乡村空间的整合。② 首先，信息技术以行政村或乡镇为地理依据，构建相应的虚拟空间，③ 数据作为重要的生产要素，改变了乡村的生产生活方式，使传统物理空间数字化。其次，通过互联网、信息与通信技术的发展，人际交往依托现实主体、人际规范，实现了一定程度的虚拟化，不仅突破了地域局限，还呈现出虚拟与现实共存的半虚拟化人际状态。④ 最后，优化空间政治生态。数字乡村技术不仅在物理维度上重新整治了乡村环境，还进一步优化了村民互动及乡村公共决策方式，改变了乡村治理的"公共能量场"。⑤

第四，治理方式智慧化。学术界大多将乡村视为乡土性发育的特殊空间，对其治理方式的探讨也多关注"治理术"方面的内容。有学者强调把握"礼"与"法"的关系；⑥ 有学者强调协商治理；⑦ 也有学者指出德治、法治、自治"三治融合"，⑧ 并依据德治、法治、自治三者之间的关系总结出不同的治理模式。⑨ 可以说，乡村治理方式是较为抽象的艺术。而数字技术则是在传统乡村治理的基础上补充智慧化的内容，主要表现在沟通方式、主体协同、资源整合三个方面。数字乡村治理以打造基层数字治理平台为基础，构建覆盖乡村地区的网络基础设施，由此形成互联互通、高效连接的沟通网络。在此基础上，不同治理主体形成超

---

① 门理想、王丛虎：《"互联网+基层治理"：基层整体性治理的数字化实现路径》，《电子政务》2019 年第 4 期。
② 徐琴：《"微交往"与"微自治"：现代乡村社会治理的空间延展及其效应》，《华中农业大学学报》（社会科学版）2020 年第 3 期。
③ 苏运勋：《乡村网络公共空间与基层治理转型——以江西省赣州市 C 县村务微信群为例》，《中共福建省委党校（福建行政学院）学报》2021 年第 1 期。
④ 吴朝晖：《四元社会交互运行，亟须深化数字治理战略布局》，《浙江大学学报》（人文社会科学版）2020 年第 2 期。
⑤ 胡卫卫、于水：《场域、权力与技术：农村政治生态优化的三重维度》，《河南社会科学》2019 年第 11 期。
⑥ 占令：《乡村治理方式的现代化转型：由礼治"嵌入"法治》，《领导科学》2016 年第 27 期。
⑦ 关振国、吴丹玉：《以协商方式提升乡村治理能力探讨》，《学术交流》2020 年第 12 期。
⑧ 郁建兴、任杰：《中国基层社会治理中的自治、法治与德治》，《学术月刊》2018 年第 12 期。
⑨ 陈涛、李华胤：《"箱式治理"：自治、法治与德治的作用边界与实践效应——以湖北省京山市乡村振兴探索为例》，《探索》2019 年第 5 期。

越传统的节点式信息传递逻辑，形成多元协同网络，升级乡村空间中的社会资本，从而以物理网络和社会网络为依托，推进乡村治理资源的灵活整合。①

二 数字乡村治理

乡村是中国社会的乡土底色，推进乡村的现代化建设对实现国家现代化、建设数字中国具有重要意义。早在 2005 年，中央一号文件就指出要实现农业全过程的信息化，这是"农业信息化"的概念第一次出现在中央政策文件中。此后，我国农村正式进入信息化建设阶段。自乡村振兴战略提出以来，"数字乡村"逐步成为实现农业农村现代化的主题，要求"加快物联网、地理信息、智能设备等现代信息技术与农村生产生活的全面深度融合"。2019 年 5 月，中共中央办公厅、国务院办公厅颁布的《数字乡村发展战略纲要》指出，数字乡村治理需要以新要素激发新动能，构建乡村现代化发展的政策体系、经济体系、社会治理体系，提升数字乡村治理的有效性，推动城乡融合发展新进程。

当前学术界有关数字乡村治理议题的研究还处于起步阶段，已有研究成果大多围绕如何实现数字乡村有效治理的思路展开论述。第一，科学地确定数字乡村治理的主体，即谁治理。学者已重点研究了政府部门、市场主体、村民群众等各类治理主体推进实现数字乡村治理的动机和能力。例如，方堃等依据整体性治理的学理逻辑认为，数字乡村治理需要充分发挥政府在构建数字乡村公共服务体系方面的重要性。② 王雯认为，在数字乡村治理过程中，需要激发各类市场主体参与的积极性，形成高效、有生命力的数字乡村治理生态系统。③ 郭美荣、李瑾提出，数字乡村治理离不开人才的支撑，尤其是提升新型职业农民、农村实用人才、技术能手等群体的信息素养、网络素养和互联网综合应用能力。④ 第二，明确地界定数字乡村治理的对象，即治理谁。从乡村的地方性和复杂性、独特性与多样性出发，根据不同地区乡村的实际情况开展数字乡村治理。

---

① 沈费伟、叶温馨：《基层政府数字治理的运作逻辑、现实困境与优化策略——基于"农事通""社区通""龙游通"数字治理平台的考察》，《管理学刊》2020 年第 6 期。
② 方堃等：《基于整体性治理的数字乡村公共服务体系研究》，《电子政务》2019 年第 11 期。
③ 王雯：《"十四五"时期加快数字乡村发展的思路和政策建议》，《中国发展观察》2020 年第 Z8 期。
④ 郭美荣、李瑾：《数字乡村发展的实践与探索——基于北京的调研》，《中国农学通报》2021 年第 8 期。

例如，沈费伟、陈晓玲提出，尽管现阶段数字乡村治理在特色保护类乡村、城郊融合类乡村、集聚提升类乡村和搬迁撤并类乡村有着不同的任务与目标，但是都需要现代信息技术与治理制度的资源支持。[①] 第三，系统地规定数字乡村治理的内容，即治理什么。由于全国乡村类型的不同，数字乡村治理的重心也会不同。因此，学者主要选择了取得重要进展和较好成效的典型案例，对数字乡村治理模式进行总结提炼。例如，袁野等以云南省数字乡村为例探讨了农村信息化服务模式。[②] 王久波研究了辽宁省数字乡村建设现状、做法及面临的若干困境。[③] 郭红东、陈潇玮探讨了浙江省数字乡村的建设案例并提出以数字技术创新为乡村振兴的核心驱动力，实现乡村生产数据化、治理数据化与生活数据化。[④] 第四，具体地说明数字乡村治理的资源，即以何治理。数字乡村治理尽管强调现代信息技术的重要性，但是不唯技术资源。例如，彭超重点研究了数字乡村治理相对应的乡村治理结构及其更深层次的体制结构与制度安排。[⑤] 陈潭、王鹏指出，弥合信息鸿沟和促进数字乡村治理对于实施乡村振兴和数字中国战略具有重要的基础性意义。[⑥] 第五，合理地建构数字乡村治理的机制，即如何发展。学者重点分析了信息传播机制、资源互通机制、提升发展机制、跨界融合机制等如何参与数字乡村治理的过程，如何优化处理好人与自然、政府与市场、创新与应用的关系，从而实现数字乡村有效治理目标。[⑦]

通过上述有关数字乡村治理的研究成果的述评发现，当前数字乡村治理的基本框架初步形成。数字乡村治理是一种遵循以人为本、开放共享、整体协同的治理理念，将数字技术与治理理念、治理机制相融合，对乡村事务进行决策的系统性行为。数字乡村治理虽然以数字技术为主

[①] 沈费伟、陈晓玲：《技术如何重构乡村——乡村技术治理的实现路径考察》，《学术界》2021年第2期。

[②] 袁野等：《农村信息化服务模式研究——以云南省"数字乡村"为例》，《北京邮电大学学报》（社会科学版）2014年第1期。

[③] 王久波：《辽宁省数字乡村建设现状、做法及面临的若干困境》，《农业经济》2019年第9期。

[④] 郭红东、陈潇玮：《建设"数字乡村" 助推乡村振兴》，《杭州》（周刊）2018年第47期。

[⑤] 彭超：《数字乡村战略推进的逻辑》，《人民论坛》2019年第33期。

[⑥] 陈潭、王鹏：《信息鸿沟与数字乡村建设的实践症候》，《电子政务》2020年第12期。

[⑦] 赵旱：《乡村治理模式转型与数字乡村治理体系构建》，《领导科学》2020年第14期。

要驱动力,但还包括数字乡村治理理念、数字乡村制度规范、数字乡村组织网络等内涵,是数字技术、治理制度互相建构的结果,是对传统乡村治理模式的继承与发展。数字乡村治理是信息技术发展的必然要求,是建设数字社会的内在要求,更是落实数字中国战略的重要举措。通过构建数字乡村的科学发展模式能够更有效地赋能乡村的生产、流通、营销、服务、治理等领域,打造乡村振兴的数字引擎,助力缩小城乡数字鸿沟,为乡村高质量发展创造可持续、可复制的新模式与新动能。

数字乡村治理是对乡村振兴战略的继承与发展。一方面,乡村振兴作为党的十九大以来的乡村发展总战略,为数字乡村治理提供了方向指导和经验借鉴。另一方面,数字乡村为乡村振兴战略提供了路径支撑。在诸多乡村振兴实践中,数字乡村是最具要素价值优势、更符合时代发展规律的乡村振兴模式。而要更好地实现数字乡村与乡村振兴之间的有效耦合,应着眼于乡村整体发展规律,围绕数字乡村,处理好乡村发展各要素、各环节的关系。首先,以乡村振兴和"农业旺、农村美、农民富"为目标,将乡村资源禀赋整合为可量化的产业路线,两相对应,在治理领域和资源要素层面实现理想与现实的碰撞。其次,以历史的眼光追求治理模式的纵向发展,秉持人本、服务、协同、发展的理念指导数字乡村治理实践,着力发挥数字技术赋能基层治理在理念、内涵、方式层面的显著优势,实现现代对传统的超越。最后,把握数字乡村治理模式的整体思路与实践创新,一是依据历史治理实践打造包含顶层设计、系统集成、应用平台、保障机制在内的整体设计,二是通过具体实践和技术革命构建创新型具体应用进一步完善整体化设计,实现经验与技术的双向融合。由此,在数字乡村与乡村振兴之间达成理想与现实、传统与现代、经验与实践的高度耦合,真正释放数字乡村治理在乡村振兴实践中的优势价值。

第四节 研究方法

一 文献分析法

文献分析法是一种对文字材料进行深度解读并从中发现社会行为或

现象的基本特征、类型与机理的方法。① 既有文献资料的分析是文本取向的具体方法，它是辨识研究对象以及发现研究问题不可或缺的方法。在社会科学研究中，它是文本分析的起点。因此，要对既有的与"数字乡村""乡村治理"以及"数字乡村治理"等相关的国内外文献进行系统的文献梳理与汇总并对其进行深入分析，找出所要研究的现实问题与理论问题，找到所要反思的政策理念，为新理念视点的理论探讨做铺垫。数字乡村治理议题是笔者一直研究的问题，在文献储备上，现已收集该领域内的 3000 余篇外文文献和 5000 余篇国内文献以及课题组组长期积累的丰富调研数据，基于此展开学术研究。

二 案例研究法

如果个案只能说明个案本身，个案研究必然是狭隘的。正如艾伦·G. 约翰逊所言："理解社会生活的关键，既不只在于森林，也不只在于树木，而在于森林和树木都要了解，包括树和树的关系"。② 通过呈现不同声音、揭示不同力量等方式来实现个案拓展，通过认同性推广或理论性概括等方式进行推广，都是实现个案研究中学术抱负的重要内容。自 2015 年笔者就开始对数字乡村议题展开实地田野调查，目前已完成田野调查笔记 120 余万字，整理出 120 余个数字乡村治理的典型案例。

三 归纳演绎法

归纳法和演绎法是近代西方哲学的两种基本思想方法，也是科学的方法。归纳法指的是从许多个别事例中获得一个较具概括性的规则。这种方法主要是对收集到的既有资料进行分析，最后得出一个概括性的结论。演绎法则与归纳法相反，是从既有的普遍性结论或一般性事理中推导出个别性的结论的一种方法，由较大范围逐步缩小到所需的特定范围。本书充分采取"一般理论研究"和"典型个案调研"相结合的思路，遵从抽象到具体，再从具体到抽象的"研究回路"，实现理论研究、实证研究和政策研究的结合。

首先，在理论研究层面。对"数字乡村治理"进行学术史考察，从

---

① Margrit Schreier, *Qualitative Content Analysis in Practice*, London: Sage Publications Ltds, 2012, pp. 38-41.

② [美] 艾伦·G·约翰逊：《见树又见林：社会学与生活》，喻东、金梓译，中国人民大学出版社 2008 年版。

一般理论视角分析"数字乡村治理"的基本内涵，厘清数字乡村治理的内涵和必要性，分析我国数字乡村治理的现状、存在的突出问题及深层次原因。其次，在实证研究层面，选择"数字乡村典型示范村庄"作为研究对象，对其进行实地田野调研，以研判乡村振兴时代背景下数字乡村治理面临的问题与挑战、机遇与条件、要求与任务，并从中提炼概括数字乡村的治理逻辑。最后，在政策研究层面，依据典型数字乡村的案例研究经验，从理论上归纳与总结乡村振兴时代背景下数字乡村治理的优化路径，包括数字乡村治理的技术应用和体制建设，研究提出推进数字乡村治理的目标、重点任务和路径措施，形成从抽象到具体，再从具体到抽象的研究回路。

第五节　研究思路与技术路线

为确保乡村振兴战略贯彻落实，真正推进农业农村现代化，必须坚持城乡融合发展，创新乡村治理方式，保障村民权益。《2023年数字乡村发展工作要点》以数字化赋能乡村产业发展、乡村建设和乡村治理，整体带动农业农村现代化发展。因此，本书基于乡村立场、乡村价值和乡村利益，旨在通过对乡村振兴时代背景下数字乡村治理议题的研究，重点剖析数字乡村治理的理论基础、数字乡村治理与经济提质增效、数字乡村治理与政治秩序重构、数字乡村治理与文化传承发展、数字乡村治理与生态环境美化等内容，探析数字技术在乡村振兴战略落地中的不同作用方式、作用机理及成功经验，从理论上论证数字乡村治理的理念，促进乡村治理能力现代化，为乡村全面振兴夯实基础。本书运用新方法、研究新问题、提出新观点，对相关研究和政府决策具有重要的参考价值。

本书技术路线如图1-2所示。

研究步骤	研究内容	研究方法
一 问题提出	研究的背景和意义 数字乡村治理的命题提出	文献分析法
二 理论分析	数字乡村治理文献综述 理论工具与研究视角	文献分析法
三 现实分析	数字乡村治理与经济提质增效 数字乡村治理与政治秩序重构 数字乡村治理与文化传承发展 数字乡村治理与生态环境美化 数字乡村治理与社会权益保障	案例研究法 文献分析法
四 研究结论	总结与探讨	归纳演绎法

数字乡村治理：理论阐释与实践逻辑

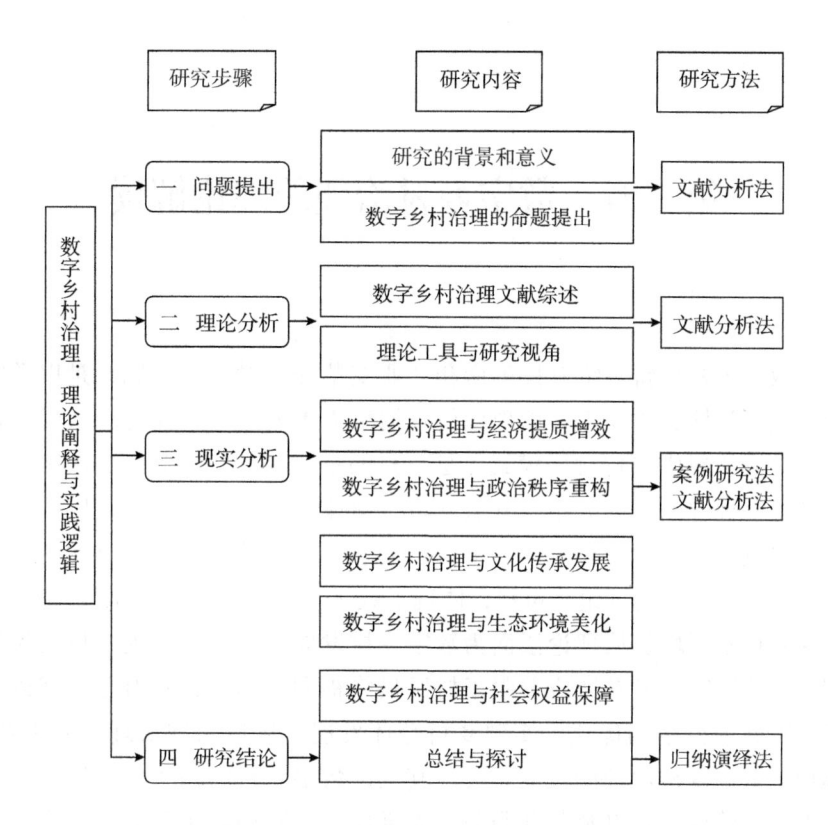

图 1-2　数字乡村治理：理论阐释与实践逻辑技术路线

第二章　数字乡村治理的理论解读

数字乡村是新一轮科技革命和产业变革交互融合的产物，是以数字技术创新为核心驱动力，以现代信息网络为重要载体，深度融入经济社会各领域的现代乡村发展模式，是乡村的重构与升华。其一，数字乡村治理是一种遵循以人为本、开放共享、整体协同的治理理念，以数字技术为建设工具，对乡村生产、生活、生态等方面进行数字化重塑的治理模式。从数字治理理论来审视，体现了数字乡村治理的技术维度。其二，数字乡村精明增长从理论层面为数字乡村发展提供了一系列乡村发展原则，启示数字乡村发展应着眼于村民最终福利的增长，对有限空间内的各项资源进行结构优化，实现乡村总体发展。从精明增长理论来审视，体现了数字乡村治理的发展维度。其三，数字乡村的内生发展体现为产业发展、治理机制以及公共服务三大维度，共同构成了数字乡村内生发展模式的内涵，也很好地阐明了数字乡村内生发展模式的要素及要素之间的关系，最终的目标是促进乡村振兴的高质量发展。从内生发展理论来审视，体现了数字乡村治理的人本维度。其四，数字乡村的敏捷治理是秉承以人为中心、具备包容性的可持续方式，是乡村自适应的发展过程，有着快速性、灵活性、回应性的特征。当前数字乡村敏捷治理遵循弹性再造乡村治理空间、灵活设置乡村治理机制、有效形塑乡村治理流程、强化适应乡村治理体系的实践做法。从敏捷治理理论来审视，体现了数字乡村治理的效能维度。其五，数字乡村系统治理的内部各个要素相互依存、相互联系、相互制约，具有整体的状态和功能。数字乡村系统治理的整体性特征要求在数字乡村建设过程中，从整体与部分的相互依赖、相互结合、相互制约的关系中揭示数字乡村治理系统的内涵价值与发展规律。从系统治理理论来审视，体现了数字乡村治理的边界维度。

第一节　数字治理理论：数字乡村治理的技术维度

一　数字治理理论的内涵解读

数字治理是当代主流治理理论之一，是数字化技术与治理理论的融合，它在新公共管理理论出现治理困境以及信息时代来临的背景下应运而生。[①] 该理论最早在曼纽尔·卡斯特的《信息时代三部曲：经济、社会与文化》中初见雏形，并由英国学者帕却克·邓利维在《数字时代的治理》中首次系统阐述。邓利维总结了数字治理产生的时代背景、理论内容及治理优势，认为数字治理是马克斯·韦伯官僚制中"社会—技术"系统在信息化时代的发展与超越，提出数字治理具有重新整合、重塑整体、数字化过程的三重内涵，强调数字时代的治理是包括组织、政治、文化变革在内的"一个社会整体上的数字时代的运动"。[②] 在此基础上，简·芳汀在《构建虚拟政府》中发展了技术执行框架，强化了制度体系和组织基础内容在数字治理中的重要性，由此数字治理理论趋于完善。中国自21世纪初期引入数字治理理论，主要经历了理论引入、理论研究、理论应用及发展三个阶段，其研究主题可以总结为三个方面的内容。第一，数字治理理论的系统梳理。学者依据时间脉络对不同阶段的数字治理理论研究的核心内容进行划分，总结了数字治理在治理逻辑、政府角色、治理责任、组织冲突等方面的争论。[③] 第二，数字政府体系及形态的研究。学者认为数字治理是促进国家治理体系和治理能力现代化的有效发展路径，提出从"技术能力、规范能力、组织能力"三个方面促进治理能力提升。[④] 第三，数字治理实践中政府治理结构变革与重塑的研究。学者指出大数据技术和计算模拟技术对政府传统组织结构形成挑战，同时，计算在政府中的运用提高了信息处理、政策制定的效率与精确度，

[①] 沈费伟、诸靖文：《数据赋能：数字政府治理的运作机理与创新路径》，《政治学研究》2021年第1期。

[②] Patrick D., *Digital Era Governance: IT Corporations, the State, and E-Government*, Oxford: Oxford University Press, 2006, pp. 227-229.

[③] 韩兆柱、马文娟：《数字治理理论研究综述》，《甘肃行政学院学报》2016年第1期。

[④] 鲍静、贾开：《数字治理体系和治理能力现代化研究：原则、框架与要素》，《政治学研究》2019年第3期。

由此提出了"算法政治学"回应技术存在的伦理挑战。①

数字乡村治理是数字治理理论与乡村治理实践相结合的产物。在理论上，数字乡村治理与数字治理一脉相承，是数字治理在乡村治理领域的重要体现；在实践中，数字乡村治理需要借助数字治理优势更好地解决乡村治理面临的社会矛盾复杂多样、公众素质良莠不齐、制度操作弹性大等治理难题。综合考虑，数字乡村治理的内涵可从三个层面来理解。第一，在理论内涵层面，数字乡村治理是基层政府运用大数据、互联网、区块链、信息与通信技术等数字化工具辅助履行职能、提供服务的基层治理方式的技术化过程，也是包含治理组织重整、制度体系跟进、行政方式与流程优化等的治理技术化过程。② 第二，在治理实践层面，数字乡村治理作为一种先进的治理模式，注重数字治理理念与乡村治理实践的有效结合，通过提升公众数字素养、健全数字治理制度体系、调整乡村数字治理结构推动数字治理在乡村振兴③、矛盾化解④等领域的深度延伸。第三，在价值取向层面，数字乡村治理不仅包含效率的工具性价值，也包含民主、公众参与互动等现代化治理取向，推动治理实践的发展。现阶段，我国数字乡村治理实践发展与理论研究仍处于探索阶段，在数字化技术呈现、数字治理理念贯彻、数字治理实践发展、数字治理经验总结与推广方面都十分薄弱。⑤ 因此，本书结合数字治理理论发展趋势，对数字乡村治理的重点领域和资源要素进行全面阐述，尝试提出数字乡村治理的技术框架，以期指导数字乡村可持续发展。

二 数字乡村治理的重点领域

第一，数字生产：因地制宜发展高质量乡村经济。数字生产将数据作为一种新的生产力要素，对农业生产、管理、销售全过程进行赋能重

---

① 黄璜：《数据计算与治理变革：对政府计算的研究与基于计算的政府研究》，《电子政务》2020年第1期。
② 吕德文：《治理技术如何适配国家机器——技术治理的运用场景及其限度》，《探索与争鸣》2019年第6期。
③ 沈费伟：《乡村技术赋能：实现乡村有效治理的策略选择》，《南京农业大学学报》（社会科学版）2020年第2期。
④ 王胜等：《数字乡村建设：作用机理、现实挑战与实施策略》，《改革》2021年第4期。
⑤ 沈费伟、叶温馨：《数字乡村建设：实现高质量乡村振兴的策略选择》，《南京农业大学学报》（社会科学版）2021年第5期。

塑，由此开发乡村经济的新产业、新业态、新模式。① 首先，乡村新产业是指由信息技术发展所激发的，以现代农业为基础，以健康、绿色、便捷为核心市场需求的产业体系。譬如，以现代农林牧渔业为代表的农业新产业，以新一代信息技术为核心的乡村制造业和服务业均为新的产业内容。其次，乡村新业态是将信息技术与实体经济相融合而形成的个性化、便捷化、智能化的乡村产业经营形态和类型。譬如，集宣传与销售于一体的"直播带货"，将供给技术与特色需求相结合的"私人订制"和便捷与安全并重的"智能支付"均为贯穿乡村生产过程的经济样态。最后，乡村新模式是指通过重构产业链和价值链的各个环节，对包括数字技术在内的生产要素进行优化组合而形成的乡村经济发展模式。譬如，形成诸如"农业生产+电商""农业基地+盒马""乡村生态+平台"的乡村数字经济新模式，将信息与通信技术和传统农业经济紧密结合，推动乡村数字经济快速发展。例如，2023年我国农产品出口额达989.3亿美元，同比增长0.9%。②

第二，数字生活：构建更加智能贴心的乡村服务。数字技术重构了乡村人、地、钱三要素，提质乡村数字生活，具体表现为优化乡村基础设施服务、提供个性化需求服务、强化民生保障服务。首先，数字生活以完备的基础设施服务为基础。政府部门积极致力于建立集农村宽带通信网、移动互联网、5G、大数据中心等于一体的新型基础设施体系，在此基础上打造集网络互动、智能物流、智慧监测等于一体的乡村数字生活应用。其次，数字生活为村民提供个性化需求服务。一方面，数字乡村运用数字化技术打造城乡互联共享的数字图书馆、数字电视、就业课程等发展型公共设施，满足不同村民的需求；另一方面，村内组织可以运用数字技术确定村民需求，从而精准实现村民的个性化需求。最后，数字生活加强民生保障服务。数字技术拥有万物互联、即时共享的特性，能够通过网络将乡村的民生需求与城市的服务供给市场无缝衔接，创新性地运用诸如远程教育、线上应聘、智慧医疗的形式。这样不仅能够突破乡村社会资源不足的桎梏，而且能够技术性地优化乡村民生服务体系，

---

① 梅方权：《农业信息化带动农业现代化的战略分析》，《中国农村经济》2001年第12期。
② 中国食品（农产品）安全电商研究院：《2023中国农产品电商发展报告》，https：//cj.sina.com.cn/articles/view/1721303853/6699032d019011qxr。

从而使乡村服务更加智能贴心。正如刘松畅想数字化生产生活图景时指出，数字化基础设施建设能为人民提供智能便捷的各项服务，能够提升人民幸福感。①

第三，数字生态：助推绿色低碳可循环乡村环境。数字生态遵循绿色发展理念，运用数字技术优化乡村生产生活的整体环境，包括自然生态数字化、人文生态数字化和社会生态数字化三部分。首先，自然生态数字化关注数字技术对人与自然和谐相处的正向作用。在乡村的资源开发、生产活动中引入先进信息技术，有利于转变高耗能、低产出的生产生活方式，从而有效规避乡村发展过程中的资源浪费和环境破坏问题。其次，人文生态数字化强调数字技术对人与人之间关系的重塑。数字技术打造了乡村各主体的沟通网络，使组织与个人之间的联系更加密切，有利于打造和谐有序的乡村人文环境，重构人际和谐、乡风文明的乡村人文环境。最后，社会生态数字化关注数字技术对村民群众与社会环境有序互动的扩展。正如曼纽尔·卡斯特所言："数字时代的社会成为奠基于电子网络的流动空间，这一社会空间以流动的逻辑对功能与权力进行了结构性的重组，根本性地改变了地方的意义与动态。"② 因此，与时空紧密关联的村民活动空间、社会制度规范均随之产生了巨大的变动，构成一个与数字流动规律相吻合的乡村社会结构。例如，陕西省发布绿色智美乡村建设计划，倡导推广绿色生产生活方式，营造积极健康的网络环境，从而发挥乡村绿色低碳环境的效益。③

第四，数字治理：现代信息技术赋能的乡村治理。数字治理运用数字技术赋能乡村自治组织，使乡村与村民之间的内部治理、乡村与政府之间的层级治理和乡村与企业之间的外部治理更加智能、互联、高效。首先，在乡村与村民之间的内部治理层面，数字技术为村委会处理矛盾纠纷、监控村内安全、开展人口普查等工作提供技术支持。同时，村民也可以通过村内的数字治理平台发表对村庄事务的意见和建议，从而真

---

① 刘松：《数字基础设施——数字化生产生活新图景》，http://paper.people.com.cn/rmrb/html/2020-04/28/nbs.D110000renmrb_20.htm。

② [美]曼纽尔·卡斯特：《网络社会的崛起》，夏铸九等译，社会科学文献出版社2001年版。

③ 王帅：《陕西发布数字乡村发展三年行动计划》，https://www.gov.cn/xinwen/2020-08/28/content_5538113.htm。

正实现当家做主。其次,在乡村与政府之间的层级治理层面,数字技术畅通了基层治理的"最后一公里"难题。上级政府的政策可以顺畅地进入村庄,村民可以通过网路等方式表达自己的意志,极大地提高了诸如城中村改造、土地征用等矛盾集中领域的处理效率,从而有效地保障了村民权益。最后,在乡村与企业之间的外部治理层面,数字技术通过搭建网络化平台,实现广大市场与村庄的双向联系,提升乡村的经济社会发展水平。一方面,乡村可以凭借自身的资源禀赋,通过阿里巴巴等企业的助农项目开展网络直播、农村电商等经营活动;另一方面,企业可以通过互联网平台为乡村提供发展资源。例如,浙江省杭州市余杭区中泰街道运用"智汇中泰"平台,设有村务、党务、财务、建议等七大版块,推进了乡村治理数字化,发挥了重要的治理优势价值。

三　数字乡村治理的资源要素

第一,网络资源。网络资源是贯彻数字乡村发展全过程的基础性资源,是指以互联网、信息与通信技术、5G 等构建的万物互联的总和。这其中蕴含的万物同在、万物互联的理念要求从整体视角关注数字乡村治理体系每个单独的节点对整体所起的作用。对此,福山将网络定义为一种社会资本,认为"网络是一种关于信任的道德关系;网络由一群个体行为组成,分享着超越普通的市场交易所需的非正式规范和价值观"[1]。正是依据这种共同规范,社会资本可以在网络上快速流通。在数字乡村治理视域中,网络资源主要起主体联系、资源统筹、城乡交流三个方面的作用。首先,网络资源作为主体联系的渠道,提高了数字乡村的治理效率。通过搭建网络平台、联通个人终端等方式,密切联系村民、村组织、政府等数字乡村的发展主体,促使多元利益在同一空间中有效表达,实现最大效益。其次,网络资源作为资源统筹的凭借,优化了数字乡村的治理效果。现实中政府部门可以通过网络搜寻、线上协调将需要的各类资源统一到数字乡村治理实践中,提高乡村发展势能。最后,网络资源作为城乡交流的方式,强化了数字乡村治理效能。网络将城市与乡村发展容纳在现代化发展的整体中,打通城乡之间的信息、技术、政策等各种资源瓶颈,实现公平、有效的高效能发展。

---

[1] [美]弗朗西斯·福山:《大断裂:人类本性与社会秩序的重建》,唐磊译,广西师范大学出版社 2015 年版。

第二，信息资源。著名物理学家约翰·惠勒曾提出："万物源自比特。"由此可见，信息是社会发展的重要资源，为经济发展、社会治理提供动能，为数字乡村治理中的各项决策提供依据。当前根据发布主体和应用范围的不同，可以将数字乡村治理的信息资源划分为政府信息资源、社会信息资源和个人信息资源。首先，政府信息资源是上级政府及村社组织发布的公共信息，包括部门政策制度文件、受理事务信息、行政事项记录等。发布政府信息资源可以实现公共资源的优化，进而形成各社会主体参与数字乡村治理活动的框架。其次，社会信息资源是各社会主体发布的信息，涵盖房产、教育、就业等各领域。社会信息资源是组织资源整合的结果，其中所包含的专业知识、组织理念、组织力量可以有效提升数字乡村治理质量。最后，个人信息资源是由个体行为产生的，是数字乡村治理的基础数据，具体包括身份信息、公开言论、发展意愿等内容，是村民原子化意志与行为的数据表达。尽管个人信息资源分布散乱，质量参差不齐，但被数据分析中心搜集分析后，个人信息能成为助推政策有效制定、维护治理生态稳定的有效资源。

第三，技术资源。技术资源是将互联网技术、人工智能、办公自动化等信息技术运用到数字乡村治理特定领域中形成的治理技术，包括电子政务技术、电子商务技术和电子农务技术。首先，电子政务技术是虚拟政府在履行职能过程中运用的技术，包括信息公开、业务在线及服务创新等。[1] 数字乡村治理可以通过政务服务平台帮助村民群众了解乡村发展政策、处理乡村事务、获取政府提供的资源。其次，电子商务技术是支撑电子交易的一系列技术，包括信息与通信技术、认证技术、安全技术、电子支付技术等。此类技术资源可以使一个乡村突破特定发展区位的局限，获得尽可能多的社会支持。最后，电子农务技术是运用现代信息技术推进农村、农民、农业现代化的技术集合。电子农务技术的运用可以有效集合区域农务信息，引进智慧农业技术，发展集生产、销售、运输等于一体的现代农业体系，打好数字乡村治理的农业基础。例如，北京市平谷区抓住政策红利，打造以科研人才、科研课题、公共实验平台为核心的农业科技创新示范区，为农业农村创新事业提供技术支持，

---

[1] 张成福：《电子化政府：发展及其前景》，《中国人民大学学报》2000年第3期。

取得了良好的经济效益。①

第四，人才资源。著名的社会哲学家米塞斯这样描述国家统治："现代治理需要专门的技术，这些知识不可能尽为统治者所掌握，因此他必须依靠技术专家的智力支持。"② 由此可见，人才资源作为数字乡村资源运用、技术组合、活动执行的载体，是诸多资源要素中最活跃、最具竞争力的资源。在推进数字乡村治理的进程中，人才资源分为本土人才资源和外部人才资源，其中，本土人才资源又包括乡村当地人才和乡村回流人才。首先，乡村当地人才是指未曾离开过乡村的经济政治人才，一般在村组织中担任村干部。乡村当地人才在数字乡村建设过程中积极学习信息技术，是数字乡村治理的主动接受者，能通过大量数字乡村治理的宣传工作为治理实践打好基础。其次，乡村回流人才是指离开乡村并获得发展后，选择返乡创业并担任村干部的人才。乡村回流人才作为连接乡村和城市的纽带，能更好地沟通现代乡村图景与传统乡土生活，是数字乡村治理的主要推动者。最后，乡村外部人才是指来自外地，以满足自身经济利益、政治绩效或社会理想为目标的人才。乡村外部人才往往具有巨大的经济、政治或技术优势，可以通过与乡村本土人才达成合作，推动数字乡村治理项目的落地。现阶段我国各地出台各项政策鼓励人才返乡创新创业，河南省截至2019年已累计吸引返乡人才149.79万人，带动就业人数已突破900万人，为数字乡村治理提供了充足的人力资源。③

第二节 精明增长理论：数字乡村治理的发展维度

一 精明增长理论的内涵解读

精明增长（Smart Growth）是在美国城市蔓延背景下发展出的城市增长管理理念，最早由马里兰州前州长 Parrris N. Glendening 提出。他所倡

---

① 曹晶瑞：《北京平谷抓好三项重点任务 提速农业科技创新示范区建设》，http://www.moa.gov.cn/xw/qg/202001/t20200108_6334549.htm。
② ［奥］路德维希·冯·米塞斯：《社会主义：经济学与社会学的分析》，王建民、冯克利、崔树义译，商务印书馆2018年版。
③ 韩朝阳：《河南：21条举措支持"创客"返乡下乡造"饭碗"》，http://www.gov.cn/xin-wen/2020-07/11/content_5525937.htm。

导的"精明增长运动"强调合理有效地使用纳税者税金，限制城市蔓延进程中的基础设施花费。① 学术界从不同维度丰富城市精明增长理念的内涵。例如，Nahlik 和 Chester 从经济成本视角指出积极的精明增长方案要求开发多元化交通和动力来源以降低家庭成本。② Behan 等从生态资源角度论证了精明增长倡导的城市住宅集约化可以极大地减少交通拥堵和能源消耗。③ Durand 等从社会治理角度指出，未来精明增长社区规划可以通过丰富体育锻炼形式等方式更为直接地增进居民福祉。④ Resnik 和 David 则基于利益冲突视角指出，精明增长城市规划进程中的观点分歧能在一定程度上推动协商民主的发展。⑤ 中国对精明增长的研究始于张雯对美国精明增长事业的引介，认为中国正面临中国式的"城市蔓延"危机，应借鉴美国城市精明增长实践的经验。⑥ 研究者主张将城市开发与生活质量相联系，推动城市空间形态整合、政府财政及基建、城市宜居性的发展，凭借新的增长改善社区环境。⑦ 目前，精明增长理论已成为中国城市规划的重要理论，在指导城市资源有序配置⑧、公共边界设定⑨、TOD 城市规

---

① [加] 梁鹤年：《精明增长》，《城市规划》2005 年第 10 期。
② Nahlik M. J., Chester M. V., "Transit-oriented Smart Growth can Reduce Life-cycle Environmental Impacts and Household Costs in Los Angeles", *Transport Policy*, Vol. 35, No. 10, September 2014, pp. 21-30.
③ Behan K., et al., "Smart Growth Strategies, Transportation and Urban Sprawl: Simulated Futures for Hamilton, Ontario", *Canadian Geographer*, Vol. 52, No. 3, August 2008, pp. 291-308.
④ Durand C. P., et al., "A Systematic Review of Built Environment Factors Related to Physical Activity and Obesity Risk: Implications for Smart Growth Urban Planning", *Obesity Reviews*, Vol. 12, No. 5, 2011, pp. 173-182.
⑤ Resnik, David B., "Urban Sprawl, Smart Growth, and Deliberative Democracy", *American Journal of Public Health*, Vol. 100, No. 10, October 2010, pp. 1852-1856.
⑥ 张雯：《美国的"精明增长"发展计划》，《现代城市研究》2001 年第 5 期。
⑦ 诸大建、刘冬华：《管理城市成长：精明增长理论及对中国的启示》，《同济大学学报》（社会科学版）2006 年第 4 期。
⑧ 曹伟等学者认为，精明土地利用作为城市精明增长的核心，可以通过土地精明利用引导城市内部各资源要素的有序流动。参见曹伟等《城市精明增长与土地利用研究进展》，《城市问题》2012 年第 12 期。
⑨ "城市生长边界"强调了新的开发方式，即要在适当的地方进行适当的高质量开发。刘海龙强调城市增长边界"为公共利益的协调和实现提供平台并设定底线"。参见刘海龙《从无序蔓延到精明增长——美国"城市增长边界"概念述评》，《城市问题》2005 年第 3 期。

划①等方面展现出巨大价值，却并未被有效引入乡村治理领域。

根据上述研究可知，精明增长是以限制区域恶性增长为直接目的，以限定空间为前提，以资源利用、空间规划、生态保护、社区和谐为主要内容的综合性发展理念。②精明增长过去通常以城市发展为研究对象，针对的是城市的粗放发展、空间限定、资源集聚。而数字乡村作为人才、技术、创新等资源的集聚场景，亟须理论指导。尽管乡村天然呈现分散的特质，看似并不符合精明增长的空间限定要求，但数字乡村发展所要构建的就是一种空间上的要素集聚，避免数字乡村发展的低水平蔓延。因此，精明增长理论对数字乡村发展具有相当程度的适用性。此外，本书更加关注的是如何实现数字乡村发展中资源的空间集聚问题，即运用精明增长理论指导数字乡村的空间规划、资源统筹、产业整合和生活服务等内容。可见，数字乡村发展符合精明增长的对象要求，精明增长理论亦能为数字乡村发展提供相应的理论指导，因而本书运用精明增长理论考察数字乡村治理的实现路径具有契合性与合理性。

运用精明增长理论指导数字乡村建设，是将精明增长理念作为理论工具，将精明增长价值导向与规划技术同数字乡村发展实践紧密结合，重塑数字乡村建设的价值体系、政策布局、要素整合、公众参与等各项内容。首先，数字乡村精明增长作为数字乡村与精明增长整合衍生而成的新概念，是数字乡村发展的新设计，需要对其目标、任务及本质进行确定。其次，在整体把握数字乡村精明增长的基础上，从空间成长、环境保护、经济发展、生活质量等方面把握数字乡村精明增长优势，遵循数字乡村实现精明增长的实践逻辑，以此成为乡村有效发展的抓手。再次，分析数字乡村精明增长实践面临的困境与挑战，进一步强调数字乡村精明增长关于经济节约、社会公平、生态保护、发展多样的价值理念。最后，从整体视角出发，对数字乡村精明增长提出系统的优化路径，使数字乡村获得内外双向的资源支撑。由此可知，系统把握数字乡村精明

---

① "TOD 城市规划"是指以公共交通系统建构为主导，引导居住、工作、购物、休闲等活动空间于公共交通路线廊带上有序分布，优化城市规划、提高生活质量的城市发展形态与土地利用模式，是精明增长理念运用于城市规划的典型。参见苏倍庆《基于公共交通导向发展的城市设计——以长沙湘江滨水区为例》，《城市发展研究》2013 年第 11 期。

② ［美］特里·S.索尔德、［美］阿曼多·卡伯内尔编：《理性增长——形式与后果》，丁成日、冯娟译，商务印书馆 2007 年版。

增长的运行逻辑，在此基础上形成关于实施数字乡村发展战略的路径讨论具有重要的研究价值。

二　数字乡村的精明增长模式

乡村治理作为包含人、地、钱的复杂体系，始终处于一种技术化的结构化过程中。数字乡村治理通过数字技术赋能实现对传统乡村治理的超越，而数字乡村精明增长则是运用规划技术对数字乡村治理的进一步优化。从表面上看，数字乡村精明增长将乡村发展潜力限制在一定的乡村边界中，但实际上这是着眼于城乡社会整体发展的视角对城乡整体结构的平衡做出的协调举措，要求在资源有限的前提下实现治理效能最大化。

（一）数字乡村的精明增长目标

数字乡村精明增长的目标是限制乡村发展边界，协调城乡结构，最终目的是实现乡村经济繁荣、生态稳定、社会和谐的发展目标，提高乡村发展水平。首先，限制乡村发展边界不仅是指限制乡村发展的地理界线，防止乡村恶性蔓延，还意味着乡村在发展的过程中以保持乡村性为基本要求，即不能使乡村脱离传统，成为机械化的现代化产物。其次，数字乡村以实现乡村高质量发展为深层次目标，一是要求激发数字要素在经济发展中的活力，发展符合地方资源禀赋的数字经济；二是要求绿色开发乡村自然生态环境，积极保护传统生态文化资源；三是要求完善乡村基础设施，提供符合村民需求的公共产品。

（二）数字乡村的精明增长任务

数字乡村精明增长的主要任务是实现乡村的高质量可持续发展，集中体现为乡村经济繁荣（Economically Prosperous）、乡村社会公平（Socially Equtable）、环境持续发展（Environmentally Sustainable）三个层面（亦称"3E"）。首先，数字乡村精明增长运用乡村数字经济发展优势，通过对生产空间、生产要素的优化，进一步活跃生产要素、提升数字乡村经济总量、丰富经济样态，最终实现乡村经济繁荣。其次，数字乡村精明增长在数字乡村建设进程中赋予全体村民公共数字资源配置、数字发展机会、乡村群体权益层面的公平待遇，强调不同村民群体在数字乡村建设中的潜能，最终实现福利与发展层面的乡村社会公平。最后，数字乡村精明增长以环境持续发展作为基本要求，强调数字乡村生活空间宜居、生产功能协调、生态环境优美。只有实现经济、社会、环境三个方面的可持续增长，数字乡村高质量发展的目标才能够达成。

（三）数字乡村的精明增长本质

数字乡村精明增长的本质是一种综合性的乡村发展新模式，以环保、集约、公平为理念指导，在限定空间中实现乡村生态和谐、经济发展、社会稳定，提高村民生活质量，推动城乡社会协调发展。首先，数字乡村精明增长是在限定区域内实现区域最大发展效能的模式。以经济理性为导向，对区域内既有发展条件进行结构安排与功能协调，最终实现乡村发展效能的最大化。其次，数字乡村精明增长着眼于全面的乡村价值诉求。在数字乡村推动经济、社会、文化、生态各方面发展成果的基础上，数字乡村精明增长更强调以生态环境保护为优先项，进而构建以开放、包容、高效为导向的绿色发展价值体系。最后，数字乡村精明增长以乡村可持续发展为核心追求。从乡村内部结构出发，优化数字乡村发展动力、瞄准数字乡村发展方向、抑制数字乡村恶性增长趋势、实现数字乡村健康可持续发展是精明增长理论对数字乡村建设事业核心意义所在。

三　数字乡村的精明增长实践

作为一种乡村治理体系，数字乡村精明增长遵循一定的发展逻辑。从系统发展的角度出发，将数字乡村治理视为系统的生产单元，进而考察数字乡村对内的发展结构以及对外的互动机制。强调乡村可持续发展，以数字乡村持续健康发展为客观前提，寻找数字乡村更加理性的发展方式。以乡村聚集性为内生动力，通过聚集效应激发乡村各发展要素的潜力。同时，以乡村合理规划与政策扶持为外力助推，为乡村区域内的发展提供资源供给与行动规范。

（一）数字乡村精明增长的逻辑起点：将乡村视为系统的生产单元

乡村作为一个包含经济、社会、文化、生态、技术等多要素的复杂系统，各要素、结构、功能之间的互动推动了乡村振兴的进程。以乡村内部结构优化为主导，形成乡村内循环与城乡间循环的乡村发展规划。在推动乡村发展的过程中，一是尊重乡村基本事实，尊重乡村基本发展规律。数字乡村精明增长要求立足乡村的资源禀赋，在限制乡村无序扩张的前提下充分利用乡村内部资源，通过数据赋能实现乡村发展规划、资源结构设置、生产技术提升，最终实现乡村发展资料效益最大化。[1] 二

---

[1] Lucia N., et al., "What is Smart Rural Development?", *Journal of Rural Studie*, Vol. 40, August 2015, pp. 90–101.

是确保乡村内部能形成较为完整的生产循环。数字乡村精明增长将数字要素纳入乡村发展系统中，凭借数字乡村的互联网、大数据平台等设施为在乡村内部实现土地配置、资源开发、劳动力安排、产出协调、公共服务等社会生产环节的循环提供技术条件，保持经济发展、社会和谐、生态保护的结构平衡。三是实现城乡之间的循环，促进城乡统筹发展。数字乡村精明增长并不意味着乡村与城市完全割裂，而是强调数字乡村作为一个系统的生产单元能与外部环境进行有序交流。以 ICT 为代表的信息技术的发展，一方面可以推动打造乡村品牌、形成竞争优势；另一方面可以通过产业链互动等方式，与城市成熟的市场进行要素循环，促进乡村可持续发展。

（二）数字乡村精明增长的客观前提：乡村处于持续健康增长状态

精明增长是数字乡村治理的最优状态，这一乡村发展最优解建立在乡村持续健康增长状态的基础之上。数字乡村精明增长作为一个综合性的概念，是对数字乡村发展状态的全面反映。与之相对，数字乡村发展状态也应具有一个全面的衡量标准，即乡村要素量的增长或质的提升。第一，量的增长是指乡村经济总量、土地规模、人口规模等可以通过具体数值展示乡村发展程度的项目有所增长。传统乡村发展追求量的增长，不仅通过村庄扩张、村庄合并等方式扩大规模，还通过加大基础设施投入、资金支持、吸纳返乡人才等方式追求粗放式增长。第二，质的提升是指经济结构、人口结构、生产方式等可以通过技术性设计而使数字乡村发展更贴近价值取向的增长。确保乡村处于持续健康增长状态的关键在于实现量化增长到质化增长的转型，一方面，要求数字乡村建设坚持经济、公平的发展理念重新制定乡村精细发展的规划，运用 GPS、大数据、互联网等技术收集并分析乡村既有资源，合理规划数字乡村"三生"空间格局、优化乡村基础设施，实现乡村健康增长；另一方面，要求政府将发展思维由以往的经济主导转变为社会主导，从社会经济保障、社会凝聚、社会信任、社会包容建设出发，提升数字乡村社会质量。[1]

---

[1] "社会质量"是衡量社会发展程度和发展质量的概念，是指摒弃经济至上的社会发展目标，以可持续发展的理念谋求全社会成员共同福祉、共享社会发展成果的目标，主要包括社会经济保障、社会赋权、社会凝聚和社会包容四个方面。参见沈费伟《提升社会质量：消解技术治理风险的策略选择》，《中国延安干部学院学报》2020 年第 2 期。

（三）数字乡村精明增长的内生机制：乡村的聚集效应与聚集经济

精明增长的发生，从根本上取决于乡村的内生属性——聚集性，即由于乡村主体的空间集中而导致经济、社会要素聚集的特性。由于乡村劳动力外流量大、资源开发技术较为落后、农村集体经济水平普遍不高，乡村经济增长存在天然弊端。要实现乡村经济增长，必然会激发相应空间的人力资本积累、知识信息共享、创新与合作等需求，从而推动数字乡村发展要素的聚集。① 首先，由聚集性导致的聚集效应主要分为生产合作型聚集与环境共享型聚集两类。生产合作型聚集是指以提高乡村生产力为目的，吸引诸如人力、知识、资源、技术等要素不断趋向集聚，进而实现乡村产业的规模化的聚集形态。环境共享型聚集是指多元主体以及多种产业形态为享受优质社会环境而产生的聚集行为。多种要素聚集在数字乡村中形成了经济效益相对较高的产业。这种优势呈现自我增强趋势，从而带来进一步的资本积累。其次，合理的要素聚集产生聚集经济。乡村产业的规模化使在乡村领域中形成较为完整的产业结构、经济体系、技术结构，同时可以降低规模经济内部的交通运输、资源调度等方面的成本，而处于产业链不同环节的生产单位可以实现无缝隙的生产协同，从而提高产出。

（四）数字乡村精明增长的外力助推：乡村的合理规划与政策扶持

数字乡村精明增长以合理规划与政策扶持为保障。第一，数字乡村精明增长以精密完备的规划体系为基础。由于数字乡村精明增长主张在保持乡村性的基础上限制乡村发展边界、提高乡村发展质量。相应地，乡村发展规划也必然要注重现实与发展的统一。首先，数字乡村精明增长应符合国土空间规划的"三区三线"② 要求，规范数字乡村发展空间。其次，在空间内部规划方面，数字乡村精明增长规划应遵循乡村系统主体功能分区、乡村土地类型分类、土地主要用途分级和依据发展要点调整方案的规律规划数字乡村发展事业。③ 最后，数字乡村精明增长规划应

---

① 沈费伟、陈晓玲：《保持乡村性：实现数字乡村治理特色的理论阐述》，《电子政务》2021 年第 3 期。

② "三区三线"是维护空间规划及资源配置秩序的核心政策工具。"三区"是指生态、农业、城镇三类空间；"三线"是指根据生态空间、农业空间、城镇空间划定的生态保护红线、永久基本农田和城镇开发边界三条控制线。

③ 刘彦随：《中国乡村振兴规划的基础理论与方法论》，《地理学报》2020 年第 6 期。

充分考虑技术投入、工程执行、模式推广、社会稳定等经济社会成本问题，确保乡村建设事业有序进行。第二，数字乡村精明增长以多维有效的政策体系为保障。自我国推行数字乡村发展战略以来，国家陆续颁布诸如《数字农业农村发展规划（2019—2025年）》《2020年数字乡村发展工作要点》等中央政策文件，为地方数字乡村建设工作的推进指明方向和重点。在中央政策文件引导下，地方积极进行政策创新。各省份相继开展数字乡村试点工作，引入金融优惠、人才吸引、技术鼓励政策，助力实施诸如"数字乡村+智慧三农""农村集体三资监管打造数字化乡村治理新模式"等数字乡村发展计划。

第三节 内生发展理论：数字乡村治理的人本维度

一 内生发展理论的内涵解读

内生发展理论的产生与发展是伴随着世界社会发展的趋势而逐渐形成的。第二次世界大战后，各个国家大力发展工业化、城市化，由此促使广大农村中的人口、资本与土地要素不断向大城市集聚，进而造成城乡差距的不断扩大，乡村社会呈现出衰败的迹象，这在发展中国家表现得尤为明显。乡村的衰弱不仅成为国家现代化发展的阻碍，同时也是引发社会贫富不均等矛盾冲突的根源。在此背景下，自20世纪中后期，许多发展中国家将解决乡村的衰败与贫困问题作为政府的一项重要议程对待。当时，最先引起人们重视的是外援式的发展模式，其基本内容大抵是政府采用工业产业进入乡村、自上而下推行土地改革、引进农业技术提升农业生产率等方式开展乡村复兴工作。[1] 尽管这种发展模式在特定时间段内确实促进了农村地区资源的开发利用，也取得了经济发展的一些短期效益。但是随着时间的推移，这种"输血式""嵌入式"的外援式农村发展模式因其忽视了农村内生发展机制的构建，没有很好地激发农民建设乡村的积极性、主动性，结果不仅导致乡村丧失经济、文化的独立性，而且使农村的环境和资源陷入危机。

---

[1] 王志刚、黄棋：《内生式发展模式的演进过程——一个跨学科的研究述评》，《教学与研究》2009年第3期。

面对上述困境，学者开始对外援式的发展方式进行反思与总结，致力于寻求真正促进乡村自生和可持续发展的经典理论。在此背景下，20世纪60年代，区域经济发展学领域的学者最早提出内生发展理论，其内涵是指社会经济的内生发展源于对公民群众权益的保护和需求的满足。此后经济学领域对这个理论进行了扩展和再解释，并逐渐形成了集镇内生建设战略、社区封闭式内生模式以及综合发展的内生途径。[1] 到了20世纪90年代，内生发展理论开始应用到农村发展的实践中，并为解决工业化时代的农村衰败问题提供了新的研究思路。作为一种农村发展的新方式，内生式发展很好地处理了乡村资源嵌入与内生发展之间的关系。[2] 内生发展模式通过注重发挥本土人才优势，突出本地资源的利用价值，从而构建了哈耶克所说的自生自发的社会秩序。内生发展模式的实质是一种以自我为主导的发展过程，一方面能够使乡村发展成为自己想要的模式，另一方面能够很好地利用乡土资源创造价值优势。综合而言，乡村的内生发展模式主要包含三项核心内容，即乡村自主发展的推动、村民群众的积极参与以及本地资源的活化利用。内生发展模式区别于外源式发展模式的核心是，社会的发展除了需要注重 GDP 增长，更是为了实现区域内的福利、教育、环境和文化等综合性水平的提高和村民知识素质和能力的普遍提升。[3]

将内生发展理论引入数字乡村的发展研究中，存在着密切的契合性与适应性。首先，从治理主体的维度来审视，内生发展理论强调发展的目标不只是营造社区，更重要的是改造人。通过理念的宣导、方法的辅导，最终改变的是人的行为习惯。因为人的改变使自组织治理成为可能，带动了社区居民的积极性，改变了"等、靠、要"的习惯，共同解决社区的问题，消除有限理性、机会主义行为、不确定性、信息不对称等的治理问题。[4] 而数字乡村的发展特别注重乡村地区内的居民要以本地的技术、产业、文化为基础，以本地的市场为主要对象，开展学习、计划、

---

[1] 张环宙等：《内生式发展模式研究综述》，《浙江大学学报》（人文社会科学版）2007年第2期。

[2] 章志敏、张文明：《农村内生发展研究的理论转向、命题与挑战》，《江汉学术》2021年第2期。

[3] 檀学文：《贫困村的内生发展研究——皖北辛村精准扶贫考察》，《中国农村经济》2018年第11期。

[4] 莫筱筱、明亮：《台湾社区营造的经验及启示》，《城市发展研究》2016年第1期。

经营活动。尽管政府部门和市场主体也发挥了重要的带动引领作用，但关键还是要依靠本地居民的参与和行动。其次，从治理过程的维度来审视，内生发展理论要促进社区居民自组织、自治理、自发展，以共同解决社区所有的公共议题，包括制度性、服务性以及空间性的所有议题。① 这和数字乡村发展注重的社会基础设施、数字经济业态、乡村网络文化和数字治理模式等内容相得益彰，都是致力于解决乡村社会的整体性治理难题。最后，从治理价值的维度来审视，内生发展理论强调区域内的各相关利益主体要在共识性基础上追求符合本地发展的科学规划战略及资源优化配置，从而提升公民的知识能力和实践技能。② 而数字乡村发展的价值也是通过借助现代信息技术优势而不断提升农村社会经济发展的，进而开辟更高质量的乡村振兴路径。

综上所述，内生发展理论与数字乡村建设两者的相互耦合所形成的数字乡村内生发展模式可以理解为数字乡村的自组织过程，通过提升数字乡村区域内的产业发展、治理机制以及公共服务，以达成乡村善治的目标。③ 需要说明的是，中共中央、国务院印发的《乡村振兴战略规划（2018—2022年）》提出"五个振兴"的科学论断，即乡村产业振兴、乡村人才振兴、乡村文化振兴、乡村生态振兴、乡村组织振兴。此外，以"五个振兴"为目标，制定了清晰明确的乡村振兴任务书和路线图。而我国倡导的数字乡村内生发展模式其实是在整合了上述"五个振兴"目标基础之上，为了统筹谋划、科学推进数字乡村振兴战略提出的一种具体的实现方式。而数字产业模式、数字治理模式和数字服务模式则是实现数字乡村内生发展模式目标的具体应用与重要抓手。数字乡村内生发展模式是由数字时代的信息化、数字化带动的乡村振兴模式，是符合现代乡村经济发展趋势、解决乡村社会治理难题以及回应村民群众对现代公共服务需求的新途径。

---

① 张文明、章志敏：《资源·参与·认同：乡村振兴的内生发展逻辑与路径选择》，《社会科学》2018年第11期。
② 江剑平等：《新时代以增强农村内生发展能力为核心的乡村振兴逻辑》，《财经科学》2020年第9期。
③ 沈费伟：《数字乡村的内生发展模式：实践逻辑、运作机理与优化策略》，《电子政务》2021年第10期。

二 数字乡村的内生发展逻辑

（一）探索数据赋能驱动

数字乡村建设以资源整合、数据共享为途径，推进数据融合、挖掘与应用，实现农业农村数据互联互通、资源共建共享、业务协作协同，催生数字农业农村新产业、新模式、新业态，让农民群众有更多的获得感和幸福感。首先，强化数据采集管理。巩固和提升现有监测统计渠道，完善原始数据采集、传输、汇总、管理、应用基础设施，强化数据挖掘、分析、应用能力建设，建立健全农业农村数据采集体系。其次，注重数据科学分析。开展互联网数据挖掘，推进线下数据、线上数据联通融合，在打通各种数据的基础上，通过数据分析帮助业务决策。这实则是激发大数据自身的生命力，从而让数字乡村不断焕发活力和动力。最后，应用数据赋能乡村发展。数字乡村建设以建设符合农业农村实际业务需求的应用为导向，以解决农业农村现有问题为出发点，覆盖生产管理、流通营销、行业监管、公共服务和乡村治理等多个应用领域，从而实现用数据说话、用数据监管、用数据决策、用数据创新。

（二）推动技术创新应用

现代信息科技是直接的生产力，通过向农业各生产力要素渗透，起到倍增器的作用，大大提高了农业劳动生产率。近年来，在数字乡村建设过程中，首先，5G的建设使农业农村发展跨上新的大平台。5G作为新基建中极具牵引力的一员，具有"一业带百业"的作用。对于我国广袤的农村来说，在5G赋能下的数字乡村正展现出蓬勃的生命力。以5G为代表的新一代信息技术与农业的结合将助推中国乡村全面振兴。其次，统筹规划乡村信息通信基础设施建设，加快提升农村地区信息化硬件设施能力。数字乡村建设需要运用信息技术进一步完善乡村数字化治理体系，提升农村地区信息化软件应用综合水平。与此同时，通过加强信息化科普教育工作，尽快提升全民，特别是农村居民的信息科学普及程度。最后，加强技术研发、组织创新和制度供给。流通和销售的现代化倒逼农业的现代化、规模化、标准化，电商的发展将有效解决农产品"卖难"问题。数字乡村建设推进现代信息技术与农业农村各领域、各环节深度融合应用，推动农业生产智能化、经营网络化，提高农业土地产出率、劳动生产率和资源利用率。

（三）依靠平台整合发展

数字乡村服务平台通过乡村信息的发布，在互联网上宣传乡村形象，可以有力地推动乡村招商引资、闲置房舍土地流转和生态农产品溯源与售卖等。同时，将村务信息进一步公开化、透明化，加强了互动交流，有利于信息的及时传播和反馈。从国家层面来审视，当前数字乡村建设的平台包括国家农业农村云平台、国家农业农村大数据平台和国家农业农村政务信息系统。首先，国家农业农村云平台是围绕增强农业农村大数据和农业农村政务业务系统的计算存储能力，构建覆盖中央、省、市、县农业农村部门的国家农业农村云平台。按照统一标准进行数据共享交汇、运算分析等，形成跨部门、跨区域、跨行业的农业农村数据汇聚枢纽。其次，国家农业农村大数据平台是通过整合农业农村部门数据信息资源，提升集体资产监管、农业种质资源、农村宅基地等行业数据资源管理能力，构建全国农业农村数据资源"一张图"。建设统一的数据汇聚治理和分析决策平台，实现数据监测预警、决策辅助、展示共享，为农业农村发展提供数据支撑。最后，国家农业农村政务信息系统是建立政务信息系统建设标准规范体系、安全保障体系和运维管理体系，旨在实现技术融合、数据融合、业务融合，为农业农村运行管理和科学决策提供支撑。

三　数字乡村的内生发展机理

（一）设计数字乡村层级架构

数字乡村建设以服务为导向，从展示层、应用层、平台层、终端层全面构建融合、开放、安全的物联网架构。首先，数字乡村的展示层面向村民群众，提供数字乡村实景展示、运营管理、村镇态势感知等服务，集中体现在大屏幕系统中。其次，数字乡村的应用层面向农村及区域运行管理，涉及各类型智慧应用服务，如用水监测、用电监测、基础设施、智慧停车、智慧灯杆等各类型应用业务。各业务通过物联网管理平台获取监测信息、进行感知终端的管理并获取其他物联网服务。再次，数字乡村的平台层面向各类型用户，提供平台支撑和运维。基于能力聚合平台、能力开放平台、数据融合平台、GIS 平台等服务，面向物联网应用及用户，提供数据加工、可视化组件、大数据分析等功能服务，基于物联网感知数据实现数据汇聚并针对感知数据存储、治理、分析等实现全生命周期管理。最后，数字乡村的终端层针对相关数字乡村的各业务终端，根据各类型场景接入感知网络进行数据采集与设备运行状态回传。同时，加载物联网操作系统及代理应用，便于进行本地协议解析及智能化服务与管理，为村民群众提供安全可靠的数字乡村物联网平台服务。

（二）激活数字乡村参与主体

数字乡村的建设与发展需要完善政府引导、市场主导、社会参与的协同推进机制，发挥互联网企业和农业信息化企业的核心带动作用，鼓励农民和新型农业经营主体广泛参与，形成多元主体参与的共建格局。首先，政府部门需要结合乡村发展实际，加快数字化乡村建设工作，同时各部门之间形成合力，统筹推进数字乡村工作，积极调动市场主体作用，推进数字乡村建设。与此同时，还需要强化部门之间的沟通协调，加强与相关企业的合作，利用企业的优势，共同推动数字乡村建设稳步发展。其次，鼓励动员农业龙头企业、互联网农业企业建立开放式的行业信息平台，构建重要农产品全产业链大数据，以信息流、数据流带动资金流、技术流、人才流、物资流。完善对农民专业合作社和家庭农场网络提速降费、平台资源、营销渠道、金融信贷、人才培训等政策支持，重点改善网络支付、移动支付等农村普惠金融发展环境，激活农村要素资源。最后，建设数字乡村，离不开社会参与，更离不开人才和科技支撑。要协同发挥科研机构、高校、企业等各方作用，培养造就一批数字农业农村领域科技领军人才、工程师和高水平管理团队；要加强数字农业农村业务培训，开展数字农业农村领域人才下乡活动，普及数字农业农村相关知识，提高村干部、新型农业经营主体、高素质农民的数字技术应用和管理水平。

（三）优化数字乡村资源要素

数字乡村建设能够激活乡村数字化发展新活力，释放数字乡村资源要素。通过深化以土地、人才和资本等为代表的要素市场化改革，推动数字产业化、产业数字化，大力发展农业农村数字经济，构建乡村数字治理体系，为实施乡村振兴战略、推动农业农村高质量发展提供有力支撑。首先，通过数字乡村建设"一张图"管地、"一张图"管矿、"一张图"防灾、"一张图"执法的动态监管和预警分析系统，将"批、供、用、补、查、管"各环节的业务数据进行有效关联，形成乡村土地资源审批后跟踪监督机制，确保农村土地资源的高效利用。其次，数字乡村建设坚持以人民为中心，建立与乡村人口知识结构相匹配的数字乡村发展模式，着力解决农民最关心、最直接、最现实的利益问题。通过实施新型职业农民培育工程，为农民提供在线培训服务，培养造就一支爱农业、懂技术、善经营的新型职业农民队伍，充分调动各方力量和广大农民参与数字乡村建设。最后，引导带动金融资金、社会资本支持或参与农业信息化和数字乡村建设，通过独资、合资、合作、联营、租赁等途径投资经营数字农业，形成多元化的融资机制。借助大数据建立诚信服务体系，结合银行、政府、行业等多级风险控制管理架构，为优质农业企业提供多种供应链金融服务。

（四）保障数字乡村公民权益

在信息化时代的背景下，传统的乡村治理理念和方式已无法满足农村社会结构深刻变动、农民诉求日趋多样的农村发展态势，加强和完善乡村治理成为农村转型发展的迫切需要。加快数字乡村建设成为提升乡村治理现代化水平的客观需求，为推动乡村治理转型发展提供支撑和动力。运用大数据等现代技术能够实现预测功能，化解乡村治理的时效性问题。通过数据分析，能够及时掌握农民对乡村治理的真实需求，为治理主体提供科学决策指引，从源头减少矛盾纠纷的产生。农民是数字乡村的参与者和受益者，想要更顺利地建设数字乡村，就要从农民的角度出发，考虑农民真正的需求，才能调动农民的积极性，更加顺利地推进建设计划，真正收获数字乡村带来的便利之处。数字乡村建设能够充分发挥信息化的先导作用，建立涵盖生产、生活、生态等一站式服务体系，加快"互联网+"政务服务向乡村延伸。国家启动数字乡村发展战略，从权利视角观察是消除城乡数字鸿沟的务实举措，数字乡村建设着力于解决农民最关心、最直接、最现实的利益问题，不断提升农民的获得感、幸福感、安全感。[①] 农民也能够通过"互联网+公共服务""互联网+文化""互联网+消费"等途径获得实实在在的服务和便利。

第四节 敏捷治理理论：数字乡村治理的效能维度

一 敏捷治理理论的内涵解读

"敏捷"（Agile）作为学术概念最早出现于美国学者 Nagel 在 1991 年

[①] 周东飞：《建设数字乡村重在提升农民获得感》，《北京青年报》2019年5月23日第A2版。

发表的《21世纪制造业企业战略报告》中，Nagel认为敏捷具有灵活应对的含义，凸显了企业在应对日益变化的市场环境中做出的科学决策能力。[1] 在此之后，2001年软件工程领域发布了《敏捷软件开发宣言》，强调敏捷对于软件开发过程中团队的协商合作和应对客户需求多样性的重要意义。然而，"敏捷治理"（Agile Governance）的概念则是到2007年才正式由Qumer提出，在他看来，敏捷治理具有"快捷""灵敏"与"协调"的治理特征。[2] 随着敏捷治理理论影响力的不断扩大，越来越多的管理学家开始关注敏捷治理的内涵。其中代表性的有美国敏捷论坛（Agility Forum）战略研究部主任Rick，他从生产管理的角度将敏捷治理界定为企业管理适应社会变化，不断改进自身行为、适应能力持续提升的过程。[3] Luna等则进一步将敏捷治理拓宽到组织行为学领域，认为通过敏捷治理可以有效制定组织规划，更好更快地达成组织的战略目标。[4] 2014年Luna又将敏捷治理定义为组织实现竞争优势的可持续能力。[5] 在众多学者的持续研究下，国外学者对敏捷治理的内涵已基本达成共识，认为敏捷治理是一套具有灵活性、适应性和应变性的组织方法，是一种具有包容性和坚持人本主义的管理过程和治理方式。

在国外敏捷治理思想的引导下，国内学者也开始对敏捷治理展开了重点研究，目前在经济学、管理学、社会学、政治学、传播学等学科领域得到关注，并且形成了一些有代表性的观点。从公共管理领域来看，敏捷治理更多地沿用了西方学者的定义，认为敏捷治理是一种具有自适应、灵活性和柔韧性的行动或方法。[6] 侯信华等还重点关注了敏捷治理的

---

[1] Nagel R. N., "21st Century Manufacturing Enterprise Strategy Report", https://apps.dtic.mil/dtic/tr/fulltext/u2/a257032.pdf.

[2] Qumer A., "Defining an Integrated Agile Governance for Large Agile Software Development Environments", *International Conference on Agile Processes In Software Engineering and Extreme Programming*, June 2007, pp. 157-160.

[3] 张申生：《敏捷企业（上）》，《中国机械工程》1996年第3期。

[4] Lunaajhdo, et al., "Agile Governance in Information and Communication Technologies: Shifting Paradigms", *Journal of Information Systems and Technology Management*, Vol. 7, No. 2, August 2010, pp. 311-334.

[5] Lunaajhdo, et al., "State of the Art of Agile Governance: A Systematic Review", *International Journal of Computer Science&Information Technology*, Vol. 6, No. 5, October 2014, pp. 121-141.

[6] 薛澜、赵静：《走向敏捷治理：新兴产业发展与监管模式探究》，《中国行政管理》2019年第8期。

思想研究主题，主要包括应对社会不确定的环境、对资源的有效配置、参与主体的协同合作以及提升顾客的满意度。① 综合而言，敏捷治理是一种针对大数据时代社会高度不确定性和高度复杂性的特征所提出的新型治理方式。敏捷治理尤其注重通过创新应用现代数字技术来不断适应日益变化的社会环境，从而更好地预测社会发展趋势，同时根据社会变化及时调整组织策略，进而保持治理效能的持续提升。② 上述理念反映了敏捷治理的快速性、灵活性和回应性的特征，在治理目标、治理机制、治理流程和治理体系层面都发挥着重要作用，有助于显著提升社会治理体系和治理能力现代化水平。

近年来，伴随着城市未来社区建设和数字政府发展的步伐日益推进，敏捷治理思想已经在智慧城市治理领域得到广泛运用，但是在广大的农村地区仍然缺少敏捷治理的研究成果。基于此，本书将敏捷治理理论内涵融入数字乡村建设领域，进而构建出数字乡村敏捷治理的分析框架。数字乡村敏捷治理是一套兼具灵活性与适应性的治理方式，其治理过程反映了自适应发展、以人为本以及包容性可持续发展的思维。面对复杂多样、动态变化且具体的基层问题，数字乡村敏捷治理通过借助数字化平台弹性再造乡村治理空间、灵活设置乡村治理机制、有效形塑乡村治理流程，充分体现了高效能治理、弹性化治理以及共同体治理的运作机理。尽管数字乡村敏捷治理已然释放了巨大的潜能，但依然面临着如何平衡好安全与效率的目标冲突、收紧与放松的工具应用、单一与多元的结构选择、保持与降低的能力变革等方面的现实挑战与困境。伴随着数字技术在培育智慧农业、辅助公共服务、便利信息传播和推动数字治理方面的广泛应用，未来需要从治理目标优化、治理工具配置、治理结构重组以及治理能力提升方面促进数字乡村敏捷治理的绩效，最终实现数字乡村的高质量发展目标。

二 数字乡村的敏捷治理逻辑

（一）数字乡村韧性治理的理解要素

首先，数字乡村敏捷治理是乡村自适应的发展过程。适应性治理理

---

① 侯信华等：《租赁型保障住房小区敏捷管理创新模式研究》，《工程管理学报》2013年第2期。

② Mergeli, et al., "Agile Government: Systematic Literature Review and Future Research", *Government Information Quarterly*, Vol. 35, No. 2, April 2018, pp. 291-298.

论揭示了多元利益相关者就如何达成集体行动所采取的不断符合地方实际、及时反馈有效信息，从而实现组织战略目标的策略体系。① 而数字乡村敏捷治理也尤其关注乡村内部各利益主体的多元需求，强调政府、村委会与村民之间的协同合作，通过完善村民参与机制与积极有效的动员机制，有效地提升了应对复杂风险问题的能力。在此过程中，政府部门应用现代信息技术和智慧平台设备有效监测和掌握乡村运行的各项关键数据信息，从而对包括民生、环保、公共安全、社会服务、工商业活动等在内的各种社会需求做出快速响应。上述过程实质上体现了数字乡村敏捷治理是一种乡村自适应的发展过程，通过借助先进的信息技术实现数字乡村智慧式管理和运行，进而积极回应村民群众对乡村美好生活的"六个更加"需要，即更加安全的社会环境、更加有序的公共管理、更加优质的公共服务、更加广泛的参与治理、更加丰富的精神生活、更加宜居的美丽家园。

其次，数字乡村敏捷治理是秉承以人为中心的行为。数字乡村敏捷治理的核心价值之一就是通过为村民提供全心全意的公共服务来提升乡村公共服务的水平和质量。近年来，国家大力倡导数字乡村建设，并且已在基础设施、政务服务、社会管理、民生服务、产业发展等领域提供重要的技术支撑，强化乡村社会管理和公共服务。在实践中，数字乡村试点村庄通过紧抓新一代信息技术发展的机遇，大力发展并创新运用5G、大数据、人工智能、区块链等新一代信息技术，将新技术与数字乡村发展有机融合，从而为村民创收致富、乡村产业发展、村庄有序治理等提供新的动力。② 数字乡村敏捷治理坚持以满足人民群众对美好生活的需要为导向，积极探索运用大数据、人工智能等新技术，推动公共服务兼顾个性需求，实现服务的便捷化、精准化供给，持续增强村民获得感，不断提升村民幸福感，进而为乡村振兴奠定了坚实基础。

最后，数字乡村敏捷治理具备包容性可持续发展特点。包容性治理体现了包容性发展的价值关怀与社会治理的技术理性，更加关注社会所

---

① Dietz T., et al., "The Struggle to Govern the Commons", *Science*, Vol. 302, No. 5652, December 2003, pp. 1902-1912.

② 沈费伟、叶温馨：《数字乡村建设：实现高质量乡村振兴的策略选择》，《南京农业大学学报》（社会科学版）2021年第5期。

有成员的平等参与和权利保障问题。① 数字乡村敏捷治理具备包容性可持续发展特点，是融合管理机制、治理措施和决策方式为一体的过程，具体体现为三个方面，即快捷的感知力、灵敏的响应力、协调的平衡力。快捷的感知力，数字乡村借助现代信息技术能够及时有效地察觉和掌握外界信息并对未来风险进行趋势研判；灵敏的响应力，面对非常态化的突发事件，数字乡村基于数字驾驶舱能够迅速采取有效措施，及时化解社会问题；协调的平衡力，数字乡村注重平衡多元主体的合法权益保障，从而实现可持续的循环发展。当前在数字乡村敏捷治理的过程中，政府部门通过创新投融资、项目管理、服务外包和商业运营等市场化运作机制和模式，为民营资本积极参与数字乡村建设营造良好的制度环境，助力推进数字乡村的建设运营模式创新。数字乡村敏捷治理的包容性可持续发展特点能够为乡村中的居民创造更美好的生活，促进乡村社会的高质量发展。

（二）数字乡村敏捷治理的特征解读

一是快速性。为应对市场发展的快速变化和社会环境的日益更新，敏捷治理强调快速应对变化趋势，及时调整组织策略，从而有效提升现代治理效能。一方面，在发展现代农村产业方面，数字乡村敏捷治理通过推动完善农业产业规划决策、农业金融管理服务、农产品质量溯源以及农业经营信用体系建设，创新重构农业产业链模式，助推农业高效、安全、节约、绿色发展。据笔者调研发现，现代信息技术与传统农业发展相结合，极大地促进了科学种养和农业精细化生产，实现了农业生产模式创新和现代化转型。另一方面，在维护数字乡村社会秩序方面，信息平台为数字乡村敏捷治理提供了载体，也为提升农业农村综合信息服务水平提供了依托。数字乡村敏捷治理非常注重打造科学化、先进性的智慧化平台，从而助力乡村有效治理目标的实现。通过智慧化平台的建设，能够将党建引领、视频会议、"雪亮工程"、智能广播、信息发布等功能整合在同一平台上，不仅便捷了乡村群众的生产生活，还进一步提升了数字乡村的敏捷治理能力。

二是灵活性。伴随着现代信息技术的发展和社会问题的日益复杂，过去单一化的行政方式已然无法有效应对频繁出现的不确定性问题，这

---

① 徐倩：《包容性治理：社会治理的新思路》，《江苏社会科学》2015年第4期。

就需要政府部门扭转传统固化的行政思维，取而代之以更加灵活应变的方法来快速解决社会公众的合理诉求。数字乡村敏捷治理是为村民服务的，其成败的关键在于服务的实现程度、服务效率以及服务质量。因此，数字乡村敏捷治理应将村民群众关注度高、经济社会效益明显、业务流程较为稳定的热点问题作为优先处理的业务。在实践过程中，数字乡村敏捷治理主要涵盖教育、科学、文化、科技、卫生、环境等领域，在协调各种复杂社会关系、妥善处理各种社会矛盾中促进数字乡村的发展。同时，数字乡村敏捷治理致力于构建一套富有弹性、具有容差性的治理体系，以便更好地保障老年人、残疾人、妇女、儿童等数字弱势群体的合法权益，从而真正释放数字乡村的强大治理价值。

三是回应性。数字化时代政府回应能力的高低在很大程度上直接影响政府的合法性地位和公众权威。而敏捷治理理论的核心价值之一就是要强化回应性治理能力，更快速、更有效地满足多元主体的利益诉求和变化形势。数字乡村建设的出发点和落脚点是让村民群众生活更美好。因此，数字乡村敏捷治理要立足于农民现实需求，以改善和提升乡村公共服务能力为抓手，致力于提升数字乡村建设的回应性能力。数字乡村敏捷治理从基础数字设施建设到数字设备的软硬件等都应该考虑农民群众的文化素养水平和语言限制，按照不同人群特征实现精准分类管理和针对性回应。一方面，对于返乡创业、接受过高等教育的中青年居民和主观学习意愿强的群体通过开展公益性技能培训，提高乡村地区的数字应用能力。另一方面，对于受教育程度低、老年人群体，应该提供简易便捷的数字智能服务，让数字公共服务更有温度、更有效力，让农民成为数字乡村的享用者和受益者，让他们真正从数字乡村建设中得到红利。

三　数字乡村的敏捷治理机理

第一，弹性再造乡村治理空间。"空间"概念最早是地理学者对客观物质世界认知的产物，相当于容积、载体和场所的含义。列斐伏尔将空间分为物质空间、精神空间和社会空间三种。物质空间就是我们日常所说的自然环境，也就是几何空间；精神空间包括意识形态、思维等人们想象的空间；社会空间是社会的产物，它不仅被社会关系支持，也生产社会关系和被社会关系生产。[1] 数字乡村治理空间也兼具物质性、精神性和社会性特征，通过分类施策、因地制宜地开展乡村建设，强调村民价值观念的保护，从而凸显数字乡村治理空间实践的公共性、多元性和共生性的特色。数字乡村敏捷治理以乡村公共空间为场域对象，通过合理配置乡村空间资源，有效提高乡村治理现代化水平。[2] 尤其是在过分注重物质空间打造、轻视精神空间和社会空间的背景下，数字乡村敏捷治理倡导在村庄空间治理过程中应当多为村民提供日常公共活动空间，同时更加注重在物质空间基础上创造精神空间，并以社会空间提升乡村价值品牌，建构数字乡村社会秩序。例如，中国联通推出数字乡村"联通数村"平台，在智慧党建、乡村文化、社会管理、村务公开等方面挖掘应用场景，致力于弹性再造乡村治理空间，提升数字乡村建设的社会价值。

第二，灵活设置乡村治理机制。简单来讲，治理机制就是调节行为的方式、方法。治理机制的形成是长时间不断演化的结果，充分体现了社会分工的完善和治理模式的成熟。一套运行良好的现代治理机制应具备三个方面的基本特征：其一，政府机制、市场机制以及社会机制三个方面能够保持相对稳定的关系，并且形成有效的治理结构，能够为公共事务治理提供必要的方式支撑；其二，上述三种治理机制能够以组合的方式相互联系，构成均衡的治理网络，并且能够使治理广度和深度覆盖各个社会空间；其三，这三种治理机制能够对社会行动者起到规范调节作用，并且在此过程中行动者也能够对机制产生足够的信任。[3] 数字乡村敏捷治理通过充分发挥乡村社会内生治理资源的重要途径和抓手，调动乡村社会的自主性，培育多元化的利益主体，形成强大的村民力量，使乡村内生治理的多种形式充分发挥作用。除了构建内生发展机制，数字乡村敏捷治理还积极构建政企长效联合机制，有效推进建设进程。数字乡村敏捷治理应以政策为导向，灵活设置乡村治理机制，与涉农互联网企业等开展合作，发挥企业人才、资金、技术等优势，从而为数字乡村可持续发展提供保证支撑。

第三，有效形塑乡村治理流程。乡村治理流程再造是以满足村民群

---

[1] ［法］亨利·列斐伏尔：《空间与政治》（第二版），李春译，上海人民出版社2015年版。

[2] 李娜、刘建平：《乡村空间治理的现实逻辑、困境及路径探索》，《规划师》2021年第24期。

[3] 杨雪冬：《全球化、风险社会与复合治理》，《马克思主义与现实》2004年第4期。

众多元需求为出发点，对乡村内部的组织结构、审批环节、办事流程等进行重构和整合，从而提升乡村治理效能的过程。尤其是在数字化时代，通过有效形塑乡村治理流程，实现乡村数据互联互通，有助于更好地提升村民群众的获得感，这也是数字乡村敏捷治理的内在要求。数字乡村敏捷治理的流程再造包括组织结构重组、信息数据整合、环节流程再造，涉及定义、重组、决策、执行等多个环节。数字乡村敏捷治理有效形塑乡村治理流程，就必须打破乡村内部传统的职责分工与乡镇科层制的层级界限，依据乡村业务分类和职能整合，向数字乡村事务分类治理转变，从而有效提高乡村公共服务的高效便捷。① 例如，自肥城市2020年10月入选首批国家数字乡村试点以来便深入实施"数字经济"战略，全力加快数字乡村建设，努力打造现代农业先行区，创新探索"四个一"数字乡村建设模式，即一个数字乡村县域标准、一个数字乡村建设规划、一个数字乡村大数据平台、一个数字乡村大数据综合服务中心。

第四，强化适应乡村治理体系。所谓"体系"，通常指代社会系统在权力分布与资源配置领域的一种结构状态。在此基础上，乡村治理体系是乡村治理功能结构的多元利益互动形塑的结果。数字乡村治理强化适应乡村治理体系的中心任务就是要以党建带动村建，形成适应乡土特色和时代创新的多元共治新格局。② 具体而言，数字乡村敏捷治理体系的构建需要通过打造乡村数字化平台构建"乡村大脑—社区中脑—家庭小脑"，将更多与农民息息相关的政务服务纳入平台，实现大数据与农村治理的深度融合。数字乡村敏捷治理致力于建设"一网通办"系统，实施"一窗受理""一条龙服务"等便民措施，推行乡村政务服务网上审批全覆盖，从而有效提升数字乡村敏捷治理的水平。同时，数字乡村通过敏捷治理体系的强化适应，有助于实现数字党建、数字村务、数字财务，推动党务、村务、财务网上公开，让村民享有知情权、参与权、监管权，提高村民参与度，提升乡村治理信息化、智能化、专业化水平，不断促进乡村治理现代化。

---

① 陈伟东、张大维：《社区事务分类治理：体制环境与流程再造》，《社会主义研究》2009年第1期。

② 沈费伟、袁欢：《大数据时代的数字乡村治理：实践逻辑与优化策略》，《农业经济问题》2020年第10期。

第五节 系统治理理论：数字乡村治理的边界维度

一 系统治理理论的内涵解读

系统治理理论是在系统理论与治理理论基础上结合所形成的新理论。其中，系统论最早是由奥地利学者贝塔朗菲（Bertalanffy）在系统哲学中提出的，他认为"系统"就是由许多相互联系又彼此作用的部分或要素构成的综合体，这些部分或要素在系统中各自发挥作用的同时，作为部分组成的整体也发挥着系统的功能，从而共同致力于系统目标的实现。[①]对此，我国学者钱学森指出，系统是由不同构成部分组成的新型整体，它既保留着部分的价值，也形成了整体的新型功能。[②]在此基础上，魏宏森进一步探究了系统的稳定性特征，他认为相较于若干部分的价值而言，整体更具稳定性和持久性。[③]综合而言，系统是相互联系、相互作用的诸多要素的综合体。一方面，构成整个系统的各个部分或要素功能的发挥离不开各部分之间的有机协调与彼此合作；另一方面，由各个部分或要素组成的有机整体既有清晰的功能边界，也能够充分发挥作为整体的集中优势，进而维持整个系统的有序运转。而系统治理则是在系统理论的基础上融入了治理理论的基本内涵，系统治理可以理解为将公共事务作为一个整体，运用系统论的观点和方法，尤其是整体论思想，分析组织结构问题和政府管理行为。

系统治理理论体现了对社会治理碎片化问题的理论反思，其内涵是为了实现公共事务整体性的有效治理。系统治理理论的上述观点可以从三个方面来理解。首先，系统治理强调社会治理的系统性特征，认为系统具备了各个构成部分或要素所不具备的功能价值。这里的系统是作为社会共同体的角色存在的，具有适应力、自组织以及层次性的特征，因而整体的功能发挥很重要。当然，我们在重视系统整体功能的同时，也

[①] [美]冯·贝塔朗菲：《一般系统论：基础、发展和应用》，林康义等译，清华大学出版社1987年版。

[②] 钱学森讲，吴义生编：《社会主义现代化建设的科学和系统工程》，中共中央党校出版社1987年版。

[③] 魏宏森主编：《系统理论及其哲学思考》，清华大学出版社1988年版。

需要充分发挥部分的作用。其次，系统治理理论的功能发挥需要物质、能量和数据等要素的保障，这些要素为内部系统和外部系统的协同合作与相互作用奠定了重要基础。最后，系统治理理论注重整体性，反映在作为整体的系统功能所呈现出的统一结合。[①] 这里的统一结合更多地体现在整体与部分之间的去碎片化问题中。在系统治理理论中，业务、组织、管理与制度等方面都是系统治理的构成部分，这些部分的碎片化直接影响社会整体系统的功能发挥。

基于上述对系统治理理论的讨论，本书尝试将系统治理理论引入数字乡村治理议题，将数字乡村系统治理作为一个整体系统，而不是单纯各要素的总和。数字乡村系统治理内部各个要素会综合产生变化，它们相互依存、相互联系、相互制约，具有整体的状态和功能。数字乡村系统治理的这种整体性特征要求我们在数字乡村建设过程中，从整体与部分的相互依赖、相互结合、相互制约的关系中揭示数字乡村治理系统的内涵价值与发展规律。依据系统治理理论的内涵，现阶段数字乡村系统治理是将数字乡村理解为精神共同体、生活共同体和产业共同体，具有适应性、自组织、层次性等特征。从系统角度审视数字乡村治理，数字乡村作为一个开放的系统不仅是由物质要素、能量要素和数据要素的交换构成，而且具有要素、结构和功能的属性。数字乡村系统治理正是在运动、变化和发展的基础上，促进高质量发展、高品质生活、高效能治理，最终实现整体最优效果和最佳目标。

二　数字乡村的系统治理要素

数字乡村是以数据为关键生产要素，高度融合"物理世界"和"数字世界"的乡村形态。从实践逻辑来审视数字乡村系统治理，则数字乡村系统治理是由物质要素、能量要素和数据要素相互作用构成的。其中，物质要素反映数字乡村系统的结构属性；能量要素反映数字乡村系统的功能属性；数据要素反映数字乡村系统的形式属性。

第一，物质要素。纵观各省份数字乡村发展规划，当前数字乡村建设的物质要素主要包括网络基础设施、信息服务设施以及传统基础设施数字化改造。首先，数字乡村系统治理需要推进乡村网络基础设施建设。

[①] 王亚茹：《系统整体观视阈下的城市基层社会治理创新研究——基于武汉市CJ街道的个案分析》，硕士学位论文，武汉大学，2018年。

数字乡村通过深入推进电信普遍服务试点，加快农村地区的宽带网络和5G覆盖，持续实施新一代信息基础设施建设工程。尤其是数字基础设施建设的持续推进，大力发展城乡网络一体化建设，推进乡村数据资源平台共建共享。其次，数字乡村系统治理需要完善信息服务设施建设。信息服务设施是通过农村电商服务站、村级供销店、合作社等向村民提供农业生产经营、生活事务、就业保障、知识技能培训等方面的服务的平台。在数字乡村的建设中，信息服务设施要注重完善村民群众民生保障信息化服务，加快实施信息技术惠农便民行动，优化信息惠农的服务体系。最后，数字乡村系统治理需要改造传统基础设施建设。数字乡村系统治理中传统基础设施主要通过传感设备、物联网等数字化手段对传统农业生产、居民生活、交通、电力物流等进行改造，能够提升数字乡村的发展效益。

第二，能量要素。数字乡村系统治理需要能量要素的不断注入，从而更好地满足村民群众的生产生活服务，实现村民对美好乡村生活的向往目标。由此，数字乡村系统治理非常注重发展新产业、新模式和新业态，以此促进数字乡村能量的积累和发展的升级。首先，数字乡村系统治理注重发展新产业。数字乡村产业发展是农业高质量发展的关键，同时也是落实巩固拓展脱贫攻坚成果同乡村振兴有效衔接的重要抓手。数字乡村顺应了新发展阶段农业农村高质量发展的要求，创新了数字乡村多种产业类型，从而有助于挖掘新的消费增长点，促进农村地区的市场活力。其次，数字乡村系统治理注重发展新模式。数字乡村系统治理借助数字技术驱动农业生产、经营、流通、管理、服务等全产业链的数字化转型，形成以数据为驱动的覆盖农业产前、产中、产后全流程的产业环，衍生乡村旅游、休闲康养、特色小镇等新模式。最后，数字乡村系统治理注重发展新业态。数字乡村系统治理推动互联网与特色农业深度融合，发展创意农业、认养农业、观光农业、都市农业等新业态，提升乡村经济实力。

第三，数据要素。党的十九届四中全会提出数据与资本、土地、知识、技术和管理并列，成为新时代推动全社会发展进步的重要生产要素资源。数字乡村系统治理注重依靠发挥数据要素的效用，包括数据业务的需求、满足数据管理的组织、确保数据的科学理解以及合规性的数据处理。同时，强调政府部门对数据的存储和分析，有助于提高数据治理能力，从而优化数字乡村的政策决策，保障社会公众权益。首先，数字乡村系统治理建设基础数据资源体系。数字乡村系统治理以数据库建设为抓手，用现代信息技术最大限度地收集农业农村领域各类数据，从而提升数字生产能力。其次，数字乡村系统治理推动数据资源共享开放。在数字乡村建设过程中通过微信、QQ群、乡村钉、小程序等方式发布乡村发展信息，全面提升数据在乡村社会发展中的价值与作用，探索数字乡村系统治理的创新路径。最后，数字乡村系统治理保护乡村数据隐私。数字乡村建设通过制度化措施和机制化举措完善数据安全与隐私保护等领域，大力加强数据标准体系建设，从而实现数字乡村的整体性发展。

三 数字乡村的系统治理逻辑

第一，有助于实现高质量发展。高质量发展是对以往发展程度和发展质量的双重提升要求，其本质是回应社会的发展能否满足人民日益增长的社会需求，从而更好地实现公民对美好生活的向往目标。因此，高质量发展绝不仅仅局限于经济层面的物质增长，而是更注重促进整个社会的整体发展质量，实现社会全方位、共生性发展。[1] 数字乡村系统治理不仅可以促进传统农业生产、经营、交易的数字化转型，提升生产效率，优化产品供给结构，也能够推动直播带货与短视频、乡村文旅民宿以及普惠数字金融等农村信息消费新模式的创新实践，打破城乡经济发展在地理上的鸿沟障碍。目前国内许多数字乡村试点村庄基于"数字乡村一张图"对乡村产业链大数据进行可视化管理，直观展示农村一、二、三产业的融合形态，有助于更好地优化产业结构，提升农村土地资源的利用率。数字乡村的系统治理优势就是要借助大数据、物联网等智能设备，将农田作物、科学种植、市场销售等信息进行全面的感知和互联，帮助农业企业实现标准化生产管理，建立数字化精耕农业，促进乡村经济高质量发展。

第二，有助于创造高品质生活。创造高品质生活是践行以人民为中心的发展思想、增进人民福祉的必然要求。数字乡村系统治理的核心要求是创造高品质生活，最大限度地维护村民群众的合法权益。一是数字乡村系统治理着力于解决经济发展滞后问题。以创造高品质生活为引领，数字乡村建设通过发展数字经济加快推广云计算、大数据、物联网、人

---

[1] 张军扩等：《高质量发展的目标要求和战略路径》，《管理世界》2019年第7期。

工智能等新技术，推进农业数字化转型。同时，加快农产品上网，缩短农产品流通链，帮助农民致富。二是数字乡村系统治理补齐民生短板。数字乡村建设通过惠民服务，更好地把社会保障和服务资源输入农民手中，让农民生活更加便捷、高效。随着整个数字乡村体系供给侧内容的丰富，不断更新和拓展服务功能，致力于加快推动数字化公共服务在乡村的普及，实现城乡民生服务均等化。三是数字乡村系统治理关注社会问题。数字乡村建设大力发展各项民生事业，村民群众的获得感、幸福感和安全感不断增强。数字技术牵引"互联网+政务"向乡村延伸，实现政务服务网上办、马上办、少跑快办，解决村民办事难题，努力创造高品质生活。

第三，有助于促进高效能治理。高效能治理不仅是一种新型的治理理念，也是一种先进的治理机制。数字乡村系统治理所达成的高效能治理，既是乡村治理体系与治理能力现代化的内在要求，也是促进乡村振兴目标实现的关键基础。数字乡村的高效能治理是针对传统乡村治理低效而言的，其系统治理的方式不仅强调治理的效率和效益提升，而且更加注重乡村治理的效应层面，即打造对社会的长远影响力。因此，数字乡村系统治理要通过科学发挥现代数字技术的治理优势，从而切实提高乡村现代化的治理效能，最终更好地夯实乡村治理基础。数字乡村的系统治理通过发挥好数字技术与乡村制度的双重优势，构建起集政务、村务、服务于一体的农村电子政务平台，从而更加方便地为村民群众提供优质服务，打通基层社会"最后一公里"的治理难题。数字乡村系统治理直面现实问题，满足群众需求，从而更好地实现乡村治理现代化的目标。

第三章 数字乡村治理与经济提质增效

本章主要探讨的是数字乡村治理与精准扶贫绩效、数字乡村治理与智慧旅游发展、数字乡村治理与经营主体培育三个方面的内容。首先，在数字乡村治理与精准扶贫绩效层面，从国家减贫战略的技术治理趋势、技术治理与国家精准扶贫实践、数字乡村精准扶贫的实现条件、数字乡村精准扶贫的政策选择四个方面展开研究。其次，在数字乡村治理与智慧旅游发展层面，从数字乡村智慧旅游的发展动力、数字乡村智慧旅游的技术框架、数字乡村智慧旅游的品牌价值、数字乡村智慧旅游的提升策略四个方面展开研究。最后，在数字乡村治理与经营主体培育层面，从新型农业经营主体的培育特征、新型农业经营主体的培育逻辑、新型农业经营主体的发展困境、新型农业经营主体的创新路径四个方面展开研究。

第一节 数字乡村治理与精准扶贫绩效

在信息化时代悄然到来，国家全力推进数字乡村建设、全面建成小康社会之际，如何利用好互联网技术，组织动员社会力量参与进来，形成扶贫济困的强大合力受到社会各界的强烈期待。2015年9月，甘肃省被列为国务院扶贫办全国大数据平台建设试点地区，探索建设精准扶贫大数据管理平台。此后，贵州、四川、广东、广西等地相继开始将大数据技术应用于贫困治理，结合当地实际情况进行技术升级与系统设施普及，探索适合区域发展的脱贫突破口。可以说，精准扶贫的技术治理方式越来越普遍，将互联网技术引入精准扶贫战略实施机制是适应当前技术发展趋势之所为，也是数字乡村建设时期实现共同富裕的必然选择。①

一　国家减贫战略的技术治理趋势

（一）国家减贫战略的确定与实施

1949年以来，国家扶贫工作大体经过了以下三个阶段。第一，到20世纪70年代，面对各种经济衰败问题，尤其是广大农村地区经济发展的滞后，中央政府制定了以经济建设为中心，倡导实行家庭农户独立生产的经营模式，通过农户生产自主经营权的确立，鼓励农户参与市场化大生产，逐渐确立起改革开放初期的扶贫工作战略体系。第二，进入20世纪80年代中期，随着市场经济渗入农村经济发展过程，广大农户家庭出现了贫富分化的问题，这就迫使政府重新思考扶贫工作的思路。为了提升扶贫工作的效率，切实瞄准贫困群体，政府将扶贫工作的重点聚焦于全国各地的贫困县。据统计，1988年中央政府确定全国328个县（县级市、区）为重点扶贫对象，在1994年的《国家八七扶贫攻坚计划》中，将贫困县的数量增加至592个。② 国家在这些贫困县主要采取知识教育、科技指导、社会捐助等多种扶贫治理方法，逐渐确立开发式扶贫的工作方式。第三，21世纪以来，国家为进一步推进扶贫战略实施，切实提升扶贫工作效率，开始将贫困村作为减贫治理的切入点，积极推进扶贫工作。2015年6月，习近平总书记在贵州调研期间强调"扶贫开发贵在精准，重在精准，成败之举在于精准"的精准扶贫方针，要求将有限的扶贫资源瞄准最需要的贫困群体，由此"精准扶贫"概念成为当前扶贫工作的重心。近几年，大数据技术以其巨大的应用和发展前景正成为继云计算、物联网之后信息技术领域的又一热点，并且正影响着社会公众的生产以及生活方式，使信息数据的获取与处理成为主要的生产活动。因此，精准扶贫的技术治理也逐渐成为数字乡村建设时代绝大多数贫困村庄实施扶贫工作的重要突破点。

（二）减贫技术治理及特征

技术治理（Technocracy）的观念与现代科学技术兴起，尤其是19世纪下半叶以来表现出的巨大威力有关，它激发了人们把改造自然成效卓

---

① 沈费伟：《技术能否实现治理——精准扶贫视域下技术治理热的冷思考》，《中国农业大学学报》（社会科学版）2018年第5期。

② 汪三贵、刘未：《"六个精准"是精准扶贫的本质要求——习近平精准扶贫系列论述探析》，《毛泽东邓小平理论研究》2016年第1期。

著的科学技术应用于社会治理中。近年来在国内政治学、社会学的相关研究中越来越多地被提及，其内涵可以从两个层面来理解：一是现代国家通过引入新技术，尤其是现代信息技术来更好地提升自己在公共管理和公共服务中的效能；二是国家在实现自身管理目标时，其管理技术、治理手段正在变得越来越"技术化"。① 本书主要基于第一个层面来理解和阐释"技术治理"的内涵。精准扶贫作为一项涉及面广、十分庞杂而又非常精细的系统工程，需要强大的技术支撑。先进的技术不仅为精准扶贫提供了新的技术手段，也提供了新的理念。

在精准扶贫的技术治理实践中，科学技术具有对海量数据进行采集、处理、存储、分析、预警、展示的能力，利用互联网建立技术平台作为依托开展扶贫工作，可以为社会提供协同、快捷、精准、高效的优质扶贫服务，大大加快扶贫进程，为精准扶贫和精准脱贫发挥不可替代的作用。可以说，这种减贫技术治理方式逐步为地方政府采纳并作为解决我国贫困问题、完善基层社会治理体系、提高国家基层治理能力的思路和工具。技术治理以提高组织运作的效率为首要目标，它既是一种治理技术，也是一种公共管理方式，还是一种治理体制。首先，作为一种治理技术，技术治理强调办好事情的能力的重要性，斯托克指出，这种能力并不在于政府的权力和政府下命令或运用其权威，而在于政府可以动用的新的工具和技术。② 新时代，精准扶贫的技术治理主要有信息与通信技术、互联网、数据库、云计算和大数据等，其中，信息与通信技术是技术治理中的核心技术。其次，作为一种公共管理方式，精准扶贫的技术治理能够优化官僚体制，使其更加互联高效，从而使公共管理趋于标准化和智能化。最后，作为一种治理体制，它涉及治理机制、治理结构、治理过程等内容。精准扶贫的技术治理强调多元参与主体共同治理，并且在治理结构上实行网络化结构，通过采取开放包容式的公共治理决策机制提升治理绩效。③

---

① 渠敬东等：《从总体支配到技术治理——基于中国30年改革经验的社会学分析》，《中国社会科学》2009年第6期。

② ［英］格里·斯托克：《作为理论的治理：五个论点》，华夏风译，《国际社会科学杂志》（中文版）1999年第1期。

③ Meijer, et al. , "Governing the Smart City: A Review of the Literature on Smart Urban Governance", *International Review of Administrative Science*, Vol. 82, No. 2, April 2016, pp. 392-408.

二 技术治理与国家精准扶贫实践

(一) 传统扶贫工作的困境与突破口

传统的扶贫政策大多是粗放型的，虽然资金补助等方式快速地提高了最低贫困线，但就长期而言，单纯依靠政府政策扶持来脱贫是不可行的。尤其是在数字乡村建设背景下，传统扶贫开发工作迟缓与扶贫绩效降低等缺陷越来越突出，许多贫困村庄与贫困人群并不能实现真正脱贫，这些问题的出现体现了当前扶贫工作的困境。

首先，贫困人口识别不精准，供需不匹配。目前国家对于贫困人员的身份认定是按照2010年实施的人均纯收入低于2300元为参照标准的，并且在认定过程中经常以县为单位，通过收入百分比确定贫困人口规模。[①] 然而这样的认定标准并不能有效地识别真正的贫困人口，按照百分比确定的贫困人口很可能将许多真正的贫困人口排除在外，造成贫困人口识别不精准的问题。同时，国家统计局和民政部对于贫困人口的统计口径也不一致。

其次，扶贫主体单一，社会化程度低。从目前中国扶贫工作的治理结构来看，呈现出以政府为单一治理主体的扶贫治理特征，这种过度依赖政府作用的扶贫工作机制，在很大程度上阻碍了我国扶贫工作效率的提升。实际上，扶贫开发工作并不是政府单方面的任务，而是涉及众多治理主体参与的过程。从现实层面来看，社会力量和市场力量的扶贫还处于初级发展阶段，即使有社会力量的参与，也只是处于边缘地位。扶贫工作的这种社会化程度低的结果导致了传统扶贫开发工作不能有效取得良好的绩效。

再次，服务管理效率低，精准帮扶不对应。现阶段造成贫困的原因是不一致的，有些可能是经济原因，有些可能是社会原因。因此，针对造成贫困的原因的不同，理应采取富有针对性的帮扶措施，才能有效地提升扶贫治理的绩效。但在现实扶贫工作中，政府往往采取经济补助、资金投入、修建房屋、给予生产资料等方式来提升贫困人群的生活水平。[②] 政府扶贫策略与贫困群体的现实需求存在着不对应的问题，进而不仅造成了扶贫资源的浪费，也极大地降低了扶贫工作的绩效。

---

① 汪三贵、郭子豪：《论中国的精准扶贫》，《贵州社会科学》2015年第5期。
② 邓维杰：《精准扶贫的难点、对策与路径选择》，《农村经济》2014年第6期。

最后，信息不对称，扶贫成效低。在传统的扶贫开发工作中，贫困信息在不同部门上下互动的传播中，经常被有意或无意地加工、简化和重组，进而引发贫困信息的失真，阻碍了贫困治理的绩效。[①] 现实中，尽管中央政府掌握着丰富的贫困数据资源，但是真正执行扶贫任务的还是基层政府部门。由于各扶贫治理主体的价值观、利益观不同，不同扶贫治理主体存在双重合作博弈问题。扶贫开发工作的信息不对称是导致传统扶贫治理低效的重要因素。

目前我国处于社会转型时期，社会贫困问题呈现出复杂性、动态性等特点，这表明传统的扶贫开发模式已然不适应社会发展的需求。基于"互联网+"时代的大背景，精准扶贫战略的有效实施需要借助现代信息技术的优势作用，通过互联网平台聚集政府、市场和社会组织等多方力量，构建多元主体的贫困治理格局，从而有效发挥精准扶贫的作用和效率。

（二）技术治理与精准扶贫的互相契合

"科技强国"是中国迈向现代化国家发展的治理策略。党的十八届五中全会提出实施网络强国和"互联网+"行动计划，旨在将互联网技术与传统产业、服务业有机结合，为社会治理创新提供新型的技术治理模式。将互联网技术引入精准扶贫战略实施机制同样是适应当前技术发展趋势之所为，也是当前打赢扶贫脱贫攻坚战的必然选择。[②] 精准扶贫的技术治理就是在精准扶贫工作中嵌入互联网、大数据和物联网等新兴技术，充分发挥现代信息技术在扶贫治理中的作用价值，以此提升扶贫治理的现实绩效。

技术治理也是当前国家精准扶贫新战略在脱贫攻坚阶段的自身需要。精准扶贫作为我国扶贫治理体系在乡村振兴时期的最新扶贫治理实践方式，尽管已经取得了显著效益，但是也存在各类治理难题，例如扶贫对象瞄不准、机制不健全、效果弱化等，这就需要转变传统的扶贫治理理念，提升精准扶贫的绩效。而技术治理恰好成为弥补现阶段精准扶贫治理中存在的问题的重要突破口，通过在精准扶贫工作中引入大数据和互联网等现代信息技术手段，能够更好地化解精准扶贫过程中的各种"不

---

① 陆汉文：《落实精准扶贫战略的可行途径》，《国家治理》2015年第38期。
② 吴根平：《以"互联网+"助推精准扶贫工作》，《学习时报》2016年11月24日第5版。

精准"问题，进而提升精准扶贫的治理绩效。

精准扶贫与技术治理相互嵌入与结合形成了精准扶贫的技术治理创新方式，这已成为推进国家贫困治理现代化的核心载体。精准扶贫与技术治理的互相契合，其优势主要体现在三个方面。首先，精准扶贫与技术治理的有效结合有利于实现扶贫资源的跨区域流动。互联网具有包容性、开放性、共享性等特点，能够将精准扶贫的各类资源都汇聚到互联网平台之上，并进行资源的优化重组配置，从而实现精准扶贫的跨区域资源流动效果。其次，精准扶贫与技术治理的有效结合有利于完善扶贫力量的参与。精准扶贫战略借用互联网技术能够及时将贫困人群信息公开对外发布，便于社会公众及时掌握和知悉政府精准扶贫工作的开展情况，实时参与精准扶贫的社会互动过程，从而拓宽社会力量参与扶贫工作的渠道。最后，精准扶贫与技术治理的有效结合有利于增强贫困对象的脱贫能力。精准扶贫的技术治理能够应用现代信息技术将扶贫知识通过网络传授给贫困人群，帮助他们提升自身素质，增加再就业机会，从而快速实现自主脱贫绩效。[①] 总之，精准扶贫与技术治理的互相契合不是简单地将两者相加，而是将技术治理理念嵌入精准扶贫工作中，在提升精准扶贫效率的同时，逐渐塑造以政府为主导、社会力量广泛参与、贫困对象积极配合的多元主体治理格局。

三　数字乡村精准扶贫的实现条件

（一）精准扶贫的技术治理需要顶层设计

从 2014 年开始，《关于创新机制扎实推进农村扶贫开发工作的意见》《建立精准扶贫工作机制实施方案》等精准扶贫文件提出了"建设全国扶贫信息网络系统""搭建社会扶贫信息服务平台"等要求。2015 年 10 月 29 日，党的十八届五中全会通过的《中共中央关于制定国民经济和社会发展第十三个五年规划的建议》提出"扩大贫困地区基础设施覆盖面，因地制宜解决通路、通水、通电、通网络等问题"。《中共中央、国务院关于打赢脱贫攻坚战的决定》指出，应"加大'互联网+'扶贫力度""实施电商扶贫工程"。贫困地区应把握"互联网+"时代机遇，将现代信息技术应用到农村扶贫治理实践工作中，以网络化途径创新精准扶贫理念。2023 年中央一号文件提出坚决守住不发生规模性返贫底线。压紧

[①] 同春芬、张浩：《"互联网+"精准扶贫：贫困治理的新模式》，《世界农业》2016 年第 8 期。

压实各级巩固拓展脱贫攻坚成果责任，确保不松劲、不跑偏。强化防止返贫动态监测。这些政策文件、工作会议等均体现了精准扶贫的技术治理思路，从顶层设计角度不断丰富、完善精准扶贫的技术治理方式的工作机制与工作措施。可以预见，精准扶贫的技术治理将成为今后一段时期内中国各级政府贫困治理的重要指导原则与战略方向，贫困治理各项活动都将围绕如何提升精准扶贫的治理技术的思路展开。

（二）精准扶贫的技术治理需要协同合作

精准扶贫的技术治理强调要充分发挥政府组织、社会组织、市场组织、贫困群体等不同治理主体在扶贫开发工作中的自身价值功能，既要突出政府组织、社会组织以及市场组织的帮扶作用，也要激发贫困群体自我发展、自强自立的内生动力。首先，在精准扶贫的技术治理过程中要发挥政府的主导作用，通过财政补贴、项目支持、政策倾斜等举措从物质层面拉动贫困地区的脱贫效果。与此同时，政府也应致力于提升贫困地区村民群体的文化素质，开发和吸引更多的农业发展项目，引导贫困群体实现再就业，从而提升贫困群体的生活质量。其次，精准扶贫的技术治理任务完全由政府包揽显然是不可能的，必须动员和引导高校、社会团体和民间组织参与精准扶贫工作。农业高校可为涉农企业在农村的发展提供技术服务和科技支撑；村民合作组织能够为贫困群体提供组织化服务，帮助其面对市场化的挑战。最后，精准扶贫的技术治理需要借助市场的竞争机制，让更多有能力的新型农业经营主体壮大发展，培育农村贫困人群的自身脱贫能力。简言之，精准扶贫的技术治理作为一项复杂的系统工程，鼓励多元化参与，倡导形成跨地区、跨部门、跨单位、全社会共同参与的多元主体的社会扶贫体系。

（三）精准扶贫的技术治理需要资金投入

精准扶贫战略构建技术治理的创新方式，需要加大资金投入。在精准扶贫的智能化设施基础、网络化服务系统、公共数据库建设、数字化管理系统等方面都需要大量的资金支持。针对精准扶贫技术治理的资金投入，中央财政多渠道增加扶贫开发资金，逐步构建了较为健全的财政综合扶贫体系。一是针对西部地区、高寒地区、民族地区、边疆地区等特别贫困的区域，国家在给予财政转移支付时，明显高于其他地区，这有利于偏远地区推进精准扶贫的技术治理工作。二是专项转移支付重点向农村地区的欠发达村庄倾斜。例如，国家为支持四川、贵州等贫困村庄开展光伏发电工程投入了大量的专项资金；对青海、内蒙古的贫困村庄开展现代农业观光项目给予专项资金扶持，实现了精准扶贫技术治理的良好绩效。三是为确保贫困地区开展计算机办公、数字建档、网络统计贫困人口等工作的顺利开展，中央财政组织了专项扶贫资金用于开展工作。据初步统计，2016—2020年，连续5年每年新增中央财政专项扶贫资金200亿元，2020年达到1461亿元。[①] 扶贫资金的大幅度投入，保证了精准扶贫技术治理工作的顺利开展，充分发挥了技术治理在精准扶贫工作中的优势作用。

（四）精准扶贫的技术治理需要技术平台

完善的技术平台是实施精准扶贫技术治理的重要前提，国家有意识地持续加大开展精准扶贫开发的技术平台项目，推动精准扶贫实现更好的治理绩效。首先，整合创设了国家科技扶贫信息共享平台。为实现扶贫信息的共享共用，确保信息的真实完整传播，在横向层面充分整合了农业农村部、科技部、林业和草原局、统计局等相关部门的数据信息；在纵向层面统一了国家、省、县、乡、村、户在精准扶贫、农业科技等方面的统计指标体系、标准、口径和范围等，保证数据信息的一致性、兼容性和准确性。[②] 其次，构建农村科技扶贫模拟评估系统。由于扶贫工作具有历时性、动态性等特点，需要相关部门对贫困群体进行实时跟踪监测，将脱贫的人群从贫困名单中去除，同时增加新产生的贫困人群，这样才能确保扶贫资源流入真正贫困的人群手中。而农村科技扶贫模拟评估系统的构建则正好可以实现科学监测贫困人群，达到评估扶贫效果的目的。最后，建立扶贫动态数据库。依靠科学技术建立的扶贫动态数据库，一方面，可以将全县贫困户、贫困村的基本情况纳入系统，实行"智能化、信息化"管理；另一方面，也能对接贫困户需求信息与政府帮扶意愿，就广大贫困户在政策咨询、专业技术方面的问题进行答疑解惑，从而提升精准扶贫的真正绩效。

（五）精准扶贫的技术治理需要科技人才

大数据时代的到来，对人才的能力和素质提出了更高的要求。而精准扶贫工作的开展与进行，要求大量专业人才的智力支持。就某种程度

[①] 马瑾倩：《五年来，中央专项扶贫资金规模每年增加200亿元》，https://baijiahao.baidu.com/s?id=1684955639539634191&wfr=spider&for=pc。

[②] 李金祥：《创新农业科技 驱动精准扶贫》，《农村工作通讯》2016年第8期。

而言，精准扶贫技术治理人才资源质量的高低，直接关系到我国政府的贫困治理能力的高低。精准扶贫技术治理不仅要求工作人员具备统计学、数学、逻辑学等知识，还需要具备政治学、社会学、管理学等知识。为了能够充分发挥精准扶贫技术治理的绩效，政府应将科技资源、扶贫资源以及人才资源充分融合，全力打造一支高素质的科技扶贫队伍，增强贫困地区群众的脱贫致富能力。尤其是农业科技精准扶贫离不开科研人员进入贫困村庄开展实地调研工作，将农业科研成果切实转化为贫困群体致富的手段和渠道。政府应实施"春雨行动"，组织每年受表彰的农村专业技术协会、农村科普示范基地、农村科普带头人、科普示范社区、专家服务团、学会、高校和科研院所等百名科技专家和千名科普志愿者参与精准扶贫，推广应用先进实用的新技术、新品种、新经营模式，加大对贫困地区的人才支持和智力服务。

四 数字乡村精准扶贫的政策选择

精准扶贫的技术治理是在以互联网为依托的大数据时期变革传统减贫脱贫方式的新尝试。实践证明，精准扶贫的技术治理在全国范围内具有一定的普适性，但是也存在一系列的问题，问题的关键不在于简单地拒绝技术治理，而是要构建适合国情的精准扶贫技术治理模式。因此，未来需要从政策层面的制度支撑与资金供给、技术层面的平台打造与人才培养、社会层面的人本主义与多元参与三方面着手，完善精准扶贫中技术治理。

（一）政策层面的制度支撑与资金供给

第一，在制度支撑方面。首先，研究制定现代信息技术助推精准扶贫的指导文件。在"互联网+"时代，现代信息技术已然成为提升政府治理能力的新途径，在精准扶贫过程中充分应用现代信息技术治理的成效也越来越明显。因此，迫切需要研究制定现代信息技术助推精准扶贫的指导文件，以便从法律制度层面更好地为精准扶贫的技术治理提供制度支撑。建议国家乡村振兴局办牵头加快制定相关政策文件，重点明确现代信息技术助推精准扶贫的总体要求、重点应用领域、重点任务和工程、进度安排及保障措施等内容。其次，在共享包容发展的理念指导下，相关部门做好精准扶贫领域的大数据产权、数据资源标准、交易和使用规则等方面的立法。同时，加大对市场主体使用大数据的监管力度，着力对精准扶贫大数据平台和精准扶贫大数据应用过程进行实时监管，防止贫困人群的个人隐私、商业机密以及涉及公共安全的信息的泄露。

第二，在资金供给方面。精准扶贫的技术治理实践需要投入大量的资金，仅仅依靠贫困地区的自主研发显然不切实际，因此，需要国家制定相应的引导政策，通过税收减免、财政补贴等方式加强技术平台和管理系统的营建。政府部门在充分发挥扶贫开发的主导作用的同时，应积极拓展更多的资金渠道来源，投入广大的农村欠发达地区中，致力于提升精准扶贫治理绩效。当前，"互联网+金融"的产生打破的主要是传统金融扶贫中通过银行实现的线下贷款扶持这一传统，实现线下、线上同时发展。因此，政府应积极支持精准扶贫项目采取政府引导、贴息支持、政府与社会资本合作（PPP）的模式，积极引导更多的社会资金参与"互联网+精准扶贫"工程建设，从而拓宽精准扶贫的资金来源，解决资金短缺、用途形式呆板等问题，助推精准扶贫技术治理的绩效提升。

（二）技术层面的平台打造与人才培养

第一，在平台打造方面。良好的精准扶贫技术治理平台能够利用现代信息技术将各种丰富的扶贫信息重组优化，通过扶贫数据的共享利用，为精准扶贫治理提供决策参考。针对当前精准扶贫技术平台不足的问题，国家发改委应在国务院扶贫开发领导小组的统筹协调下，积极支持将农业、医疗、教育等数据更新到共享数据库中，从而形成对扶贫数据的科学管理，为精准扶贫工作的开展提供技术平台支撑。基层政府应致力于建设面向社会公众，尤其是贫困人群的扶贫信息服务平台，及时提供政策咨询、信息传递、投诉举报等事关贫困人群切身利益的公共服务，推动基层扶贫事业不断取得成就。总之，精准扶贫技术平台的建设既有利于实现多元参与的扶贫治理格局，增强贫困问题的解决效率；也可以通过实时评估考核扶贫工作的治理效果，及时监督反馈现实问题，从而提升精准扶贫技术治理的回应性和精准性。

第二，在人才培养方面。随着现代技术不断升级换代，精准扶贫的技术人才也呈现出供不应求的问题。对此，国家应大力培养精准扶贫的技术人才，一方面，挑选出既掌握计算机技术，又熟知精准扶贫工作理念的优秀人才，通过业务培训和技能指导，使其快速地加入精准扶贫的队伍中；另一方面，通过吸纳高等院校具有跨学科背景的优秀人才进入精准扶贫队伍，从而提升扶贫开发工作的人才保障。建议在部分高等院校开设精准扶贫与技术治理相关专业或专业方向，成立精准扶贫大数据分析重点实验室，促进扶贫创新的人才培养。加强职业院校建设精准扶贫技术治理的实训基地，通过委托培养、定向培训等方式促进人才培养和智慧扶贫工作。此外，依托各级各地区农业龙头企业、农村合作社或农业协会，广泛地开展形式多样的农民科技培训，向贫困地区普及科技知识，鼓励贫困地区农民参与科技培训，提升农民的整体科技素质。

（三）社会层面的人本主义与多元参与

第一，在人本主义方面。技术治理并不缺乏合理性和合法性的支撑，但是由于机构设计的缺陷、技术决策的失误、技术专家的霸权等，引发了技术风险问题。尤其是由于精准扶贫的技术治理隐藏着道德伦理风险，扶贫事业中人与人之间缺乏基本的信任与理解，共享的道德、观念、风尚等渐行渐远，进而加剧了个人对他人、个人对社会以及个人对国家的疏离感，社会团结与合作濒临崩溃的边缘，阻碍了精准扶贫事业的顺利实现。针对精准扶贫中技术治理的缺陷，启蒙运动及之前文艺复兴时期的思想家已经倡导用人本主义和道德良心弥补技术治国、技术治理社会的缺陷。现代国家与社会的秩序并非仅仅建立在具有工具理性的技术根基上，还必须建立在人本主义、人道主义和美德的根基上，需要用人本主义、人道主义和美德来抚平工程技术取向造成的创伤，使精准扶贫的技术治理成为社会化、仁慈的技术治理，从而为贫困事业构建正确的治理方式。

第二，在多元参与方面。长期以来，我国尚未构建起参与新兴技术治理的有效路径，技术治理专家在实际的精准扶贫工作过程中缺乏与贫困群体的有效沟通机制，因而无法达到精准扶贫技术治理的真正效用。其实精准扶贫的技术治理优势既不是以牺牲人类独有的直觉、情感、思维、道德与经验，放弃未来发展方向中人的判断力，将自己交给技术；也不是将技术作为约束和奴役他人和自我的工具，这些都是造成技术风险产生的重要特征。此外，社会各方面力量参与扶贫的规模依然不够，参与程度仍然不够充分，很多连片特困地区农村的社会力量帮扶十分薄弱，存在"政府热、社会弱、市场冷"的尴尬局面。政府应当不断更新观念，充分向社会放权，不断完善精准扶贫技术治理的公众参与信息、技术、组织和法律保障机制，从制度上保障公民权能、增强主体意识、扩大公民权利，从而真正地从人的层面消解精准扶贫过程中产生的各类技术风险问题。

综合而言，贫困问题是抑制和影响全人类可持续发展的重要因素。

在任何国家，政府和公民都必须面对来自贫困的威胁，从而高度重视对贫困的消除和缓解。精准扶贫作为当前我国扶贫开发事业的总体特征，是国家在新时代结合国情、农情的基础上提出的新型贫困治理方式。由于精准扶贫侧重对贫困人群的精确识别、精确帮扶和精确脱贫，因此，它与现代信息技术的精准治理理念不谋而合。我国精准扶贫中的技术治理思想得到快速发展，扶贫技术治理得以顺利实现，需要国家顶层设计、各主体协同合作、多元主体资金投入、技术平台打造以及科技人才培育等条件的支持。尽管技术治理已在精准扶贫中发挥了重大的社会效益，但是技术治理同样增加了破坏力，带来了简单数字脱贫、道德伦理风险、碎片化扶贫、纯粹技术升级等弊端。因此，未来需要通过完善政策层面的制度建设和资金供给，技术层面的技术平台打造和人才培养机制健全以及社会层面的弘扬人本主义和多元参与达成来提升精准扶贫的技术治理绩效，促进国家扶贫事业的持续发展。

第二节　数字乡村治理与智慧旅游发展

一　数字乡村智慧旅游的发展动力

伴随着我国数字乡村建设步伐的日益推进，我国数字乡村智慧旅游的发展并不是一蹴而就的，而是经历了三个阶段的发展过程。首先，在数字乡村智慧旅游的萌芽期，随着现代信息技术嵌入乡村旅游行业，逐渐开始了乡村旅游的信息化应用。其次，在数字乡村智慧旅游的发展期，由于电子商务技术的应用及国家乡村旅游网络化发展政策的推行，数字乡村智慧旅游景区化模式形成。最后，在经历了前两个阶段发展的基础上，数字乡村智慧旅游建设开始迈入成熟期，建立了以村镇为中心的数字乡村智慧旅游发展模式。[①] 数字乡村智慧旅游得以如此快速地发展，主要缘于四个方面因素的推动，分别是网络信息化浪潮的持续推动、旅游市场规模的不断扩大、旅游者个性化服务日益强烈以及国家城乡统筹发展的需求。

第一，网络信息化浪潮的持续推动。20世纪80年代以来，随着现代

---

① 叶铁伟：《智慧旅游：旅游业的第二次革命（上）》，《中国旅游报》2011年5月25日第11版。

信息技术的日益发展，人们开始进入信息化社会。人们在利用现代信息技术改变个人生活方式、社会生产方式的同时，也促进了现代信息技术在经济发展、社会转型以及国家治理等方面的积极效应。到了 21 世纪初期，人们对互联网技术的应用更加成熟，再加上无线宽带、光纤到户、手机上网等基础设施的更新换代，人们开始进入"云计算"的时代，足不出户就能够获知自己所需的各种信息。可以说，伴随信息化时代向大数据时代的深度转型，现代信息技术已然渗透到社会各个经济领域，并且开始向乡村旅游领域拓展。国家互联网信息办公室发布的《数字中国发展报告（2022 年）》显示，截至 2022 年底，累计建成开通 5G 基站 231.2 万个，5G 用户达 5.61 亿户，全球占比均超过 60%，对旅游产业的影响效应更显著。[①] 信息化浪潮的深入推进促进了乡村旅游产业的快速发展，云计算、物联网以及人工智能技术的升级换代更为数字乡村智慧旅游建设提供了技术支撑。再加上旅游者对乡村旅游信息需求的不断增加，也扩大了数字乡村智慧旅游的市场空间，最终促进了数字乡村智慧旅游的快速发展。

第二，旅游市场规模的不断扩大。早在 2011 年，杭州、北京、南京、扬州等地就已经成为"智慧旅游"试点城市。我国优秀旅游城市的发展推动了智慧乡村旅游的普遍应用和发展，乡村旅游电子商务采购平台、旅游商品在线运营、乡村旅游咨询平台也陆续建立，逐渐成为旅游业发展的主力军。2006—2016 年，国内乡村旅游人次和收入逐年递增，2010 年到 2011 年增幅最高，2014 年全国有"农家乐"超 190 万家，乡村旅游特色村 10 万个，接待旅游者 12 亿人次，约占全国旅游接待总人数的 1/3；2014 年乡村旅游营业收入为 3200 亿元，同比增长 15%，带动 3300 多万名农民受益。2015 年，我国旅游市场进入"大众旅游"阶段，人们的出游意愿不断增强，无论从旅游人次还是从旅游收入方面看，国内旅游均保持平稳增长。2021 年 12 月 22 日文化和旅游部印发的《"十四五"旅游业发展规划》指出，到 2025 年，旅游业发展水平不断提升，现代旅游业体系更加健全，旅游有效供给、优质供给、弹性供给更为丰富。[②] 乡村

[①] 参见《数字中国发展报告（2022 年）》，http://www.cac.gov.cn/rootimages/uploadimg/1686402331296991/1686402331296991.pdf? eqid=97108e280004e0d2000000026486781a。

[②] 国务院：《"十四五"旅游业发展规划》，https://www.gov.cn/xinwen/2022-01/20/content_5669507.htm。

旅游产业的发展，可以优化农业产业结构、促进农民增收、帮助农民致富、保护生态环境、促进城乡一体化。因此，大力提升乡村旅游、促进数字乡村智慧旅游升级发展是时代所趋。

第三，旅游者个性化服务日益强烈。服务是指为集体或别人工作，或为他人提供帮助，即满足他人需求的行为。[①] 所谓的个性化服务是相对于普遍化的旅游服务提出的。随着社会经济的发展和人们生活方式的转变，旅游服务需求早已由过去单一的观光旅游转向个性化、多样化的旅游。自助游、自驾游、生态游等应运而生，从深层次讲，这是个性化服务需求的体现。换言之，原先的旅游模式和旅游内容已不能满足消费者日益多样化的需求。人们不再偏爱单一的组团观光，而是希望享受独一无二的旅游体验，因此，个性化、定制化的旅游服务成为潮流。[②] 旅游的个性化服务迎合旅游者情感诉求，也能够最大限度地增强旅游者感知的服务价值，从而增强顾客满意度。如何解决并满足广大民众海量的个性化旅游需求，是旅游业发展必须面对的现实问题。[③] 因此，必须借助现代信息技术手段对传统乡村旅游发展模式进行创新，从而满足旅游者对于个性化服务的需求。而数字乡村智慧旅游正是在依托大数据、云计算、物联网等现代技术的基础上，利用智能手机等各类终端，向旅游者的吃、住、行、购等提供多样化的服务。

第四，国家城乡统筹发展的需求。伴随着工业化、市场化和信息化的不断推进，特别是劳动力市场放开和土地国有化征收制度的施行，2022年我国的城镇化水平已经达到62.22%，进入了所谓的城镇化"下半场"。在经历较长时间以乡村衰败为代价的激进城镇化进程后，近年来，国家开始意识到城乡二元结构的弊端，并对之前的城市偏向政策进行了深刻的检讨与反思。[④] 现阶段中央政府关于美丽乡村建设、新农村建设等方面的政策、文件的公布以及各省级层面的美丽乡村、新农村建设等方面的文件出台，表明了政府试图通过一系列强农、惠农政策，努力治理乡村，振兴和再造农村繁荣。国家推进城乡统筹发展是构建社会主义和谐社会的重要组成部分，其根本目的在于通过促进农业生产发展、人居

[①] 柏良泽：《"公共服务"界说》，《中国行政管理》2008年第2期。
[②] 金卫东：《智慧旅游与旅游公共服务体系建设》，《旅游学刊》2012年第2期。
[③] 任瀚：《智慧旅游定位论析》，《生态经济》2013年第4期。
[④] 沈费伟：《社会技术分层视野的村庄复兴》，《重庆社会科学》2016年第8期。

环境改善、生态文化传承、文明新风培育，实现乡村社会的可持续发展。只有在村庄的生产和生活中主动、积极地改善和优化村庄内部和自身发展与自然、城市的关系，正确处理好村庄治理和城镇化建设之间的和谐关系，才能实现城乡共同富裕、驱动国家整体发展。从这个层面上讲，数字乡村智慧旅游的优势特征恰巧能够满足国家城乡统筹发展的需要，换言之，国家城乡统筹发展需要政府推进数字乡村智慧旅游任务。

二 数字乡村智慧旅游的技术框架

（一）数字乡村智慧旅游的技术支撑

数字乡村智慧旅游需要构建一体化、全方位、智慧信息化感知系统，以整合乡村旅游的各种资源。数字乡村智慧旅游借助新一代的信息与通信技术，云计算、物联网、互联网和个人移动终端、人工智能等电子方式，收集处理各种综合旅游信息，全面服务旅游者和村民、乡村旅游企业及旅游利益相关者，有利于促进乡村旅游的发展，同时也提升了数字乡村治理的现实绩效。

第一，云计算是分布式计算、网格计算等内容的集合，能够为旅游产业提供强大的信息存储和计算功能，这为数字乡村智慧旅游信息的快速传递提供了基础。[①] 尤其是旅游云计算中心具有强大的计算功能，能够对多样化的旅游者需求进行分类计算并提供查询和交流服务。目前云计算技术在数字乡村智慧旅游运作中主要体现在云计算平台与云计算应用两个方面。但在实际的数字乡村智慧旅游体系构建中经常将云计算平台与云计算应用两个概念进行混淆，如"旅游云""旅游云计算""旅游云计算平台"等。实际上，数字乡村智慧旅游的云计算平台建设仅仅是基础设施的搭建与维护，因此，数字乡村智慧旅游的云计算应用才是数字乡村智慧旅游云计算的核心内容。例如，通过云计算应用能够有效收集、归类、分析与存储数字乡村智慧旅游所需的各种信息，这是为旅游者、旅游组织提供各项旅游服务应用的前提。从某种程度上说，云计算技术实现了旅游资源与社会信息的集约式整合优化，有助于促进数字乡村智慧旅游绩效的提升。

第二，物联网是在云计算技术发展基础上为搭建物品与互联网之间

---

① 刘军林、范云峰：《智慧旅游的构成、价值与发展趋势》，《重庆社会科学》2011年第10期。

的关系而构建的网络系统，主要是指通过红外感应、射频识别、激光扫描等传感设备来实现对物品的追踪与识别，从而达到有效管理物品的目标。从上述物联网的含义可以发现，物联网具有全面感知、智能监控的特征，这为数字乡村智慧旅游中的各项旅游设备应用提供了稳定运行的保障。现阶段数字乡村智慧旅游发展过程中对于物联网的应用主要体现在互联网旅游应用的扩展以及泛在网的旅游应用。相较于通过传统的应用互联网技术来实现乡村的"线上旅游"，基于物联网技术的数字乡村智慧旅游则同时实现了"线上旅游"与"线下旅游"的相互融合。[①] 简言之，物联网技术对传统互联网应用的"线上旅游"进行了升级换代，弥补了旅游者的非在线缺陷，更好地促进了数字乡村智慧旅游"无所不在"的优势价值。同时，基于物联网的泛在网旅游应用，能够适应旅游者的动态特性，充分满足了旅游者的个性化服务需求。

第三，移动通信是搭建在不同移动设备与固定设备之间的无线通信，是具体的物联网技术应用在物与物之间的连接方式，有助于实现旅游者之间的无线沟通与交流。近年来，伴随着移动通信技术的发展，特别是 5G 网络技术的应用，更好地为各种智能手机、平板电脑等通信服务功能进行了优化升级，这为数字乡村智慧旅游中旅游者之间的即时在线交流拓展了空间。当前，数字乡村智慧旅游构建中的移动通信技术主要给旅游者提供了智能 Wi-Fi 接入功能、全程（游前、在途、游后）的旅游信息服务、无所不在的人机交互等高质量服务。移动通信技术在数字乡村智慧旅游中的应用有助于精准化对接旅游者的服务需求，消除景区与旅游者之间的隔阂，从而在提升旅游者的旅游体验的同时，实现景区的服务管理水平的提高。数字乡村智慧旅游通过移动通信技术应用提供高品质、高满意度的服务，正是发展数字乡村智慧旅游的初衷，也是未来促进数字乡村旅游发展的方向。

第四，地理信息系统（GIS）是分析和处理海量地理数据的通用技术，原本主要应用于地理勘探、资源挖掘、土地管理等领域，但是随着其功能的不断拓展，在数字乡村智慧旅游中也开始得到延伸应用。地理信息系统通过采集、分析、管理乡村旅游信息，为景区和旅游者带来丰富多样的旅游信息，例如旅游交通信息、旅游住宿信息、旅游餐饮信息、

---

① 张凌云等：《智慧旅游的基本概念与理论体系》，《旅游学刊》2012 年第 5 期。

旅游天气信息、旅游服务机构信息等。这些旅游信息的即时显示与提供能够帮助旅游者顺利地掌握旅游目的地的基本信息，更好地保障旅游者的体验质量和服务权益，也为景区树立了良好的对外服务形象。当前，伴随着地理信息系统技术的不断深化，更先进的旅游地理信息系统（TGIS）也已经产生，它与电子商务技术相互结合，形成了旅游信息的大数据地理平台，能够让旅游者更加直观地获取旅游地的诸多信息。

（二）数字乡村智慧旅游的框架体系

基于"数字乡村智慧旅游"的发展目标，数字乡村智慧旅游主要围绕制度体系、基础设施体系、服务体系、管理体系展开。

第一，健全的数字乡村智慧旅游制度体系是规范数字乡村智慧旅游健康发展的重要基础，也是推进数字乡村智慧旅游绩效提升的关键保障。为了给数字乡村智慧旅游的发展提供可靠的制度规范，文化和旅游部率先在 2011 年提出了要在乡村旅游行业中加强现代信息技术的应用要求，以便更好地提升数字乡村智慧旅游的信息化发展目标。在此基础上，2014 年在南京、武汉、苏州、洛阳、成都、烟台等地区开展了数字乡村智慧旅游试点，更好地总结探索数字乡村智慧旅游发展的制度体系与政策标准。在上述制度思想与地方实践的指引下，各地区开始对数字乡村智慧旅游的法律法规及规范标准进行探索制定，例如，2012 年北京已颁布了《北京智慧旅游乡村建设规范（试行）》，指导智慧旅游乡村的建设。截至 2015 年 11 月，我国已有 62 个地区提出发展智慧乡村旅游的计划方案，从而有效地推进了数字乡村智慧旅游的高质量规范发展。

第二，完善的数字乡村智慧旅游基础设施是突破数字乡村智慧旅游发展困境的现实需要，也是进一步优化和改进数字乡村智慧旅游服务的有力支撑。当前在乡村信息网络工程和公共服务平台建设的驱动下，数字乡村智慧旅游基础设施建设的重点应放在移动网络体系建设、信息应用体系改进、服务设施体系建设等方面。在上述数字乡村智慧旅游基础设施建设的同时，为营造具有地方特色和乡土文化的乡村旅游特色，数字乡村智慧旅游建设应该结合景区的现实景点和活动内容，例如在乡村古民居旅游活动方面就需要配备智能解说。当前在我国整体信息化建设大潮的影响下，数字乡村智慧旅游基础设施发展开始逐渐拓展延伸到区域旅游信息化设施的建设领域。现实中我国长三角、珠三角以及京津冀等经济圈都已经部署跨区域的旅游基础设施信息化建设，从而顺利打通各个区域的优势旅游资源,赢得旅游者的广泛称道。

第三,先进的服务体系是数字乡村智慧旅游提升旅游质量的关键环节,也是驱动数字乡村智慧旅游发展的根本动力。数字乡村智慧旅游强调要从旅游者、旅游行业组织、管理人员以及社会公众等不同类型的利益相关服务主体出发,通过利用大数据、云计算、物联网等现代信息技术手段的精准化梳理服务需求,构建面向数字乡村智慧旅游各个治理主体的服务体系,以此提升各个治理主体的满意度。这种精准对接乡村智慧服务对象的智慧服务体系,以建设智慧旅游信息咨询服务体系为重点,以面向旅游景区业务人员、广大旅游者和社会公众的综合服务平台为依托,切实为旅游者提供便捷、准确的旅游信息服务。先进的乡村智慧服务体系建设覆盖全市的旅游咨询服务窗口,采用统一的标识,建立24小时旅游咨询服务热线,为广大旅游者提供旅游前咨询顾问、旅游中实时帮助、旅游后投诉受理等信息咨询服务。

第四,综合的管理体系是数字乡村智慧旅游正常开展的基础保障,也是数字乡村智慧旅游信息化发展的根本前提。数字乡村智慧旅游的管理体系是在智慧旅游理念的引导下形成的景区内部化管理体系,通过景区管理人员对各项现代技术的综合应用,为广大旅游者和旅游服务行业提供全方位的服务保障。数字乡村智慧旅游管理信息化经常涉及旅游团、导游管理、流程监管等基础管理工作,通过在各个旅游企业和景区部门之间搭建统一化的电子商务管理平台,将各种旅游相关的信息数据进行收集汇总、整理分析、优化存储,从而有效地提升数字乡村智慧旅游的品牌效应和服务质量。目前我国东部沿海发达地区已经开始引入智能化信息管理系统、电子系统、监测系统等,保障了乡村旅游的安全性和新颖性。

三 数字乡村智慧旅游的品牌价值

数字乡村智慧旅游尽管注重技术力量,但是其核心价值是塑造乡村旅游品牌。品牌的英文单词 Brand 源自挪威文"Brandr",意为"烧灼、烙印"。20世纪50年代,美国广告大师大卫·奥格威首次正式提出了"品牌"的内涵。在此基础上,菲利浦·科特勒认为,品牌是用以识别某个消费者或某群消费者的产品或服务,并使之与竞争对手的产品或服务相区别，它可以是一种名称、一个符号，也可以是一个图案、一种术语。① 美国市场营销学会（AMA）认为，品牌是在市场营销过程中提供与竞争对手不同的产品、设计和服务。② 综合而言，品牌实质上暗含着相同产品之间的不同特征、利益和服务。当前，为避免在数字乡村智慧旅游发展过程中的同质化问题，迫切需要塑造乡村旅游品牌，从而树立良好的旅游业形象，提升旅游业竞争力；开发具有针对性的、适应市场需要的旅游产品；降低旅游产品企业成本，提高旅游服务水平；满足旅游者个性化需求，挖掘潜在旅游市场。

第一，有利于树立良好的旅游业形象，提升旅游业竞争力。所谓乡村旅游形象，是指乡村旅游者在游览乡村的过程中通过对乡村环境形体（硬件）的观赏游览和市民素质、民俗民风、服务态度等（软件）的体验所产生的对乡村的总体印象。建立旅游形象就是要把现有的资源特色经过提炼升华塑造成特色鲜明的形象传播出去，从而提高知名度、美誉度，有效地拓展旅游市场。在"注意力"经济时代，尤其需要加强对乡村旅游形象的打造，只有那些在旅游者心目中具有美好形象的旅游地，才能吸引远在千里的旅游者"到此一游"。数字乡村智慧旅游将以信息技术、信息服务、信息经济为代表的技术和理念应用于旅游业，结构性地提升旅游业的技术水平、服务品质及从业人员素质，有助于促进旅游业的形象塑造和竞争力的提升，从而实现从传统服务业向现代服务业的转型。在智慧旅游的推动下，具有创新精神的现代旅游企业可以通过技术创新模式实现跨越式发展，建立全新的旅游企业发展模式。此外，智慧旅游相关技术开发、应用、推广和创新又能不断地促进旅游上下游行业的创新和发展，形成旅游业智慧发展的规模效应和联动机制，最终增强旅游业的综合创新能力和竞争力。

第二，有利于开发具有针对性的、适应市场需要的旅游产品。随着市场需求的不断变化，人们对旅游产品的需要越来越多，要求也越来越丰富。因此，要满足旅游者的各项市场需求，就必须更好地整合旅游资源，提供个性化、具有针对性的旅游产品与体验服务。可以说，旅游资

---

① Philip K.，*Marketing Moves*：*A New Approach to Profits*，*Growth and Renewal*，Harvard：Harvard Business School Publishing Corporation，2002.

② 叶小青等：《名人文化旅游品牌的建设与发展——以浙江遂昌汤显祖文化为例》，《丽水学院学报》2009 年第 6 期。

源开发与产品形成是提升旅游服务质量的重要手段。在"品牌化"的时代,品牌已经成为很多产品立足于市场的最有效武器。品牌的开发对于旅游产品的开发来说,更有针对性,使旅游产品的开发更能有效地彰显效果。现阶段,数字乡村智慧旅游建设的重点是通过云计算、物联网、地理信息系统等现代技术构建一个信息共享、资源贯通、内容齐全的综合应用服务体系,从而更好地展示乡村旅游产品和服务内容,这是展示乡村旅游个性化特征的形象平台。数字乡村智慧旅游注重独具个性的旅游产品打造,能够满足旅游者的物质需求、精神需求以及文化需求,从而激发旅游者的消费欲望,增强旅游产品的品牌知名度和影响力,促进数字乡村智慧旅游的综合效益。

第三,有利于降低旅游企业成本,提高旅游服务水平。旅游产品竞争的重点是提供符合客户要求的旅游服务,即提高旅游服务水平。旅游者对乡村旅游产品服务的体验过程一般先从直观的旅游感知开始,再过渡到乡村旅游景区的整体认知,最后是对理性的服务质量的追求。在此过程中,旅游服务水平的满意度直接影响旅游者对乡村旅游景区的形象维护,从而影响数字乡村智慧旅游的推进发展。当前数字乡村智慧旅游在提升旅游企业的服务水平方面主要体现在旅游产品创造与营销、景区工作人员的管理与服务、数字乡村智慧旅游的服务与反馈。数字乡村智慧旅游在创造更符合旅游者个性化需求的旅游产品,以此来拓展乡村旅游市场空间的同时,也可以让旅游者更加快捷、准确地获取旅游产品价值信息,进而降低旅游企业成本,提高旅游服务水平。此外,数字乡村智慧旅游可以通过提升现代化的管理水平,让旅游者的旅游过程更顺畅,以降低旅游者的时间成本并带来更好的旅游体验,最终提高企业的经济效益。上述目标的实现,都离不开数字乡村智慧旅游品牌的塑造,只有当数字乡村智慧旅游品牌被广大旅游者接受和认同,才能真正实现提高旅游服务水平的效果。

第四,有利于满足旅游者的个性化需求,挖掘潜在旅游市场。随着大众化、智能化旅游时代的到来,人们对数字乡村智慧旅游的需求服务质量越来越高。尤其是面对大量的自助旅游者和个人散客,由于他们对于旅游的需求各不相同,需要更加凸显旅游品牌的价值,从而满足旅游者的个性化需求。数字乡村智慧旅游品牌的价值在于它能够增强旅游者的旅游动机,在激发旅游者内心的品牌忠诚度的同时,可以有效地挖掘和拓展潜在的乡村旅游市场,从而增加旅游产品的市场份额。数字乡村智慧旅游的品牌化经营实则创造了一种连锁经营模式,只要有一个相对有名的数字乡村智慧旅游品牌,就可以拓展地域和人群,最终实现大众化的旅游市场。现实中,我国许多地区已经通过智慧景区、智慧旅行社、智慧酒店等提供便捷式的网上预约服务,从而使旅游者能够根据自己的需要选择性地进行消费,这极大地满足了旅游者个性化地利用旅游时间享受多元化的旅游服务体验。简言之,数字乡村智慧旅游正是依托云计算、物联网等现代信息技术,整合乡村旅游景区的吃、住、行、游、购相关的各类旅游服务于一体,在不断提升智慧旅游品牌的同时,为广大民众提供"各取所需"的服务。

四　数字乡村智慧旅游的提升策略

当前,在数字乡村智慧旅游发展的过程中,政府普遍重视智慧旅游技术层面的推进,而对乡村旅游品牌的塑造意识十分淡薄。其实,数字乡村智慧旅游的品牌是一种无形资产,其经营的好坏直接影响乡村旅游的综合效益。因此,需合理经营旅游品牌、完善基础设施建设、立足乡土文化资源以及培养乡村旅游智慧人才,从而提升智慧旅游品牌塑造、促进乡村振兴绩效。

第一,合理经营旅游品牌。数字乡村智慧旅游的品牌化塑造是一项社会工程,需要做好乡村旅游的品牌定位、产品设计、宣传推广、维护管理等工作。[①] 首先,准确进行数字乡村智慧旅游品牌的定位。任何一个数字乡村智慧旅游景点都需要属于本景区的智慧品牌。数字乡村智慧旅游品牌的差异决定了其能否提供与之竞争对手相区别的旅游产品和服务应用,从而赢得更多的旅游者和市场空间。其次,做好品牌的外部形象设计。就数字乡村智慧旅游而言,设计一个好的名称对提高旅游景区的知名度、塑造良好的旅游景区形象具有重要的价值。再次,通过各种形式的宣传营销激发旅游者的旅游欲望。数字乡村智慧旅游品牌的塑造需要深入挖掘乡村文化的特色,从而树立与城市智慧旅游相区别的农耕文化形象,提升数字乡村智慧旅游的市场占有率。最后,为了使数字乡村智慧旅游品牌能够跟随时代的发展和旅游者的心理转型,需要对其进行

---

① 冯清:《乡村旅游品牌化战略初探》,《现代经济》(现代物业下半月刊) 2008 年第 S1 期。

维护管理。好的数字乡村智慧旅游品牌的形成并不意味着不需要改变，换言之，要实现数字乡村智慧旅游品牌的可持续发展，就必须建立有效的品牌管理机制，从而不断地对数字乡村智慧旅游品牌进行修正与完善，以创造出更大的乡村振兴价值。

第二，完善基础设施建设。数字乡村智慧旅游的基础设施既包括保证景区运行的信息技术、现代设备等硬件设施，也包括旅游景点的吸引力、特质性等软件设施。这些基础设施服务建设，既是连接各数字乡村智慧旅游各服务环节的重要纽带，也是提升旅游产品质量和服务质量的关键性因素。首先，硬件基础设施的完善是保障数字乡村智慧旅游品牌形象的物质基础。目前我国乡村旅游景点呈现出各具特色、旅游资源分散等特点，这就需要利用云计算、物联网、现代通信技术、地理信息系统等整合各乡村景点的旅游资源、人文信息资源、民间艺术资源等，从而实现数字乡村智慧旅游的整体性、全局式效果。除此之外，数字乡村智慧旅游的发展也离不开景区交通、卫生、医疗、教育等公共基础设施的配套，这些可以为数字乡村智慧旅游品牌塑造良好的形象，为旅游者提供最前沿快捷的硬件设施保障。其次，软件基础设施是数字乡村智慧旅游品牌形象的精神支撑。旅游业属于服务业的范畴，旅游产品属于服务产品。旅游产品实质上是旅游企业借助一定的设施或条件为旅游者提供的服务，因此，旅游企业管理人员和服务人员的思想觉悟、观念意识、文化修养、专业技能、精神风貌等对数字乡村智慧旅游品牌的塑造至关重要。总之，数字乡村智慧旅游品牌塑造需要同时发挥好硬件基础设施和软件基础设施的作用，共同塑造旅游品牌形象，最终促进乡村社会振兴发展。

第三，立足乡土文化资源。现阶段提高数字乡村智慧旅游品牌的文化价值是促进乡村旅游品牌开发的关键要素。众所周知，当地文化特色是塑造旅游品牌的价值基础。在数字乡村智慧旅游的品牌开发中，特别需要立足乡土文化资源，将传统乡村文明与知识融入数字乡村智慧旅游品牌之中，从而塑造优质的数字乡村智慧旅游价值。[1] 数字乡村智慧旅游品牌的文化价值尤其需要乡村自然环境和文化环境的汇聚。首先，针对数字乡村智慧旅游的自然环境而言，需要开发商和建设者在立足本地传

---

[1] 蔡善柱：《试论旅游品牌开发》，《安徽师范大学学报》（自然科学版）2004年第3期。

统的乡村资源的基础上,尽可能原生态地将乡村自然特色体现在景区服务和旅游产品的生产过程之中,尤其要体现在与城市智慧旅游相区别的产品和服务中,从而凸显乡村特有的情趣和格调。其次,数字乡村智慧旅游品牌的塑造也需要融入文化环境因素。每一个乡村的历史文化都是独特的,难以复制与模仿,具有很高的文化价值和潜在的经济价值。因此,在数字乡村智慧旅游品牌塑造中应该结合乡村地域文化特色定位来设计乡村旅游品牌,从而更好地吸引旅游者的注意力,促进乡村振兴发展。

第四,培养乡村旅游智慧人才。数字乡村智慧旅游的品牌塑造具有全面、综合、复杂的特性,因此,需要既具备乡村旅游专业知识、又掌握现代信息技术的专门人才来完成。而现实的情况是有些旅游人才不懂智慧化设备的应用,掌握现代信息技术的人才又没有专业的旅游知识储备,所以,数字乡村智慧旅游的品牌塑造发展应加强旅游人才的引进和培养,全面提高旅游从业人员的服务技能和服务水平。智慧旅游人才培养需要四大支撑体系,即政府政策支撑、企业力量支撑、学校资源支撑、智能虚拟技术支撑。[①] 其中,中央政府部门可以通过出台相关的数字乡村智慧旅游政策体系,为数字乡村智慧旅游的推进与旅游品牌的塑造提供战略指导,而地方政府则可以结合本地乡村旅游发展的实际现状和本地旅游资源特色,为数字乡村智慧旅游景区的品牌塑造提供政策咨询。旅游企业可以定期开展一些网络硬软件普及知识讲座,同时引进信息化高素质旅游人才,提高数字乡村智慧旅游水平,为数字乡村智慧旅游品牌塑造提供人才保障。高等院校需要研究新型旅游人才培养方案,通过开设相关的智慧旅游专业,将传统旅游知识与现代信息技术相结合,提升数字乡村智慧旅游品牌塑造的能力,最终促进乡村振兴发展。

第三节 数字乡村治理与经营主体培育

改革开放以来,以家庭承包为基础的"统分结合、双层经营"的农村基本经营制度在特定时期为我国农村可持续发展提供了动力保障和稳定绩效,然而这种经营制度在实践中由于过度强调向农户发包土地,缺

[①] 唐永林等:《智慧旅游专业人才培养方案研究》,《长春师范大学学报》2015年第6期。

少应有的统合效用发挥，导致了许多社会问题。[1] 尤其是在农业资源紧张、环境恶化严重的情形下，单靠传统小农户家庭经营显然无法对接和融入市场，迫切需要转变经营模式，提高农业产业化、市场化程度。[2] 为了解决传统农村基本经营制度与现代农业经营体系构建之间的矛盾，基于对国情、农情的基本判断，党的二十大报告明确提出发展新型农业经营主体和社会化服务，发展农业适度规模经营，以推进农业现代化的目标实现。在此之后，政府部门出台了《深化农村改革综合性实施方案》《关于加快构建政策体系培育新型农业经营主体的意见》等相关政策，切实促进新型农业经营主体的发展壮大，使之成为数字乡村建设中农业现代化发展的主导力量。

一 新型农业经营主体的培育特征

数字乡村建设时期打造的新型农业经营主体与传统小农户不同，前者主要是商品化生产，后者主要是自给性生产。从生产方式来看，传统农业经营主体大都依然处于"小农经济"阶段，而新型农业经营主体由于在资金、规模等方面具有优势，具有较高的农业机械化水平，对农业技术也有更加深入的运用；从经营方式来看，传统农业经营主体多为自给自足的经营，而新型农业经营主体不仅关注自身的生产发展，也关心产品的营销，对市场信息需求程度较高；从投资方式来看，传统农业经营主体的经营资金一般都是自有资金，而新型农业经营主体对资金需求较大，除自身积累外，还需从其他渠道获得部分资金；从经济效益来看，相对于传统农业经营主体而言，新型农业经营主体具有更高的劳动生产率，也具有较为明显的规模效益。

目前，我国的农业化相较于工业化、信息化、城镇化发展而言，处于明显的弱势地位，要实现农业现代化目标，就必须对传统农业进行改造升级，通过培育专业大户、家庭农场、农民专业合作组织、农业产业化龙头企业等新型农业经营主体，进而提高农业现代化的发展水平。因此，党的二十大报告提出巩固和完善农村基本经营制度，发展新型农村集体经济，发展新型农业经营主体和社会化服务，发展农业适度规模经

---

[1] 沈费伟：《新型农业经营主体的培育逻辑、发展困境与路径指向》，《山西农业大学学报》（社会科学版）2020年第3期。

[2] 胡泊：《培育新型农业经营主体的现实困扰与对策措施》，《中州学刊》2015年第3期。

营。在此基础上，本书从市场化、专业化、规模化以及集约化四个方面总结提炼新型农业经营主体培育的特征。

第一，市场化特征。伴随着商品经济的深入发展，其隐藏在背后的市场竞争机制也逐渐呈现在人们的面前。竞争机制是指围绕各种生产和交换条件，商品经营主体之间展开的相互联系和相互排斥的关系。合理的竞争机制是保证市场良性发展、促进市场经济发展的必备条件。[1] 在市场经济中，竞争机制能够实现商品价值量，确定平均利润和生产价格；实现优胜劣汰，促进资源优化配置和市场新陈代谢；推动生产和科学技术的发展与企业技术创新。传统农业基本经营制度下的家庭农户相较于市场力量处于弱小地位，而在新型农业经营主体引导下，由于多元主体联合经营能够提高劳动生产率，降低交易成本，从而达到较高的市场占有率和成本利润率，因此，新型农业经营主体培育强调以市场为导向，通过提高产品适销率提升整体农业经济生产效益。

第二，专业化特征。社会分工与协作是现代组织专业化生产不可分割的两个方面。人类历史上曾出现了三次社会大分工，当代社会分工更是无处不在，大到整个国家的社会管理，小到企业组织的生产经营。而协作是提升分工绩效的重要保障，只有通过各领域、各部门的广泛深入合作，才能实现专业化生产的预期目标。[2] 新型农业经营主体培育的内在需求就是要实现生产的专业化分工协作，客观上要求农业生产的各个环节实现有机结合和共同生产。这种以专业化为基础的农业现代化经营强调将新型农业经营主体所提供的服务由面向社会整体转向农户个体，从而不仅有效地满足了农户个体的真实社会需求，也提升了运营效率。因此，新型农业经营主体培育是社会分工协作所达成的专业化程度逐渐深化的演进过程，有利于现代化农业生产的发展与数字乡村建设目标的实现。

第三，规模化特征。农业规模经营是新型农业经营主体培育的重要特征，它通过集中一体化生产方式，在不断扩大经营主体规模的同时，形成了产业化发展的优势。世界农业的发展进程，也是生产规模不断扩大的过程。由此，我国农业实行规模经营显得十分必要。从理论上讲，在新型农业经营主体培育过程中扩大规模经营主要有两种方式：一是通

---

[1] 简泽等：《市场竞争的创造性、破坏性与技术升级》，《中国工业经济》2017 年第 5 期。
[2] 刘明：《农业产业化：理论依据与可持续发展分析》，《生产力研究》2015 年第 5 期。

过适度的土地流转推进机制增加经营主体的规模；二是采用产业集群内的各经济体联合的方式实现规模经营。这是一种通过基地把许多分散的小农户联合起来，再由龙头企业带动基地的形式使各经营主体形成原料、产品、资金、技术、服务等多层次依赖的生产经营组织或系统。农业的规模化经营创造了新型农业经营主体培育的经济效应，可以极大地提高生产率，进而取得良好的经济效益。

第四，集约化特征。由于农业自身的弱质性和容易受自然条件的外在影响，农业的比较效益低，生产效率滞后。改变这一情况的关键是创造性地实现新型农业经营主体培育，提高集约化生产率。在新型农业经营主体的经营模式下，农业的产前、产中和产后各个环节都形成了完整的产业链，这种聚集的集约化优势必然能够提高农业生产率，增强农业竞争效益。而农业生产率的提高也会使农业增值效益提升，进而创造更高的物质价值，真正提高农业的物质基础。

二　新型农业经营主体的培育逻辑

从市场化、专业化、规模化和集约化特征出发来探析新型农业经营主体的培育逻辑，可以发现，新型农业经营主体具有以市场化为导向、以专业化为手段、以规模化为基础、以集约化为标志的发展逻辑，能够优化集成利用各类先进生产要素，代表了现代农业的发展方向。

（一）以市场化为导向培育新型农业经营主体

在经济社会现代化背景下，依据市场需求来提供商品生产是培育新型农业经营主体的内生持久动力。一般而言，市场化特征主要包括资源配置、生产要素组合和产品购销市场化三个方面，反映在新型农业经营主体培育上包含三层意思：一是新型农业经营主体培育需要各种生产要素，诸如人才、资金、技术等，而这需要市场来进行优化配置；二是新型农业经营主体培育的生产、加工、流通等各个环节所需的生产资料、社会化服务、销售机制等也要靠市场机制来配置；三是新型农业经营主体所生产的商品同样需要通过市场机制进行销售，进而创造收益价值。[①] 在实践中，新型农业经营主体大多采取企业化运作，以追求农业经济效益最大化为生产目标，所以，其生产经营必须根据市场运行规律开展活动。由此可以发现，新型农业经营主体更具适应现代市场经济环境的潜在能力，通过充分挖掘市场

---

① 刘明：《农业产业化：理论依据与可持续发展分析》，《生产力研究》2015年第5期。

资源满足消费者的各种需求，促进农业生产效率的提高。

（二）以专业化为手段培育新型农业经营主体

众所周知，传统时代的小农经营主体尽管规模小，但是讲究全面性与整体性，可以概括为"小而全"的生产特征。在这种生产经营模式下，尽管也可能满足单个家庭的消费需求，但是离现代农业经营主体的专业化生产相距甚远。随着农业现代化水平的提高，农业专业化分工的趋势越来越明显，专业大户、农民专业合作社、家庭农场和农业企业等都专注于某一领域或生产环节开展专业化的生产经营活动。在某种程度上说，新型农业经营主体的这种专业化生产特征是促进现代农业发展的重要特征。这种新型农业经营主体培育的专业化发展具体包括产品质量标准、生产技术标准、经营管理标准等。唯有在新型农业经营主体培育过程中将标准化生产的要求蕴含在内，才能提升经营主体的生产效率，增强农业商品的附加值。因此，专业化生产成为实现新型农业经营主体培育的重要途径，也是培育新型农业经营主体的创新方式。

（三）以规模化为基础培育新型农业经营主体

由于受社会生产力水平的限制，传统家庭小农户经营一般以一家一户分散经营为主，这样很难产生集聚的规模经济效应。[①] 而在当前乡村振兴时期，伴随着国家社会经济的整体发展，农业技术化水平不断提升，再加上一系列惠农强农政策的配套跟进，助推了农业基础设施的更新换代。新型农业经营主体的产业规模特征一般体现为生产要素的集中化和规模化，尤其是能够将现代农业发展所需要的土地、资金、技术等大量地集聚起来，更好地创造农业生产的比较效益优势。未来随着城镇化的发展和农业技术化水平的进一步提高，尤其是农村劳动力转移后释放出大量土地资源，农业产业的规模化生产成为新型农业经营主体发展的必然要求。新型农业经营主体培育的这种规模化特征不仅有助于改变传统小农生产经营的"小而散"缺点，实现组织化程度的提高，也有助于增强新型农业经营主体抵御市场经济的风险能力，持续促进农民的长效增收以及农业农村现代化的发展。

（四）以集约化为标志培育新型农业经营主体

通过对比传统小农生产经营模式与现代新型农业经营模式可以发现，

---

① 卢晓：《推动农业产业化 实现农民增收》，《人民论坛》2019年第12期。

新型农业经营主体大都能够掌握先进的农业生产技术、成熟的经营管理方法、大量的生产要素，因此能够对农产品开展深加工、集约化生产，促进农业产业化率，获得更高的经济效益。[①] 从现实实践和理论层面来看，专业种植大户、家庭农场等现代生产性农业经营主体通常将农业生产技术、先进的经营管理模式以及成熟的农业制度体系投入现代生产经营中，不仅可以提高单位农作物的生产效益，而且可以更好地节约生产成本，从而获得更高的经济效益。而农民专业合作社等服务型新型农业经营主体可以利用现代物联网、大数据、人工智能等先进农业技术，在为农户提供各类生产性服务的同时，为自身创造更高的经济收入。因此，新型农业经营主体培育倡导以集约化经营为目标，注重在现代化乡村产业发展过程中整合各种技术、制度、管理、资源等优势，充分发挥各个生产要素的价值，从而实现大规模的"精耕细作"经营，促进农业现代化的产业创新。

三　新型农业经营主体的发展困境

研究发现，当前政策支持缺乏，土地流转困难；融资体系不健全，农业保险不完善；基础设施不配套，服务体系不完善以及新型农业经营主体自身规模小、效益低和人才匮乏等困境阻碍了新型农业经营主体在数字乡村治理中的作用的发挥。

（一）政策支持缺乏，土地流转困难

第一，政策支持缺乏。自中华人民共和国成立以来，政府为了快速恢复国民经济发展，制定了一整套"城市偏向"的发展政策；到了改革开放时期，尤其是21世纪以来，虽然政府的各项惠农、富农、强农政策陆续出台，但仍存在政策支持乏力的问题。首先，政策扶持力度不够，大多数支持政策主要用于民生事业、农村基础设施建设，尚未形成完整的新型农业经营主体扶持政策体系。其次，现有的针对新型农业经营主体的财政补贴政策与实际工作需求不匹配。现实中除省级示范合作社、示范家庭农场能获得一定额度的财政补贴外，一些规模较小的家庭农场、农民专业合作社和种粮大户等，基本没有相应的项目资金扶持，不利于主动进行经营模式创新。

第二，土地流转困难。新型农业经营主体的培育需要依靠广大农户

---

①　陈璐等：《新型农业经营主体推动农村三产融合发展的增收效应分析》，《学习与探索》2019年第3期。

流转出大面积的生产土地,然而实践中由于各项制度不健全,出现了土地流转的各种问题。一是土地产权模糊,土地流转受到限制。我国的农地产权归农民集体所有,但是经过长期的社会经济发展,这和集体观念已被淡化。再者,由于受传统农耕思想的影响,农户对土地有着天然的感情,情愿土地荒芜也不愿意流转出去。二是土地经营细碎化,规模经济难以实现。按照第七次全国人口普查的平均家庭人口数为2.62计算,户均土地经营规模不足0.5公顷。土地的细碎化阻碍了农业生产机械化和规模化。三是土地流转年限短,土地流转困难。家庭农场与农户签订的土地流转合同年限大多数在3年以内,土地流转年限短,导致承包没有连续性,从而影响了土地的产出效益。四是流转程序不规范,缺乏相应的流转规范政策,使流转方的利益得不到保障。

(二)融资体系不健全,农业保险不完善

第一,融资体系不健全。现阶段新型农业经营主体还处于发展初期,资金来源还是以自筹为主,没有充足的资金支持成为制约其发展的瓶颈。从我们在全国各地的调研来看,一方面,新型农业经营主体在生产过程中需购买种子、化肥、农药等生产资料,雇用大量劳动力,需要投入巨额资金。另一方面,新型农业经营主体目前缺少商业银行普遍认可的有效抵押物,仅仅拿一些农业基础设施进行贷款,由于没有明晰的产权证书,也没有办法认定价值,银行不予贷款。而土地承包经营权有证书,根据有关政策规定,可以进行抵押贷款,但是这一政策刚刚起步且执行手续繁杂,操作麻烦,难以满足信贷条件。这种两难的尴尬处境直接导致新型农业经营主体生产效益的低下。

第二,农业保险不完善。农业天然的弱质性使其容易受到自然灾害的影响,再加上当前农业保护支持政策的不完善等因素的影响,我国农业一直属于高风险、低收入产业。尤其对于新型农业经营主体的培育发展而言,由于生产规模大、发展周期长、产生效益时间久等特点,其面临的风险更大,然而农业保险措施未能发挥保障现代化农业生产的作用。首先,现阶段我国农业保险行业发展滞后,无法承担起保障新型农业经营主体的重担。我国新型农业经营主体在发展过程中对于政策性保险、巨灾保险的需求远不能满足其现实发展需求,存在供求不平衡的问题。[1]

---

[1] 张照新、赵海:《新型农业经营主体的困境摆脱及其体制机制创新》,《改革》2013年第2期。

其次，农业保险公司作为商业性的企业化组织，以获取最大的经济利益为目标，但是农产品保险投资回报率低，甚至有可能出现巨大的亏损风险，因此，农产品保险公司大都缺乏为农产品提供保险服务的内在动力。正因如此，保险行业对农产品保险业务的开拓发展长期存在困境，不利于新型农业经营主体的发展壮大。

（三）基础设施不配套，服务体系不完善

第一，基础设施不配套。近年来在国家各项"三农"政策的影响下，政府部门确实加大了对农业基础设施的投入力度，致力于农业产业化经营模式创新，并且取得了一定的效果。但是由于传统发展滞后的薄弱历史基础的影响，当前许多农村的基本公共设施依然面临着老化失修的问题，抵御自然灾害的能力脆弱。与此同时，从现阶段政府对农业财政投资的结构来看，也存在着投资不合理的问题。例如，政府将大部分财政资金用于投资农村基础设施建设和服务，而传统的农业基础设施投入只占10%左右，且大都用于大型的水利、林业以及生态建设等方面，农民急切希望改造的中低产田建设、基本的农田水利道路建设处于严重的资金短缺状态。[①] 虽然21世纪以来国家加大了对田间基础设施的投入，但目前农田水利等农业基础设施"最后一公里"问题仍然凸显，极大地影响了新型农业经营主体的生产效益。

第二，服务体系不完善。农业产业化经营的不断发展需要新型农业经营主体逐渐拓展基本业务，从之前的单独重视农技服务推广向农资采购、金融保险、市场营销、经营管理、农产品保鲜储运服务等综合服务发展。可以说，新型农业经营主体的发展在很大程度上与多元化、专业化、市场化的农业服务体系是相互适应的，这也决定了新型农业经营主体的培育程度。但就目前的总体现状而言，多元化、专业化、市场化的农业服务体系供给不足，仍是当前阻碍新型农业经营主体发展的突出问题。根据河南省地方经济社会调查队在全省17个省辖市40个县对种粮大户的抽样调查发现，目前还有30%的种粮大户没有得到农村科技专业人员的指导，72%的种粮大户没有加入农业保险。[②] 可以说，农业现代化服

---

① 胡桂芳等：《新主体有何"新期盼"——安徽省新型农业经营主体发展情况调查》，《农村工作通讯》2018年第1期。

② 刘露霞：《河南种粮大户的现状、困惑与期盼——基于150户种粮大户的问卷调查》，《中国粮食经济》2013年第10期。

务体系的发展滞后严重阻碍了现代农业经营体系的构建,不利于农业产业化生产和数字乡村建设绩效提升。

(四) 新型农业经营主体自身规模小、效益低和人才匮乏

第一,规模小、效益低下。从内部运行来看,新型农业经营主体普遍存在规模较小、发育不足、运行不规范、效益低下等问题。首先,从生产效益来看,相关研究发现,目前新型农业经营主体中70%的专业大户的平均种植面积不到6.67公顷,90%以上的大型农业生产公司每年的实际销售收入不到1亿元,这显示出现阶段新型农业经营主体的经营效益不高、发展滞后的问题。[①] 其次,从当前新型农业经营主体的运行机制来看,也存在两个方面的问题:一是许多农民专业合作社缺乏民主管理机制和完善的法律政策制度支撑,进而出现了利益分配不均衡、产权不清晰的问题;二是目前还有许多大型农业企业依旧沿用传统管理机制,由于没有建立现代企业制度,无法产生良好的经济收益。

第二,人才匮乏。实现农业现代化的转型必须培育知识化、专业化、职业化的新型职业农业人才。然而,当前受过中等及以上农村职业教育的比例不足4%,农业管理人才、营销人才、技术人才严重缺乏。[②] 调查发现,目前新型农业经营主体的负责人尽管是当前农村中的"乡土精英",但其绝大多数仅处于小学文化水平。另外,现阶段伴随着城市化的发展,农村中青年劳动力大都转移到城市务工,留在村庄中的几乎是所谓的"386199部队"(指代妇女、儿童和老人)。而在乡村人才回流农村的大背景下,尽管政府实行的人才回流工程将外来农业领域的高素质人才引入本地农村发展,但往往面临着"引进来、留不住"的困境,极大地制约了新型农业经营主体的创新动力的提高。

四 新型农业经营主体的创新路径

当前新型农业经营主体在数字乡村治理过程中存在着许多问题,因此,当前迫切需要采取相应措施,切实推进新型农业经营主体培育,最终促进农业农村的现代化水平。

(一) 构建政策体系,推动土地流转

第一,构建政策体系。政府应通过出台具有针对性的新型农业经营主

---

① 王乐君等:《构建新型农业经营主体与小农户利益联结机制》,《中国农业大学学报》(社会科学版) 2019 年第 2 期。

② 韩长赋:《科学把握农业农村发展新形势》,《求是》2013 年第 7 期。

体政策，加强扶持新型农业经营主体培育规范化的运行机制，增强新型农业经营主体的抗风险能力，以保护弱势农民成员的利益。首先，在梳理现行的《中华人民共和国农民专业合作社法》《农民专业合作社登记管理条例》等基本条例的基础上，结合新型农业经营主体的现实发展需要，综合出台《新型农业经营主体培育法案》以及各项家庭农场、专业大户、农民专业合作社、农业企业等同步发展的法律法规，明确新型农业经营主体培育的权利义务。其次，发挥政府宏观调控职能，加大对新型农业经营主体培育发展所需的用水、用电等基础设施功能配套，提高现代化农业生产的绩效。最后，加大对新型农业经营主体的财政资金扶持，帮助他们解决开展生产经营所需的基本资金需求，从而提高农业生产的效率。

第二，推动土地流转。政府部门应在当前农村土地制度"三权分置"改革的背景下，积极推动鼓励农户家庭按照"自愿、依法、有偿"的原则合理地流转土地，从而为大规模的现代化农业生产提供基本的土地资源保障，营造新型农业经营主体成长的制度环境。一是利用好土地确权颁证的时机，鼓励农户按照政府的各项土地流转政策，合理有序地做好土地确权工作，通过多元化的渠道化解农村土地细碎化的问题。二是努力构建农村土地流转的监管服务平台，切实为广大农户在土地流转中存在的各项问题提供全程服务，保障农村土地确权工作顺利进行。三是完善农村社会保障体系，促进农村社会从传统的土地保障向社会保障转型，提高农民的社会福利水平，推进土地流转工作。

（二）积极筹措资金，健全保险制度

第一，积极筹措资金。农业作为天然的弱质性产业，需要政府的积极扶持，其中帮助解决资金紧缺的问题是保障新型农业经营主体成长的必要条件。按照党的十九大提出的实施乡村振兴战略的要求和2019年中央一号文件的具体规定，相关政府部门要确保财政对农业投入的稳步增加，实行税收减免和财政补助政策，努力引导新型农业经营主体的健康发展。① 一是现代金融机构加大对惠农项目的支持力度，集中资源用于培育和壮大现代农业经营主体力量。二是成立专门为新型农业经营主体服务的农业担保公司，帮助农业企业顺利获取发展所需的资金。三是可以

---

① 苏振锋、翟淑君：《健全有利于新型农业经营主体成长的政策体系》，《学习时报》2017年2月13日第6版。

学习西方发达国家的农业共同生产基金方式,让所有参与现代农业生产经营的新型农业生产经营主体能够共同参与、共担风险、共享收益,有效解决发展融资贷款难的问题。

第二,健全保险制度。从世界范围以及近年来中国农业发展的问题来看,当前现代农业容易面临各种自然灾害的威胁,并且由于自然灾害带来的损失日益增加,急需构建一整套健全的农业保险制度,通过政府保险项目的完善,弥补现代农业发展在遇到自然灾害时所造成的经济损失,从而消除广大新型农业经营主体投资农业项目的疑虑。一是创设符合本地农村特点的政策性农业保险品种,建立各级财政共同投入机制,充分发挥农业保险的效益。二是建立政府支持的农业自然灾害补偿基金,对于受到自然灾害破坏的农业生产经营主体提供合理的资金扶持,从而使其能够快速地开展生产经营活动。三是鼓励商业保险进入农业领域,间接地降低自然灾害造成的减产损失,有助于稳定农业生产。

(三)完善基础设施,健全服务体系

第一,完善基础设施。21世纪以来,伴随着政府惠农支农政策的不断出台,我国广大农村地区的基础设施建设确实得到了发展提升,但是相较于城市而言,仍处于发展滞后的状态,尤其是事关现代农业发展的交通、水利等基础设施建设还很不完善,这些成为目前阻碍新型农业经营主体发展壮大的重要原因。基于对该问题的认识,当前我们在发展新型农业经营主体时,首先需要落实的是为现代农业发展提供必需的基础设施建设,创造良好的农业公共服务环境。除政府应当继续加大投资农村基础设施建设的力度外,村民自治组织也应致力于向新型农业经营主体提供基本的农资农具、生产咨询和服务设施等。唯有实现政府部门与村民组织的有效契合,才能更加有效地满足新型农业经营主体培育发展所需的基础设施,从而实现农业产业化的目标。

第二,健全社会服务体系。一般而言,社会服务体系包括公益性服务体系和经营性服务体系。健全社会服务体系需要二者的相互配合、有机协作,才能有效地为新型农业经营主体的培育发展提供优质服务。在健全公益性服务体系方面,一是从新型农业经营主体出发,通过财政支持、奖励补助、政府采购等方式,支持新型农业经营主体向广大农户提供各类公益性服务。二是从各种科研院所和高等院校出发,支持高校科研机构与广大农村中的新型农业经营主体形成一体化的产学研服务体系,解决农业产业化发展过程中需要的技术支持、政策咨询和社会服务，提高科技对农业的贡献率。在健全经营性服务体系方面，鼓励支持市场工商企业为新型农业经营主体提供多元化的农业经营性服务，帮助新型农业经营主体在产前、产中、产后各环节切实享受社会提供的全方位、多层次服务，从而促进现代农业发展。

（四）提高规模效益，培养职业农民

第一，壮大规模、提高效益。针对当前新型农业经营主体普遍存在的力量薄弱、发育程度不高、经营效益低下的困境，迫切需要增强其内生发展动力，从而促进现代农业产业化发展的绩效。首先，利用广播、电视、网络、报纸等媒体向农户家庭宣传现代农业发展的优势和新型农业经营主体的发展潜力，使其自愿参与新型农业经营主体的培育过程。其次，通过鼓励支持青壮年农民以新型农业经营主体为平台在农村开展创业活动，不仅为新型农业经营主体的发展注入了人力资本，也有助于提高乡村振兴的绩效。最后，健全新型农业经营主体内部的利益联结机制，形成内生发展的良性治理模式，有助于更好地壮大各种类型的现代农业经营主体的规模，促进农业产业化绩效的提升发展。

第二，培养新型职业农民。培育有文化、懂技术、会经营、善管理的新型职业农民是培育新型农业经营主体的关键。在具体举措上，一是应进一步加大对新型职业农民的培养力度，尤其是要做好返乡农民工、乡贤群体以及广大村干部的现代化农业培训，切实为新型农业经营主体的培育输送现代化农业专门人才。二是应建立人才引进机制，支持和推动广大大学生群体，甚至是研究生群体毕业后转向农村从事现代农业生产经营工作，将现代农业发展与国家高等教育制度变革相结合，逐步提高农业生产经营者的知识素质。三是应不断优化农村社会的整体创业环境，积极探索新型农业经营主体的就业渠道，在社会服务、资金保障、政策扶持、项目评定等方面实行一定程度的倾斜优惠措施，从而推进新型农业经营主体从业队伍的壮大，最终实现农业产业化的目标。

第四章　数字乡村治理与政治秩序重构

本章主要探讨数字乡村治理与有限政府角色、数字乡村治理与村民自治组织、数字乡村治理与乡村秩序重构三个方面的内容。首先，在数字乡村治理与有限政府角色层面，从政府角色理论框架的提出、数字乡村治理与有限政府、数字乡村治理的角色误区、数字乡村治理的政府定位四个方面展开研究。其次，在数字乡村治理与村民自治组织层面，从村民自治组织的主体解读、村民自治组织的治理逻辑、村民自治组织的治理功能、村民自治组织的发展困境、村民自治组织的提升策略五个方面展开研究。最后，在数字乡村治理与乡村秩序重构层面，从乡村秩序建构的理论剖析、乡村秩序与数字乡村治理、乡村秩序失灵的具体表现、数字乡村治理秩序的路径四个方面展开研究。

第一节　数字乡村治理与有限政府角色

现阶段，我国虽然已经基本完成了从计划经济时代向市场经济时代的过渡，但是，计划经济时代遗留下来的全能型政府思维依旧没有完全摒弃，政府"大包大揽""统管一切"的形象依然根深蒂固。然而随着工业化、信息化以及城市化的不断推进，伴随而来的是农村公共事务的日益增加和复杂，由此必然导致政府的管理职能不断扩大，这是经济化发展的结果，也是政府应尽的管理职责。但是，在数字乡村治理中，我们应该秉承有限政府的原则，唯有如此，才能更好地实现乡村治理目标，实现乡村社会的和谐发展。那么究竟如何才能准确界定政府在数字乡村治理中的角色，从而实现乡村社会的善治？基层政府在数字乡村治理中的角色误区主要有哪些？如何避免自身陷入这些误区，实现有限政府的原则？这些问题都是值得学术界和政界深思的话题。

一 政府角色理论框架的提出

国外关于政府角色的理论研究经历了从"划桨者"到"掌舵者"再到"服务者"的发展过程。"划桨者"角色关注政府的过程和结构,全面干预社会事务、提供公共服务,充分发挥政府在营造国家福利中的关键作用。该政府角色建立在政治与行政二分的基础上,认为行政基本的"善"是效率。[1] "掌舵者"角色认为,政府无法独自为社会有序提供公共产品和服务,主张通过私有化、分权、放松管制等方式发挥市场的积极作用,认为政府重在把握发展方向,需要建立"企业家政府"[2],提升服务质量。"服务者"角色则认为,公共服务、民主治理和公民参与在整个公共行政的治理体制中处于核心地位,对公民和社会团体之间的利益进行协商和协调,关注民主价值和公共利益。[3] 随后国外学术界更是展开了对效率驱动型、小型化与分权型、参与型和弹性型等多种政府治理模式的重点讨论。

国外关于政府角色的理论研究与长期的经济社会发展现实相映照,理论内容也不断丰富和发展。从"划桨者"到"掌舵者"再到"服务者",政府角色的变化具体体现在政府职能、政府地位、价值取向等方面。首先,政府职能从限于保护国家安全、个人财产安全发展到注重提供公共产品和公共服务的质量和水平,从偏重经济发展到重视政治稳定、文化繁荣、生态保护等多元职能。其次,政府地位也因为价值取向的变化而不断调整。从凯恩斯主义盛行到新自由主义繁荣,政府从主导型角色逐步转变为宏观把控型角色,市场逐渐获取资源配置的权力;从新自由主义到公共价值的崛起,诸如社会团体、公民组织等治理主体获得治理的主体性地位,政府转而成为"协调者""服务者"角色,为实现善治提供机会。最后,从"效率至上"的传统公共行政到强调民主的新公共

---

[1] Frederickson, Marini, "New Public Administration", in J. M. Shafritz (ed.), *International Encyclopedia of Public Administration and Policy*, Westview Press, 1998, pp. 1801–1805.

[2] "企业家政府"十大原则:(1)起催化作用的政府:掌舵而不是划桨;(2)社区拥有的政府:授权而不是服务;(3)竞争性政府:把竞争机制注入提供服务中去;(4)有使命感的政府:改变照章办事的组织;(5)讲究效果的政府:按效果而不是按投入拨款;(6)受顾客驱使的政府:满足顾客的需要,不是官僚政治的需要;(7)有事业心的政府:有收益而不浪费;(8)有预见的政府:预防而不是治疗;(9)分权的政府:从等级制到参与和协作;(10)以市场为导向的政府:通过市场力量进行变革。

[3] [美]珍妮特·V·登哈特、[美]罗伯特·B·登哈特:《新公共服务:服务,而不是掌舵》,丁煌译,中国人民大学出版社2010年版。

行政，再到主张激发政府活力的新公共管理，最终到注重公民权利和民主价值的新公共服务，总体上呈现出工具理性和价值理性的钟摆式规律，而整体性治理、网络治理、公共价值治理则是两种价值取向不断趋近的过程。

反观我国，基层政府角色的相关研究是在"总体性社会"的背景下开始的，因此呈现出"强政府、弱社会"的特点。随着我国经济社会的不断发展，政府的功能与边界也在不断调整，而依据政府干预的范围及程度，国内学术界将政府角色主要划分为四种。第一，主导型政府，又称全能型政府，是指政府占据了大量优势资源，在社会建设、社会治理过程中占据主导地位。主导型政府模式可以凭借组织权威快速调动社会资源，推进诸如生态保护等治理事业的发展，但也存在弱化市场与社会责任、发酵"政府失灵"等问题，应进行相应转型，从引导者转为协调者、多元主体者。[1] 第二，服务型政府，是指政府在治理过程中充分发挥市场与社会的主体功能，通过承担经营、委托代理、协调引导等不同职能提高行政效率，但处理好政府与市场的关系至关重要。第三，灵活型政府，又称弹性政府，是指政治组织兼具体制性、结构性与回应性、灵活性，[2] 可以根据情境的变化变革组织目标、组织结构、组织机制等内容，以便及时回应社会需求。这种在"特定约束条件"下的理性选择考验地方政府"收与放"的智慧。第四，有限型政府，是指政府基于特定政治哲学和理念，在其构建和施政过程中受宪法和法律的严格约束和限制。[3] 限制政府权力并不是要弱化政府在社会治理中的作用，而是要处理好政府与市场、政府与社会的关系。

二 数字乡村治理与有限政府

曼纽尔·卡斯特在《网络社会的崛起》中指出，信息技术范式依凭网络化逻辑适应了日趋复杂的互动，并且始终坚持一定的技术弹性以保持技术与社会互动过程中的张力，从而将社会重新整合为一个高度整合的系统。这就是数字乡村背景下基层政府角色产生变革的根本原因，即

---

[1] 华章琳：《生态环境公共产品供给中的政府角色及其模式优化》，《甘肃社会科学》2016年第2期。

[2] 李元珍：《基层政府组织结构的整体性调适及其逻辑——基于浙江T镇的经验分析》，《求索》2021年第5期。

[3] 陈远星、陈明明：《有限政府与有效政府：权力、责任与逻辑》，《学海》2021年第5期。

新技术范式带来经济社会时空的变革，网络化成为 21 世纪经济社会的基本结构。这种网络化的结构在过去几十年很少在乡村场域中产生相应的化学反应，而往往是在经济更为发达的城市地区逐步调整当地的治理模式，因而在数字乡村场域中，网络所起的作用几乎是颠覆性的。数字乡村作为一项系统性的乡村现代化建设工程，包括数字生产、数字生活、数字生态、数字治理四大重点领域，当前学术界也主要从上述领域探讨数字乡村中的政府角色。

在数字生产方面，学者认为，协同治理是数字时代乡村产业振兴的有效方式，政府在农民、企业、合作社等多元生产主体中扮演"布局者""引导者"的角色，在因地制宜设定相应的数字经济项目后，通过针对性的激励机制发挥不同治理主体在数字经济中的治理效能。[1] 在数字生活保障方面，政府则通过战略性引导、制度性监督、规范性保障机制扮演资源有序流动的"保障者"，不仅拓宽了资源流动的渠道，还促进了城乡优质资源的共享。[2] 在数字生态保护方面，学术界指出，应充分发挥数字要素在乡村自然生态与社会生态方面的建设性功能。而政府在数字资源的总体配置中起到优化资源配置的作用，通过优惠政策与人才政策等制度性的引流措施有效促进数字资源的流动。在数字社会治理方面，政府则充分扮演"家长式"角色，通过拨付资金等方式推进乡村的数字基础设施建设，同时自上而下地推动治理决策的智能化转型。[3] 尽管政府在数字乡村建设过程中的作用较为显著，但也存在碎片化治理、服务功能缺位、经济功能越位等问题，其根本原因在于数字乡村中的政府职能界定不清晰。为进一步提高政府治理效能，需要进一步分析与规范基层政府在数字乡村这一新型乡村样态中的角色和功能。有限政府理论则是对这一需求的有效回应。

有限政府理论是以维护公民权利为宗旨，对政府的职能与边界加以理性限制的政府理论。我国学术界对关于有限政府理论的研究主要集中

---

[1] 曲甜、黄蔓雯：《数字时代乡村产业振兴的多主体协同机制研究——以 B 市 P 区"互联网+大桃"项目为例》，《电子政务》2022 年第 1 期。

[2] 苏岚岚、彭艳玲：《数字化教育、数字素养与农民数字生活》，《华南农业大学学报》（社会科学版）2021 年第 3 期。

[3] 沈费伟、刘祖云：《政府在乡村治理中的角色分析——基于有限政府的视角》，《长白学刊》2016 年第 3 期。

在对有限政府理念的现代化解释和发展路径分析两个方面。在理念的现代化解释方面，学术界达成以下共识：第一，有限政府的要义是政府权力、职能、规模和行为方式上的有限，即政府权力必须以公共利益为限、政府规模以公共事务和财政预算为限。第二，有限政府必须受到法律与社会的监督。即政府在权力、职能、规模、行为方式上受到法律和社会的有效制约和监督，在发展路径方面，学者认为要处理好基层政府越位、缺位、错位、选择性治理等角色误区，需要区分市场、社会和政府角色，明确政府职能、厘清政府权力和责任清单。具体而言，一是要求简政放权、放管结合、优化服务，将不属于政府职能范围内的管理权力转移给市场或社会主体，激发市场和社会的活力。二是完善对政府行为的政治监督机制和社会监督机制。一方面，强化法律权威，以宪法和法律制约权力；另一方面，完善开放决策机制，推进政府与社会各主体之间的合作共建。

学术界至少需要具体思考以下问题以更好地构建数字乡村场域中的政府角色框架：政府的作用是否发生改变，是更大了还是更小了？政府的能力是否能与经济社会的发展相适应？政府的边界，即与市场、社会的关系是否发生变化？规范政府治理行为的规范是否发生变化？数字乡村建设将对基层政府角色做出适应于"有限政府"原则的规范。结合数字乡村的发展需求与有限政府理论的理论优势，可以建构理想状态下的数字乡村政府角色框架。在乡村数字生产领域，数字乡村与传统乡村的区别在于乡村"智治"属性的升级，因而乡村本身就蕴含着充分的智力资源，可以较自主地把握乡村发展方向。因此，基层政府在其中扮演"布局者"角色，不仅要求把握整体的方向，还需要在规范数字乡村生产秩序的基础上充分发挥生产主体的生产活力。在乡村数字生活方面，基层政府扮演"保障者"角色，强调"协调"功能。数字乡村对村民的生活保障是革命性的，是资源配置均等化、优质化的系统体现，而这一过程必然摆脱政府单一性的资源供给方式，转而强调社会与市场的资源供给效率。

因此，基层政府发挥协调性功能，正是在数字乡村建设过程中重新处理政府与市场和政府与社会的关系。在乡村数字生态领域，基层政府扮演"倡导者"角色，要求提高资源配置效率。数字乡村建设强调运用数字技术、数字理念转变乡村生态环境的开发方式、开发效率。基于此，村民的数字素养也大幅提升。在数字乡村治理领域，基层政府则从"家长式"角色转变为"服务者"角色。数字乡村治理凭借数字技术构建了多元一体的数字治理平台，强调政府结构扁平化与政社互动便捷化。

三　数字乡村治理的角色误区

（一）数字乡村治理越位

乡村治理以村民自治为核心，村民应当是乡村治理的主体，基层政府更应当扮演"规范者""引导者"的中立性角色。不论是民主恳谈还是村民议事会，都是在乡村现代化过程中对村民自治的进一步优化。数字乡村自然也承载着以数字化升级村民自治的使命。在理念层面，数字乡村建设确实可以通过构建数字化的治理平台，运用网络化优势为村民的治理活动提供更广阔的治理空间、更方便的互动时间和更便捷的交流方式。但是，在个别数字乡村建设过程中，村民不仅没有发挥乡村治理中的主体作用，反而被制度化的设置边缘化，基层政府成为推动数字乡村建设的主力。这就是基层政府在数字乡村建设中的越位表现，具体表现为职能性越位、制度性越位、技术性越位三个层面。

第一，职能性越位是指基层政府在数字乡村治理过程中在一定程度上侵占村民自治组织所应承担的民主决策、民主管理职能。譬如在数字乡村的集体经济发展决策方面，由于基层政府掌握了政策方面的权威性资源、资金方面的基础性资源，乡村社会在经济发展决策方面实际上更倾向于向基层政府妥协。

第二，制度性越位是指在数字乡村治理平台的设计逻辑与现行的平台运用开放程度上所呈现出的政府越位。由于目前的"数字乡村一张图"平台是基于上级政府的治理需求而建设的，其蕴含的制度逻辑也是"自上而下"、以政府部门职能为依据的。当村民想通过该平台反映民意时，整个互动渠道仍然掌握在政府组织的手中。

第三，技术性越位是指由技术壁垒所导致的政府功能溢出的现象。数字乡村建设的本意是将理性的数字技术转变为放大社会话语的媒介，但在实践过程中，由于教育资源、文化传统等复杂因素，技术并没有在数字乡村建设初期就起到理想中的积极作用，反而成为基层政府越位乡村治理的正向因素。

（二）数字生态规范缺位

数字生态是数字化时代下对社会生态理念的进一步诠释，主要包括自然生态保护和社会生态保护两个方面的内容。生态保护在传统的乡村治理过程中占据了较为重要的地位，而在数字乡村建设过程中，数字生态则更考验基层政府对自然生态保护与社会生态保护两个方面的行为与决心。在数字乡村视域下，更好地规范数字生态要求更强调数字技术在生态保护、生态开发方面的积极作用。但在具体实践过程中，数字生态保护存在着重政策倡导、轻资源引流，重自然生态保护、轻社会生态保护的问题。从根本上来说，基层政府在数字生态规范方面的缺位是基层政府未充分重视数字技术对自然生态与社会生态的积极作用、忽视社会生态这一数字化的乡村治理样态的结果。

在规范自然生态方面，当前的数字乡村建设更多地强调理念性的倡导，主要通过一些优惠政策进行宏观的引导，缺乏对先进数字技术的充分挖掘，需要升级传统生态保护方式，优化并创新传统产业。特别是对于高污染、高投入的企业，基层政府并没有建立较为完善的退出机制与负激励制度。在社会生态方面，更加强调社会资源的活化。一方面，需要建设规范的社会网络秩序，让不同主体在接入数字乡村社会网络的过程中可以平等对话，消除信息壁垒，充分掌握市场信息；另一方面，要规范社会资源，在数字乡村建设视域中强化吸引与留住人才的制度。只有将与乡村数字化建设相关的人才引进来、留得住，才能有效促进乡村电商产业、直播行业的持续性发展。

（三）数字民生保障失位

乡村中的民生工程是与村民切身利益紧密相关的、直接影响村民生活幸福感、满足感的治理内容。保障村民民生事业是对村民教育、医疗、交通等需求的有效回应，直接关系着乡村社会的质量。数字民生则是将数字技术作为基础性媒介，提升乡村民生工程的质量，譬如通过互联网技术实现城乡资源的有效统筹，使经济发展、教育水平较落后的乡村地区也可以享受城市的先进医疗资源、教育资源。但在数字乡村建设过程中，尽管基层政府确实在乡村产业发展方面起了较大的作用，但在数字民生工程方面确实存在失位现象。具体而言，这种数字民生保障失位主要表现为村民数字化教育失位、村民数字化医疗失位、村民数字化就业保障失位。

第一，村民数字化教育主要包括村民的数字化素养以及运用数字化技术优化乡村的文化教育设施两个方面的内容。在提升村民数字化素养方面，基层政府的失位主要表现为对村民数字化素养缺失现状的不重视。基层政府在推进数字乡村建设过程中，应将充分发挥村民的自治功能作为核心任务，而其中最重要的是实现村民群体的现代化。但当前基层政府仅仅通过工程性的建设实现了乡村表面的数字化，忽视了村民的数字素养教育工作。在完善乡村数字化文化教育设施方面，由于传统设施的数字化建设需要大量的资金支持，因此，在涉及成果见效慢的民生工程，如数字图书馆、数字文化馆等建设内容时，基层政府会选择延后处理。

第二，村民数字化医疗主要是指通过城乡资源的数字化协同实现医疗资源的统筹互通，村民可以通过可视电话、网络专线等方式实现远程看诊，享受较为优质的医疗资源。但在当前的数字乡村建设中，制度化、平台化、行政化的建设内容占主体地位，而数字医疗作为涉及更多医疗主体、部门主体、市场主体的复杂体系，其建设紧迫程度却被基层政府排在靠后位置。

第三，村民数字化就业是指村民进入数字化的就业市场，从事互联网相关行业，解决就业问题。互联网等数字技术拓宽了村民的就业市场，提供了更多的就业岗位。村民不再需要去城市成为农民工才能获得更多的薪酬，而是可以通过在电商企业等领域工作获得就业岗位。但是当前的电商企业等领域主要依靠引进外来的数字化人才，当地村民仍然难以享受数字化所带来的就业红利。

（四）数字产业监管不足

数字产业是数字乡村发展的强大动力。一方面是运用数字技术推动传统产业的数字化转型，提升科技要素与创新水平；另一方面是基于当地的特色发展资源建设综合体，协同推进文化繁荣和旅游发展。尽管这些产业都获得了较好的成绩，也给农村集体带来了较多的利益，但作为乡村现代化进程中的新鲜事物，其发展逻辑与乡村中的传统逻辑不相吻合。当前乡村的产业监管制度并没有实现较为全面的更新，对数字产业的规范与激励作用不甚有效，因而需要依据当前数字乡村发展的需求与数字化产业的发展规律，重整乡村产业发展的监管体系，实现数字产业的有序、和谐、健康发展。这种数字产业监管层面的不足主要体现为制度与技术协同监管体系缺乏、数字产业选择性监管、缺乏动态产业监管体系。

第一，缺乏制度与技术协同监管体系，实际上是制度与技术分立的低效监管模式。例如,"芯片鱼"的运用就是技术对数字产业监管的有效体现,通过对鱼体内的芯片进行数据分析,可以溯源养殖全过程的信息,实现技术对产业的溯源性监管。但当前的制度性监管并没有跟上技术的发展。一方面,"芯片鱼"的运用范围仍然较小,未能形成普遍性的制度需求;另一方面,制度的重新建构过程往往较为复杂,本身具有较大的阻力。

第二,数字产业选择性监督则是治理主体在监督过程中往往具有主观偏好,会依据产业的活力、利润、规模等因素吸引不同程度的监管注意力。

第三,缺乏动态产业监管体系,这是当前数字乡村治理的瓶颈性难题。"数字乡村一张图"凝聚了乡村治理数字化的理想,但是建设一个数字化的框架性平台不仅仅是基础性工程,最重要的是要将治理平台"搞活",构建动态化的技术体系、引入多元的治理主体、统筹不同部门的治理信息和资源,使其中的数据可以做到及时自主更新,各网络端口可以依据相应的规则取用资源,实现对产业的动态化监管。

四 数字乡村治理的政府定位

如前所述,尽管基层政府在数字乡村建设过程中取得了一定的成果,整体上构建了"平台+制度"的数字乡村治理体系,但也存在数字化建设成果表面化、投入高、缺动力、缺服务等治理问题。从本质上看,因为基层政府未能认清其在数字乡村建设中的角色,所以,产生服务缺位、规划越位、技术失位方面的角色错位问题。归根结底,要构建有限政府的角色观念,需从以下几个角度予以规范:重塑人本主义治理理念,强化政府服务职能;规范政府权力,培育乡村社会共同体,限制政府权力边界;限制政府规模,遵循事本主义治理逻辑,强化整体性建设;完善政府与社会的互动方式,升级技术赋能水平,从形式赋能走向程序赋能,推动乡村社会民主性建设。

(一)转变政府职能,重塑人本主义治理理念

治理理念在政府治理实践中起核心指导作用。人本主义理念是指将"人"放在治理的中心环节,是有限政府角色的核心理念。特别是在基层治理中,需要与民众近距离直接交流互动,更需要把握好民众的意志和诉求,将民众的意志看作基层社会治理的核心考量。在关于农村基层政权的研究中,学者提炼出了诸如"谋利型政权""悬浮型政权"或"脱

嵌式政权"等基层政权模式，这些基层政府介入乡村社会的治理模式由于治理技术、治理结构、治理手段等方面的因素而无法获得有效的治理结果，其本质是因为没有从根本上把握乡村治理的要义，即没有做到以人为本。由于脱离了具体的乡村发展实际，没有充分考虑村民这一乡村主体的意志和诉求，最后的基层社会治理成果与地方实际治理需求不相符合。基层政权在向乡村社会延伸治理触角的过程中，习惯于将本部门的绩效和其他主观利益作为具体的行政指南。因此，基层政府在推动数字乡村建设过程中要遵循人本主义的治理理念，发扬"尤利西斯"精神①，主动扭转自身的价值取向，多询问村民对数字乡村建设的期待，关注乡村公共事务。

重塑人本主义治理理念，最直观的表现是强化政府的服务职能。有限政府要求政府在市场经济活动中扮演诸如裁判员、服务员、管理员等不同的角色，而具体的职能安排则是依据不同的生态环境和文化环境具体把握，以实现政府治理的有效性为目的。在数字乡村建设过程中，乡村数字化基础设施从无到有、从有到优的建设是一项巨大的工程，因而经常吸引村干部和乡镇政府的大部分注意力，导致其对数字乡村社会治理机制建设缺乏关注。数字乡村作为包含数字产业、数字治理、数字生态等多方面的乡村发展体系，如何为乡村治理主体提供更好的服务才是重中之重。对于基层政府而言，必须明确自身在数字乡村建设中的角色，这不仅是建设乡村数字基础设施的主力军，更是优质治理服务的提供者和数字化治理秩序的规范者。在引入市场主体参与数字乡村建设的过程中，首先，要为这些后嵌入的治理主体提供制度保障，包括土地使用权制度、财政扶持制度、市场监管制度等。其次，要充分激发村民自治组织的活力，为村民自治组织提供充分的治理空间，同时以积分制、网格制、考核制等方式动员村民，以此为基层政府了解乡村发展情况、了解乡村公共事务存在的问题提供组织基础。最后，应将乡村的空间（包括市场化平台、治理化平台）和制度（包括激励制度、运行制度、保障制度等）建设得更为包容开放，为乡村村民和新引入的主体构建平等交流、充分沟通的良性互动制度，进而实现数字乡村的可持续性发展。

---

① 在《荷马史诗》中，英雄尤利西斯担心自己受到海妖歌声的诱惑，把自己绑在桅杆上。在这里指代政府主动限制自身的权力，在基层治理过程中克服"自利性"所导致的权力扩张、损害公共利益的弊端。

（二）明确划分政社边界，培育乡村社会共同体

在项目下乡的乡村治理中，基层政府掌握了乡村建设的大部分资源，在资源配置的进程中，基层政府权力也一步步地向乡村社会延伸，并借助数字基础设施的建设，在乡村发展规划、产业发展等方面都逐渐占据了主导权，侵占了村民的自治空间。而由于村民对数字技术并不了解，在基层政府的行政化管理下，乡村自治组织在乡村中的发育程度较弱，无法从社会的角度对基层政府形成有效的约束。正如福山所言，国家过多地介入社会内部会削弱人们进行自组织和协作的能力。[①] 数字乡村强调通过数字技术赋能强化乡村自治水平，提升乡村治理有效性。限制政府权力边界也是调整政府职能、构建数字乡村治理新秩序的有效手段。

一是通过政府内部的自我约束机制限制政府权力边界。基层政府应当改变单纯自上而下的考核体系和行政监督体系，运用数字技术引入村民自治活动。一方面，吸取诸如浙江温岭的民主恳谈会、成都龙泉驿站的村务民主管理办法的自治经验。在涉及乡村公共服务事项、村级资金使用、村级项目建设等治理内容时，通过开展民主恳谈会或通过村民民主表决确定。另一方面，要将数字技术运用到推动村民自治的实践中来。互联网等数字技术可以通过网络化的形式将处于不同地区的村民会聚到同一个虚拟场景中开展对话。这打破了传统民主治理在时间、空间方面的限制，为召集村民开展村务直接讨论与表决提供了便利。因此，在建设数字乡村基础设施的过程中，基层政府也要向村民宣传数字技术对乡村治理的重要作用并开展村民的数字化培训工作，将数字化建设真正落实到乡村治理中。

二是通过培育乡村社会共同体，强化对基层政府行政工作的外部监督机制。基层政府之所以会将行政化的触角伸入乡村社会，一方面是基层政府本身所具有的扩权特征；另一方面是因为当前的社会治理空间存在治理主体缺位、治理空间闲置的情况，为基层政府的扩权提供了空间基础。当前，数字乡村建设除了乡村原本的村民构成的自治组织，还包括在建设过程中引入的创新创业团队、科研院所、生态保护或文化建设类社会组织等主体，多元的社会主体集合到同一片乡村领域中，以推动

[①] ［美］弗朗西斯·福山：《大断裂：人类本性与社会秩序的重建》，唐磊译，广西师范大学出版社2015年版。

乡村数字化、现代化建设为共同目标,因而可以凝聚成为统一的数字乡村社会共同体,构建数字乡村治理新秩序。基层政府在培育这一乡村社会共同体的过程中则扮演着引导者、救火员的角色。一是为不同主体的治理行为设定基本的法律依据,依据乡村以及基层政府掌握的治理资源提出相应的发展方向建议;二是要做好对应不同主体行为特征和风险预警的保障机制,在制度红线之内予以多元主体相当程度的自由限度,而一旦超出了制度限制,基层政府应当立即采取行动予以纠正、惩处。

(三)培育数字乡村人才队伍,提升治理有效性

随着基层政权对乡村治理的渗透,"规范主义"成为村级组织推进乡村治理的基本逻辑,呈现出科层制对程序、标准、量化方面的规范性特征。[①]"规范主义"在基层治理中以事本主义、项目治村、工具主义等治理逻辑为主要特征。基层政府通过向乡村引进项目、规范治理流程、制定精细的考核指标、以"事"为依据发放财政补贴等方式,为村级组织推进乡村治理施加自上而下的组织压力,致使村干部不得不将复杂的村务工作分解为一件件单独的治理事项,同时以规范化、程序化的方式予以解决。这种村级治理的规范化反映官僚机构的行政化治理逻辑在乡村治理视域中的"反策略主义"影响。一方面,村干部确实可以遵循官僚机构的治理逻辑推进乡村社会治理,掌握较为规范的治理技术,呈现出"理性化"的趋势。另一方面,乡村工作往往涉及村民切身利益,具有社会关系、资源网络等方面的复杂性,往往环环相扣、难以单独成事。"规范主义"的乡村治理逻辑与乡村复杂的治理生态并不吻合,导致乡村社会的碎片化治理。因此,基层政府应当依据乡村实际治理需求,发展传统的综合治理模式。当然,这里的综合治理模式与学术界惯用的"策略主义"并不相同。"策略主义"是相对于韦伯所提出的理性官僚主义的治理逻辑而言的,不强调程序严谨化、办事制度化、规范合法化,是基层治理人员应对复杂治理问题的权宜之策,以达成治理目标为准则,在伦理、法制、规范等方面没有具体限制。[②]而综合治理模式则是在吸收先进治理技术的基础上,摒弃"策略主义"无伦理、无规则、无底线的弊病,以整体性的思维实现乡村的有效治理。

---

① 金江峰:《村级组织的"规范主义"运作及其后果分析——基于技术治理背景下的考察》,《长白学刊》2020年第3期。
② 欧阳静:《基层治理中的策略主义》,《地方治理研究》2016年第3期。

当前，地方政府构建了基层治理体系"四个平台"，通过乡村网格员报备、微信公众号反映、政务服务热线、四个平台APP接入等方式向乡镇综合信息指挥室反映基层治理中的问题。尽管如此，在具体的乡村建设工作中，村级组织仍然承接了上级政府事本主义的治理逻辑，降低了乡村治理的有效性。因而，在数字化综合性治理平台建设的基础之上，基层政府更应注重对乡村具体治理逻辑的转变，以有限政府理念为指导，设置适应乡村治理需求的政府规模。在政府机构规模方面，破除"职责同构"的政府机构旧有逻辑，依据乡村实际治理需求，建设与乡村综合性事务相适应的综合性乡村办公室。在政府人员规模方面，依据实际治理需求，配备常驻型、技术型政府工作人员，同时依据各村的实际建设情况与人员情况，设置一支本村的编外治理队伍，更好地解决本土化治理问题。在费用规模方面，依据"以钱养事"建设逻辑，将运用于专事的经费作为财务标准，为乡村综合治理队伍运转提供资金支持。

（四）注重数字乡村特殊性，充分发挥数字技术效能

数字技术对乡村治理存在全方位的赋能作用，是实现数字乡村治理蓝图的关键要素。第一，基于互联网技术、信息与通信技术等的数字APP可以破除村民的时空壁垒，便于集体连线讨论乡村事务的解决方式；第二，基于数字视频处理技术、IP通信技术、光纤通信技术等的水利监测、安全监测等，可以及时发现并上传汇报乡村安全、乡村资源等方面的治理信息；第三，区块链等技术以分布式账本的方式推动乡村治理工作，有利于促进村务监督工作的民主化。此外，诸如直播设备、数字图书馆、数字医疗器械等丰富的数字化设施也为乡村产业发展、乡村文化繁荣、乡村社会保障、城乡统筹等工作的系统展开提供了技术支持。

然而，当前的数字乡村建设仅限于单线的基础设施建设，忽视了对数字技术运用的同步升级。一是因为项目资金限制。上级政府拨付的项目资金仅限于数字治理平台的搭建工作，而要使数字治理平台能以动态的形式运营，则需要额外的资金投入。二是因为村级组织政绩导向的工作逻辑。村干部在接受上级政府的建设任务后，会优先建设成果更为显著的政绩工程，而数字化治理平台无疑是比较亮眼的工作成绩。三是因为乡村社会与现代社会存在一定程度的"脱嵌"现象，即由于城乡区隔的历史因素、缺乏成本保障的制度因素、固守治理逻辑的惯习因素等，传统乡村社会共同体陷入现代化迷失陷阱。

针对上述分析，基层政府在推进数字乡村建设工程中，应重点发挥数字技术对乡村治理内容的程序赋能、对乡村治理主体的素质赋能、对乡村治理秩序的制度赋能，推动数字乡村建设由形式数字化走向内容数字化。在发挥数字技术对乡村治理内容的程序赋能方面，基层政府应充分发挥数字治理平台在乡村电子商务、乡村电子政务方面的信息化功能。一方面，可以通过信息整理与动态发布为乡村经济主体提供精确充分的市场信息，指导经济活动，同时可以将处于不同产业链的经济主体容纳到同一个平台中，为形成经济合作提供技术支持。另一方面，基层政府可以在数字治理平台上发布政务信息、实施管理乡村事务等，构建公开透明的行政制度和民主化的乡村政治参与模式。在发挥数字技术对乡村治理主体的素质赋能方面，基层政府可以通过入户指导数字技术，并且整理优质教育资源到数字化平台上，供乡村各主体学习与交流，提升乡村主体的数字素养。此外，还可以搭建线上的"政商产学研"体系，推动乡村治理主体数字素养的应用化。在发挥数字技术对乡村治理秩序的制度赋能方面，基层政府应当完善数字乡村发展的制度体系。一是完善技术性、规划性人才引流机制，完善以政府项目资金、市场投入资金为主体的资金吸纳机制，完善城乡信息开放共享机制的资源供给制度体系；二是完善村民主动参与乡村事务决策的政务参与机制，完善吸引乡村经济主体投入网络直播、电子商务的技术化经济参与机制，完善养殖业主、种植业主投入数字化生产的农业参与机制等公共参与制度体系；三是将天水地一体的数字化设施与网格化治理机制相结合，完善公开透明、自觉能动、实时动态的监督机制体系，为村民有效参与数字乡村建设提供技术和制度的双重保障。

第二节　数字乡村治理与村民自治组织

一　村民自治组织的主体解读

村民自治组织作为乡土中国的村民自治主体，虽然最初是由村民自己创造出来的一种乡村管理模式，但它得到了国家的认可并已推向全国，因此是当前数字乡村建设时期农村的重要组织力量和制度设计。现阶段关于村民自治组织的概念内涵，学术界尚未给出统一的定义，例如，部分学者将村民自治组织等同于村民委员会；部分学者认为村民自治组织是村民代表大会；还有部分学者将村民自治组织划分为体制内的村民委员会和体制外的各类非正式组织。尽管如此，本书将村民自治组织界定为村民依据国家相关法律，经过民主程序选举出来的，具有自我管理、自我教育、自我服务和自我监督特性的组织体系。[①] 从现实层面来看，我国的村民自治组织的成长和发育是一个长期、渐进的过程，其产生源于权利对权力的制约，是农民群众在权利与权力间博弈的结果。20 世纪 80 年代初广西宜山、罗城开始建立"村民委员会"（有的地方叫"村管会""议事会""治安领导小组"等），1987 年《中华人民共和国村民委员会组织法（试行）》颁布并正式提出村民自治组织制度，标志着村民自治组织开始走向国家法律认可的建设阶段。

2023 年年初，国家陆续印发《中共中央 国务院关于做好 2023 年全面推进乡村振兴重点工作的意见》《2023 年数字乡村发展工作要点》等文件，从夯实乡村数字化发展基础、因地制宜发展智慧农业、多措并举发展县域数字经济等多方面部署了重点任务。村民自治组织作为数字乡村建设的主体，在数字乡村建设过程中不仅能够有效助推乡村产业发展，开拓村民致富渠道，而且能够成为激发村民社会参与、提升村庄民主的重要抓手。正如彭真所言："有了村委会，农民按照民主集中的原则，直接实行民主，这是最广泛的民主实践。"[②] 尽管如此，现实中村民自治组织由于自身角色定位不准确、职权分工不明确、运作机制不顺畅等问题，其优势不能得到有效发挥，且面临着一系列的困境。因此，当前需要重点关注并探讨村民自治组织作为乡村振兴的组织力量，其有效性体现在何处？具有哪些功能效用？现阶段存在哪些治理困境？如何更好地促进村民自治组织的有效治理？这些问题的解决有利于促进数字乡村建设绩效的提高。

二 村民自治组织的治理逻辑

村民自治组织参与数字乡村建设事业之所以有效有四个方面的原因，即村民自治组织角色定位清晰、结构体系健全、整合多元利益以及选拔优秀人才。

[①] 徐勇：《中国农村村民自治》，华中师范大学出版社 1997 年版。
[②] 彭真：《论新中国的政法工作》，中央文献出版社 1992 年版。

（一）村民自治组织角色定位清晰

村民自治组织是连接村民群体与政府、市场以及社会之间的重要纽带，村民自治组织的角色定位清晰有助于促进数字乡村战略的实施。首先，村民自治组织作为政府与农民之间的中介调节人，维持着数字乡村发展的稳定秩序。自国家提出实施数字乡村战略以来，村民自治组织一方面协助乡镇政府处理数字乡村建设中的各项公共事务，减少政府与村民之间不必要的冲突和矛盾；另一方面，集合村民对于数字乡村建设的权益诉求，帮助村民向上级政府反映现实问题。其次，村民自治组织作为农民参与市场经济的代言人，维护村民群众在数字乡村产业发展中的切身利益。在传统自给自足的家庭农业经济下，农民缺乏理性和组织性，一旦自身的利益受到损害，很难及时得到补救和挽回。而在数字乡村建设时期，村民自治组织能够发挥组织的优势作用，不仅能够将农民与市场联系起来，在农民与市场之间搭建沟通合作的治理平台，而且能够使市场充分了解民众的利益诉求，使民众知悉市场的经济需求，从而能够维护农民的合法权益。最后，村民自治组织能够有效达成农民和社会之间的相互理解，使数字乡村发展过程更能够体现和满足农民的利益要求。而社会与农民之间的互动沟通，也有利于村民群体共享数字乡村发展的成果。总之，村民自治组织既有国家力量和市场力量的"外生型"推动，又有农村自治力量的"内生型"需求，这两种力量形成互动，从而实现数字乡村的良善治理。

（二）村民自治组织结构体系健全

长期以来，农民总是作为弱者的形象出现在世人眼前，这是缘于作为社会个体的农民总是以非组织化、分散化、碎片式的个体形式登临社会历史舞台。正如梁漱溟先生所言，中国农民很散漫，组织化程度低，无法形成自组织的强大力量。[1] 在经历了中华人民共和国成立初期、"文化大革命"时期以及社会主义市场经济时期的农村社会的发展，村民自治组织作为基层自治的主要力量，开始在乡村社会发挥经营社会生产、处理公共事务、组织村民活动等作用。尤其是现阶段在数字乡村建设过程中，村民自治组织在维护村民群体合法权益的同时，有效促进了数字乡村的振兴发展。区别于政府组织和其他农村非正式组织，村民自治组

---

[1] 李宁：《乡村自治发展进程中农民自组织能力提升问题的探索》，《学术界》2012年第11期。

织是由农民组成、自我管理和服务的农村正式组织，下设治保委员会、计生委员会等专门委员会，村民代表会议之下设有村务公开监督小组、民主理财小组等机构，有较强的信息收集分析和判断处理能力，能够更好地实现数字乡村建设的治理目标。此外，村民自治组织在数字乡村发展的资源分配和使用上也是以遵循广大村民群众的意志为前提而行使权力，同时还受到村务监督委员会的监管。这样的权力制约监督体系结构，有助于更好地促进数字乡村社会秩序的稳定。

(三) 村民自治组织整合多元利益

在原子化、个体化的社会中，农民组织程度低，缺乏集体行动能力，不能有效地维护自身利益。这是因为：其一，社会中没有畅通的组织化渠道和共同利益平台，因而个体化的农民缺乏组织起来的硬件基础；其二，即使有组织化的平台基础，但由于个体化的农民不愿意放弃狭隘的个人私利追求，而主动放弃了社会组织化的机会。其三，在家族势力、宗族势力以及派性势力的影响下，部分农民要想追求公共利益加入社会化组织团体，也存在各种障碍。① 因此，在传统时代，农民群体很难通过组织化的力量来维护自身利益，作为社会底层的农民群体每时每刻都受到来自各方社会势力的侵害。而新时期建立的村民自治组织是在共同利益的基础上有效地组织起来的，可以做到每个组织成员的利益主张都能在村民自治组织内得到有效的表达、沟通，从而有效地实现了村民自治组织整合组织成员利益的优势。村民自治组织的这种社会公共利益集合和表达机制能够将个体化的农民从自私自利和封闭的血缘或亲缘圈子中解放出来，自由民主地追求社会公共利益，在组织内部充分表达个体利益诉求。村民自治组织的良性运行还能够为数字乡村内部的各类人才（包括农村企业主、乡村能手、知识分子等）围绕村庄代理人的选择而展开合法的竞争选举，在实现农村弱势群体利益组合的同时，也为乡村人才的利益提升创建了组织化的渠道，促进了数字乡村建设的良性运行。

(四) 村民自治组织选拔优秀人才

村民自治组织改变了政府对农村基层进行直接管理和控制的传统做法，其中一个主要标志就是村干部不再是由上级政府部门任命，而是由

---

① 赖晨野：《现代国家建构、农村民主与社会自治——以农村社会组织建构为基点的分析》，《社会主义研究》2010年第3期。

村民选举产生。村民自治组织的核心是要让那些想当村干部又有领导才干的村民脱颖而出，成为村庄带头人，带领村民进行新农村建设。① 这为数字乡村建设过程中一些有能力、有才干的乡村人才成为基层组织的"当家人"提供了机会。在我国广大农村地区，"能人治村"并不是个别现象，特别是在一些经济较发达的地区，这一现象还具有一定的普遍性。"能人治村"在中国农村显示出强大的生命力，有深厚的社会基础和显见的必要性。② 整体上看，通过村民自治组织的民主选举所产生的乡村人才具有以下共同特点：文化素质较高、有见识、有能力、懂政策，比普通农民具有更敏锐的头脑、更强的权利意识和社会参与意识。他们内生于农村草根社会，来源广泛、人数众多、散布在广大的农村地区，其中有致富能人、返乡农民工、大中专毕业生、退伍复员军人以及回乡定居的离退休干部、职工等，他们在农村社会生活中非常活跃，有较强的组织动员能力，在农村社区之外也有着比一般农民大得多的人际关系等社会资源，有利于成为农民利益群体的代言人，促进数字乡村的健康发展。

三 村民自治组织的治理功能

随着国家数字乡村战略的不断推进，村民自治组织在数字乡村建设实践中的地位不断提升，并且凭借其在乡村社会丰富的治理资源，发挥着提供公共服务、降低治理成本，调解民间纠纷、维护乡村秩序，保护集体财产、促进经济发展的作用。

（一）提供公共服务、降低治理成本

在社会转型时期，社会结构面临着利益分化的困境，农民群体对于公共服务的需求也呈现出越来越多元化和复杂的特点。尽管政府理应在公共服务供给中扮演主要角色、发挥主导作用，但是由于存在政府失灵的威胁，再加上村民自治组织在乡村社会中有着天然的治理优势，因此，我们也应发挥好村民自治组织提供公共服务、降低治理成本的功能。现实中，村民自治组织在数字乡村实践中联合其他各类村庄非正式组织，为乡村社会和村民提供更多的公共服务。此外，村民自治组织自主参与数字乡村的公共服务供给，必然与政府在农村公共服务的供给上展开竞争，这将提高公共服务的供给质量，从而促使政府制度创新，实现数字

---

① 沈费伟、刘祖云：《精英培育、秩序重构与乡村复兴》，《人文杂志》2017年第3期。
② 张扬金：《村治实现方式视域下的能人治村类型与现实选择》，《学海》2017年第4期。

乡村公共效益的增加。有学者研究发现，由村民自治组织来提供公共服务，具有政府与市场两种组织形式所不可比拟的优势。这缘于村民自治组织产生于农村社区内部，扎根于基层，能够更深刻地了解农民的切实需要，针对需要提供公共服务。[①] 作为政府组织在农村公共服务供给中的重要补充，村民自治组织在满足广大村民的公共服务需求的同时，能有效降低数字乡村的治理成本，促进乡村社会的和谐发展。

（二）调解民间纠纷、维护乡村秩序

传统乡村社会有许多不良的社会现象，包括赌博、打架斗殴、盗窃等，村民自治组织的推行使经民主选举产生的村干部借助村规民约解决赌博、偷盗、抢劫斗殴等问题，避免矛盾的激化和蔓延，促进乡村社会的和谐稳定。[②] 改革开放以后，面对乡村社会频频出现的赌博、盗窃、迷信活动等秩序失范问题，基于自愿、平等原则构建的村民自治组织对农村各种违法和不道德的行为进行严厉打击，有效整合并表达群众的利益诉求，实现了村民的自我保护。而在当前的数字乡村建设时期，村民自治组织能够达到调解民间纠纷、维护乡村秩序的功能价值。上述村民自治组织功能的发挥离不开正确的角色定位。一方面，在数字乡村建设过程中，村民自治组织在政府与农民之间搭建了沟通平台，更好地将村民对数字乡村的利益诉求反映给政府部门，从而避免了由信息不对称带来的权利侵害问题。另一方面，村民自治组织能够将政府最新的有关数字乡村建设的政策和法律法规信息传递给村民，从而为村民了解数字乡村建设内涵提供了渠道。简言之，村民自治组织在数字乡村建设中通过联系和加强村民与政府部门之间的信息交流，有效地促进了数字乡村社会秩序的稳定和振兴发展。

（三）保护集体财产、促进经济发展

基于社会主义初级阶段的基本国情和复杂的国内外环境，加之新型农村集体经济仍处于转型发展的初步探索阶段，当前乡村经济发展还有一些困境亟待关注和解决。[③] 党的二十大报告提出，要巩固和完善农村基

---

① 张晓军、齐海丽：《新农村建设中农村民间组织的角色探讨》，《学会》2008 年第 2 期。

② 刘宁、黄辉祥：《组织维稳与集体失范：农村社会组织角色冲突分析》，《东南学术》2015 年第 3 期。

③ 李文嘉、李蕊：《新型农村集体经济发展的现状、问题及对策》，《人民论坛》2023 年第 15 期。

本经营制度，发展新型农村集体经济，赋能乡村振兴。尤其是国家数字乡村战略的实施，极大地拓展了农村集体经济的收入来源，因此，保护农村集体经济就成了村民自治组织的作用和功能。在数字乡村建设过程中村民自治组织应当积极支持本地村民借助互联网技术的优势大力发展农村电子商务产品，从而提升村民群众的财富创收。与此同时，村民自治组织也需要密切结合本地农村发展实际，积极引进市场企业发展的各种形式的合作经济和其他经济。村民自治组织的建制精神在于鼓励村民以个人或组织身份进入乡村经济领域，参与农村经济的发展并对日益变化的市场环境做出积极应对。村民自治组织的推行在促进提高农民的经济发展意识和公平守法素质的同时，也促进了数字乡村的整体经济发展。

四 村民自治组织的发展困境

从当前我国村民自治组织参与数字乡村建设的实践来看，由于受政治层面的行政倾向严重、自治属性偏弱，组织层面的结构体系涣散、调控能力失衡，经济层面的治理资源缺失、有效参与不足等因素限制，村民自治组织难以有效发挥其应有的治理功能。

（一）行政倾向严重、自治属性偏弱

自村民自治组织建立以来，有关村民自治组织行政化的问题就一直是制约村民自治组织规范运作的突出问题。在实际运行中，村民自治组织与基层政府之间经常出现乡政府的过度干预和村民委员会的附属行政化的问题，具体表现为基层乡镇政府对村民自治组织进行选举干预、活动介入、发展主导、行政控制等，而村民委员会仅沦为基层乡镇政府的附属。[1] 近年来，随着社会主义新农村建设步伐的加快，尤其是数字乡村建设时期的来临，基层乡镇政府对乡村社会的管理逐渐步入法治轨道，村民自治组织面临的行政压力也相应地有所减轻。但是在具体的数字乡村建设政策执行过程中，基层乡镇政府依旧沿用传统思维，习惯将村民自治组织作为自己的下属部门，以命令的方式让村民自治组织执行任务。[2] 尽管《中华人民共和国村民委员会组织法》作为调节基层乡镇政府管理与村民自治组织关系的主要法律，但其只是简单地规定基层乡镇政

---

[1] 于水、陈春：《乡村治理结构中的村民自治组织：冲突、困顿与对策——以江苏若干行政村为例》，《农村经济》2011年第9期。

[2] 黄辉祥、刘宁：《村民自治的治理功能提升：自治组织培育与自治体系构建》，《当代世界与社会主义》2010年第3期。

府对村民委员会的工作给予"指导、支持和帮助",村民委员会"协助"基层乡镇政府开展工作,在具体的村民自治组织和政府部门的权责上缺乏清晰的界定,因此在实践中很难操作。村民自治组织的行政化削弱了村民自治的自主性,致使村民自治组织权利被"悬空"和"虚置",不利于数字乡村的和谐发展。

(二)结构体系涣散、调控能力失衡

社会主义市场经济体制建立以来,促进了中国经济社会的快速发展,但是也带来了许多社会问题,其中包括大量农村青壮年人口纷纷离开乡村进入城市务工生活,由此导致农村的人才空心化问题。现实中多数农村青壮年劳动力选择外出打工,只留下以妇女、孩子和老人为主体的所谓"386199部队"。[①] 近年来,在国家乡村振兴战略的助推下,虽然部分"城归"青年选择返乡工作,但是目前广大农村地区依旧处于人口流失的状态,无法为建构强有力的村民自治组织提供组织支撑与人员保障。再者,由于传统小农意识的影响和村民利益分配的问题,在许多村庄仍然存在着村主任与村支书的矛盾问题。尽管国家也在部分地区试点村支书与村主任"一肩挑"的模式,但是,从实际运行来看,由于受到乡村体制机制的约束和保障制度的缺位,村民自治组织的体系依旧处于涣散状态,效果并不理想。村民自治组织体系的权力制衡性并未很好地得到实现,经常出现村民会议与村民代表会议的失衡、村委会与村民小组的断裂、权力机构与工作机构的矛盾等问题。由此,村民自治组织陷入了能力困境,威胁着数字乡村社会秩序的稳定。

(三)治理资源缺失、有效参与不足

村民自治组织内生于乡村社会,不隶属于正式体制范围之内,因此,既不会有大量的政府财政拨款,也很少有政府服务外包的项目资金,缺乏治理资源。另外,据有关专家估计,全国乡村债务总额为6000亿—10000亿元,占我国财政收入的30%—50%,[②] 而且村民自治组织承担着整个村庄的政治、经济、文化、计生等工作。因此,巨大的工作压力阻碍了村民自治组织对村庄绩效的提升。当前村民自治组织缺乏治理资源,自身能力薄弱。一方面,村民自治组织既承担着政府下派的政务,又承

[①] 沈费伟、刘祖云:《村庄重建的实践逻辑与运作模式——以湖州市荻港村为例》,《南京农业大学学报》(社会科学版)2017年第2期。

[②] 袁金辉:《中国乡村治理60年:回顾与展望》,《国家行政学院学报》2009年第5期。

担着乡村自身的村务，面临的考核要求也越来越高，但是，村庄的组织化程度依旧不高，村民自治组织在村庄中的动员能力不足。另一方面，村民对国家乡村振兴目标和数字乡村建设的过高愿景与村民自治组织自身发展的资源短缺之间的矛盾阻碍了乡村社会的可持续发展。村民自治组织面临着治理资源缺失、有效参与不足的难题，直接影响了村民自治组织在村民群体中的良好形象，阻碍了村民自治组织治理绩效的提升，极大地削弱了村民自治组织在数字乡村建设中的权威性地位与村民的合法性期盼，不利于村民自治组织的良性运行。

五 村民自治组织的提升策略

在社会转型及制度变迁的历史条件下，村民自治组织是农村社会发展的必然选择。针对上述村民自治组织在数字乡村建设中存在的问题，现阶段，唯有合理划分治理边界、明确角色定位，构建村庄组织体系、增强组织能力，促进乡村经济建设、提高村民参与能力，才能实现村民自治组织的有效治理，实现农村社会的繁荣稳定。

（一）合理划分治理边界、明确角色定位

在数字乡村建设时期，政府作为单一的农村社会管理主体，已然无法适应农村社会结构调整的现实需求，因此，必须理顺政府与村民自治组织之间的权责关系。对于政府组织而言，关键的问题不是政府要不要干预村民自治组织发展的问题，而是怎么干预、干预的边界等问题。因此，在村民自治组织发展中，政府部门支持村民自治组织发展应该始终遵循两大原则：一是民主性原则，即政府在支持村民自治发展过程中要以一种平等的心态来扶持；二是制度性原则，是指政府应该在制度建设方面支持村民自治组织发展。[①] 政府在推进村民自治组织中的作用应主要体现为规范引导、政策扶持、监督管理、维护整合，保障村民自治组织依法开展各项活动。对于村民自治组织而言，村民自治组织既可以弥补政府功能的不足，适应农民的社会需要，又可以有效抵制政府组织侵犯公众利益的行为。[②] 事实证明，只有提高农民的自治组织能力，才能实现广泛的合作，从而构建和谐的农村社会生产与生活秩序。

[①] 王曙光：《论新型农民合作组织与农村经济转型》，《北京大学学报》（哲学社会科学版）2010年第3期。

[②] 贺雪峰：《组织起来：取消农业税后农村基层组织建设研究》，山东人民出版社2012年版。

(二) 构建村庄组织体系、增强组织能力

村民自治组织的结构不健全与功能性缺失是导致当前数字乡村建设过程中诸多问题的关键原因，因此，优化村民自治组织结构、完善村民自治组织功能，是促进农村现代化的必然要求。在完善村民自治组织结构方面，针对当前许多村庄中的村"两委"（村支部书记与村主任）之间存在矛盾的问题，应从制度上合理划分村级党组织和村民自治组织的职权范围。要在当前村支部书记与村主任"一肩挑"的基础上，继续加大完善对村支部书记的权力约束机制，同时协同其他村委会委员共同承担起数字乡村建设的重任。在数字乡村建设过程中要充分发挥村民自治组织在农村集体经济方面的推动作用，积极争取政府在人才、资金、技术等方面对农村反哺的优势，将其转化为乡村内生发展的动力，努力化解农村公共设施建设"最后一公里"的问题。特别是历史发展底子薄、债务多的村庄，村民自治组织要在健全组织体系的基础上，不断加强组织能力建设。除了充分发挥好村民自治组织的组织基础，还需要多元的村庄公共组织，协助村"两委"管理村庄，以提高村民自治组织有效治理的绩效。

(三) 促进乡村经济建设、提高村民参与能力

在数字乡村建设实践过程中，要增强村民自治组织的自治能力和服务能力，促进乡村经济建设，更好地培育和壮大村民群众的参与能力和发展意识。由于村民自治组织源于乡村社会内部，其生命力最终取决于乡村社会内部对乡村自治组织的需求以及国家权力对于村民自治组织的培育能力。[①] 因此，国家行政力量的推行有利于村民自治组织体系的建构，但其必须符合农民群众的需要及承接能力。这就要求政府部门积极引导和扶持村民自治组织的成长，既要在资源上给予支持，还应加强相应的法律法规建设，避免政府的过度行政干预，确保组织的自主性。同时，村民自治组织应积极探索发展农村集体经济的新路径，优化集体资源配置，创新农村集体经济的发展方式，一是进一步巩固和完善以家庭承包经营为基础、统分结合的双层经营体制；二是积极发展股份合作制经济，把农民劳动合作与社会资本、技术、管理合作结合起来；三是大力发展新型合作经济，引导乡村集体与专业大户等开展合作。另外，村

---

① 刘宁：《村民自治组织体系的建构：组织培育与体系重构——论村民自治组织体系的生长逻辑、发展限度与建构路径》，《晋阳学刊》2013年第4期。

民自治组织还需通过筹集资金、分期偿还等多种途径彻底根除长期以来形成的村庄债务沉重的问题，并且结合农村社会的特点，加强农民参与权的保障以及农民参与、合作意识的培养，最终提升农民参与合作的能力，为数字乡村建设奠定坚实的组织基础。

第三节 数字乡村治理与乡村秩序重构

传统乡村社会受到各种社会关系、组织制度、社会规范的制约，有着有序的社会结构和稳定的社会秩序，不仅是我国经济活动和社会良性运行的基本条件，也是实现有效的社会控制和良善治理的基础。然而，随着现代化的冲击和激进城镇化的扩张，维护传统乡土社会发展的礼俗、道德、伦理等因素逐渐消失，数字乡村社会秩序不断解构，整个农村呈现出衰败的危险。① 现阶段乡村社会的经济发展乏力、基层组织涣散、乡土文化消失、公共服务供给不足、生态环境持续恶化等问题困扰并阻碍着乡村社会的可持续发展。综观这些问题可以发现，其实质反映的是我国乡村社会依旧处于失序的状态。因此，如何构建起合理、稳定的数字乡村社会秩序成为目前乡村振兴的主要任务，也是我国推动社会主义新农村建设的内在要求。

一 乡村秩序建构的理论剖析

所谓秩序，其本义是指事件的发生具有规律的顺序和模式，它是人类社会为克服冲突和混乱而力图实现的一种社会状态。在此基础上，贺雪峰将数字乡村社会秩序理解为农村社会结构要素之间平稳有序的互动，乡村社会处在相对稳定和均衡的状态。数字乡村社会秩序大致包括五个方面的内容，即获得经济协作、保持社会道德、抵御地痞骚扰、一定程度上抗衡乡镇的过度提取和保持村干部在主持村务时的公正与廉洁。② 显然这种界定是在经验直观层面理解"秩序"。而深入审辨则不难发现，与其说这些是秩序本身的内涵，毋宁说是秩序的功用。上述表述依然没有

---

① 沈费伟、刘祖云：《村庄重建的实践逻辑与运作模式——以湖州市荻港村为例》，《南京农业大学学报》（社会科学版）2017年第2期。

② 贺雪峰、仝志辉：《论村庄社会关联——兼论村庄秩序的社会基础》，《中国社会科学》2002年第3期。

阐明乡村秩序究竟是什么，笔者认为，对于乡村秩序的界定应该是相对而言的，例如，从国家与社会关系的视角，乡村秩序可以指代国家与社会之间的关联方式、国家对社会的介入程度以及乡村社会的利益组织化方式；从道德秩序的视角，乡村秩序可以理解为一整套的观念体系、规范体系以及相关的符号、仪式、组织和设施。①

数字乡村社会秩序主要是由国家和农村社会的二元整合实现的，可以通过农民个体行为和社会整体状况两项指标进行评估。一般而言，均衡的乡村秩序，从个体层面讲，意味着农民较少的越轨行为，特别是较少针对国家的不满与反抗行为；而从整体层面讲，意味着社会的有序而非无政府状态。②数字乡村社会秩序建构与农村可持续发展不仅关系到我国亿万农民的切身利益，而且事关整个中国社会秩序的稳定，对于促进乡村社会繁荣、缩小城乡区域差距、实现国家治理现代化都具有重要意义。因此，长期以来备受学术界、政界和新闻媒体的关注与重视。纵观已有的乡村秩序与乡村振兴研究的成果，学者从历史学、政治学、社会学等多元化的学科视角进行了重点考察和深入探究。

第一，历史学视角。学者主要从传统乡村社会的道德伦理效用、政府角色扮演等方面来关注和研究中国数字乡村社会的秩序问题。梁漱溟先生认为，传统中国社会是伦理本位的社会，在这个共同体中，村民的道德主张和伦理关系约束着人们的交往行为，维系着乡村秩序的良序进行，实现了农村社会的相对稳定。③而秦晖的研究则对传统乡村的"国权不下县，县下惟宗族，宗族皆自治，自治靠伦理，伦理造乡绅"的认识范式提出了挑战。在他看来，传统中国乡村社会并非处于"无政府状态"，相反，政府在数字乡村社会秩序建构中发挥了重要作用，有利于减少甚至避免乡村社会的混乱和动荡局面的出现。④从传统乡村人才和农村秩序建构的角度出发，张仲礼探讨了士绅阶层在数字乡村社会秩序建构中的角色和作用。⑤他认为，传统士绅阶层在乡村社会中扮演着政府官员

---

① 贺雪峰：《论乡村社会的秩序均衡》，《云南社会科学》1999年第3期。
② 贺雪峰：《论乡村社会的秩序均衡》，《云南社会科学》1999年第3期。
③ 梁漱溟：《中国文化要义》，上海人民出版社2011年版。
④ 秦晖：《传统中华帝国的乡村基层控制：汉唐间的乡村组织》，《中国乡村研究》2003年第1期。
⑤ 张仲礼：《中国绅士——关于其在19世纪中国社会中作用的研究》，李荣昌译，上海社会科学院出版社1991年版。

与乡村百姓之间的中介人的角色,这种"半官半民"的双重角色身份对于维护传统乡村社会秩序具有重要的作用。

第二,政治学视角。学者主要运用国家与社会关系的理论框架来研究中国乡村政治结构及秩序的变迁,其研究大抵围绕何种乡村秩序符合农村发展真实需求的问题展开,旨在通过公共权威构建稳定的乡村秩序。于建嵘通过对岳村一个多世纪的政治关系、权力体系、政治控制、政治参与和政治文化的变迁过程进行客观的描述和分析,论证了转型期中国乡村政治发展的过程和特征,提出了建构稳定乡村社会秩序的重大意义。① 基于我国乡村社会转型的时代大背景,徐勇在对历史与现实、理论与逻辑的双重把握的基础上,认为实行"县政、乡派、村治"的乡村秩序结构能够使乡村社会中的权、责、能相对均衡,符合乡村社会转型的要求。② 沈延生则提出"乡治、村政、社有"是一种高效率、低成本的新型乡村秩序格局,对于中国的政治发展和农村产业化、现代化和城市化都具有重要意义。③ 在客观批判以往改革基层治理结构的观点忽略了农村基层治理在统筹城乡发展中的重要作用的基础上,郑风田等的研究表明,"强县政、精乡镇、村合作"是促进乡村经济发展、维护农村社会秩序的新型治理模式。④

第三,社会学视角。学者主要关注村庄内部社会结构状况、宗(家)族因素、公共空间、文化建设等对于乡村社会秩序生成与维护的影响,论证了构建乡村社会秩序对于促进和实现农村社会发展的重要意义和价值。贺雪峰从社会关联角度剖析了村庄秩序生成的社会基础,即村庄秩序的内生获得要依赖于村庄内部人与人之间的联系。⑤ 肖唐镖等从宗族发展的角度探讨了宗族势力与乡村秩序构建的关系,并在考察江西宗族情况时提出,宗族势力的发展已经成为影响农村社会稳定的一种破坏性力量。⑥ 曹海林在考察村落公共空间与村庄秩序重构的基础上发现,当前乡村社会的整合不再是主要建立在外部的"建构性秩序"基础之上,而是

---

① 于建嵘:《岳村政治:转型期中国乡村政治结构的变迁》,商务印书馆2001年版。
② 徐勇:《县政、乡派、村治:乡村治理的结构性转换》,《江苏社会科学》2002年第2期。
③ 沈延生:《村政的兴衰与重建》,《战略与管理》1998年第6期。
④ 郑风田、李明:《新农村建设视角下中国基层县乡村治理结构》,《中国人民大学学报》2006年第5期。
⑤ 贺雪峰:《论社会关联与乡村治理》,《国家行政学院学报》2001年第3期。
⑥ 肖唐镖、幸珍宁:《江西农村宗族情况考察》,《社会学研究》1997年第4期。

更多地依靠乡村社会内部形成的"自然性秩序"。[①] 赵霞则赋予传统乡村文化独特的秩序意义,提出内生于乡村共同体的乡村文化既以生态智慧承担着建设美好家园的"生活秩序",也以道德交往维系着心灵家园的"精神秩序",更用约定俗成的非制度性规范形成人们的"自觉秩序",规范和约束着人们的行为,维护着农村社会的稳定和发展。[②]

总体而言,当前学术界对乡村秩序与农村发展的议题进行了深入的探索,并且取得了较为丰富的研究成果,对于深化乡村振兴、推动数字乡村社会秩序构建的理论研究具有重要的启示意义。尽管如此,已有研究对于乡村秩序在数字乡村治理中的作用和价值研究还比较薄弱,绝大多数成果都还停留在罗列事实和收集材料层面上,做简单论断的多,做深层理论分析的较少。此外,数字乡村建设作为一个重大的议题,涉及经济、政治、文化、社会、生态、法治等众多内容,需要寻找一个有力的抓手,明确乡村振兴的真谛。而乡村秩序的构建正是实现数字乡村有效治理的关键。因此,本书从乡村秩序重构与农村社会发展的角度出发,通过理论阐述论证数字乡村社会秩序构建对于乡村振兴的作用意义,具有重要的学术价值和思想启示。

二 乡村秩序与数字乡村治理

首先,从政策逻辑来看,党的二十大报告指出全面建设社会主义现代化国家,最艰巨最繁重的任务仍然在农村。加强和改进乡村治理是实现乡村全面振兴、推进国家治理体系和治理能力现代化的重要任务和必然要求。《中共中央 国务院关于实施乡村振兴战略的意见》也曾多次强调,加快推进乡村治理体系和治理能力现代化建设,建立健全党委领导、政府负责、社会协同、公众参与、法治保障的现代乡村社会治理体系,坚持自治、法治、德治相结合,确保乡村社会充满活力、和谐有序。由此可见,治理有效是数字乡村治理的基础,也是数字乡村治理最关键的着力点。当前,中国农村面临着深刻的治理危机,要建立有效的数字乡村治理体系,首先就是要构建法治型数字乡村社会秩序,即用法治的理念、文化的方式回应乡村社会各种利益诉求、解决利益矛盾、调节利益

---

① 曹海林:《乡村社会变迁中的村落公共空间——以苏北窑村为例考察村庄秩序重构的一项经验研究》,《中国农村观察》2005年第6期。
② 赵霞:《传统乡村文化的秩序危机与价值重建》,《中国农村观察》2011年第3期。

关系，从而为乡村振兴战略的推进发挥作用。

其次，从实践需求来看，乡村振兴战略能否取得良好绩效的关键因素之一在于是否能够构建合理有效的数字乡村社会秩序，从而实现国家对乡村社会力量的保护和培育。当前乡村社会中存在的多重困境使数字乡村治理秩序的构建压力颇大，在一定程度上约束了乡村社会的长远发展。在此情境下，现阶段解决中国的"三农"问题，实现乡村振兴，单纯从政府支持农村、工业反哺农业、城市带动乡村的单方面的外力拉动是远远不够的。换言之，如何发挥培育乡村秩序的内生动力，即通过建立以乡村公共服务为核心的社会化服务体系，在协调各方利益的基调下，实现乡村民主机制的创新和村级治理主体框架的耦合是至关重要的。[1] 只有真正建构起乡村内生发展的秩序机制和国家支持的外生发展的秩序机制，才能维持数字乡村社会秩序的稳定，以此保证乡村振兴目标的顺利实现。

再次，从理论依据来看，在著名社会学家费孝通描述的乡土社会中，乡绅是乡村治理的主体，乡约是乡村治理的制度保障，宗族是乡村治理的组织载体，它们共同维系着乡村公共秩序的有序运行。而在乡村振兴时期，我国乡村秩序的现代性构建同样是寻求一种乡村公共秩序的建立，这种公共秩序既能保障个人权利，又能维护公共利益。[2] 在具体的乡村秩序建构方面，有学者提出，乡村振兴战略目标的实现需要乡村秩序的有效支撑，具体的实现路径包括由国家力量主导的新型城镇化建设，由知识分子和新乡贤主导的新乡村建设以及由草根力量自发的基层自治。[3] 因此，为了提升乡村振兴绩效，我们需要在现代乡村社会中构建一种以公民权利和乡村主体性为基础的、依据公共规则治理的现代乡村公共秩序，从而真正实现乡村的可持续发展。

最后，从历史维度来看，历史视野下的乡村社会作为国家政权的基础，主要发挥着维护统治秩序、生产与输送物质资源和社会资源的功能。尽管中国传统乡村社会管理的主要性质是通过奴化百姓来实现安定乡

---

[1] 董运生、张立瑶：《内生性与外生性：数字乡村社会秩序的疏离与重构》，《学海》2018年第4期。

[2] 王晓娜：《乡村治理秩序：历史梳理与现代构建》，《中共福建省委党校学报》2017年第12期。

[3] 张秀梅：《社会保育：一个乡村秩序建设的新思路》，《浙江社会科学》2016年第9期。

社会、巩固封建统治的目的。① 但是，不可否认的是，传统时代的乡村社会管理实现了维持基层社会的总体稳定。② 直到近现代，伴随着城乡土地和户籍制度的变化、宗族制度和乡规民约的弱化、科举制度的废除等因素，乡村社会开始出现失序问题，逐渐引发乡村社会的衰败与萧条。良好的乡村社会秩序表明了社会关系中各方力量的和谐关系，这不仅是数字乡村建设和发展的需求，也是国家和政府努力追求的政权建设效果。因此，在当前乡村振兴时期，我国乡村社会重建的关键在于重塑数字乡村社会秩序，以此保证乡村社会的和谐稳定发展。

三　乡村秩序失灵的具体表现

当前农村社会整体呈现出萧条的景象，充斥着各种社会问题，譬如社会经济纠纷、价值观念冲突、文化建设淡化、生态环境污染、公共设施匮乏等，影响着乡村社会的良性发展。这些乡村社会问题主要反映在数字乡村社会秩序的失灵方面，具体表现为治理秩序失灵、组织秩序失灵、道德秩序失灵、经济秩序失灵以及法律秩序失灵。

（一）治理秩序失灵：治安问题严重，危害村民权益

随着改革开放的不断深入和城镇化建设的快速发展，农村劳动力大量流向城市，直接导致村庄人口的"空心化"和家庭的"空巢化"现象，一方面，降低了传统家庭的自防能力，助长了犯罪分子的作案动机；另一方面，许多农村青少年由于缺少父母管教和正确引导，容易走上违法犯罪道路。当前，乡村社会的治安问题类型多样，大致有抢劫、盗窃财产等各种刑事案件，打架斗殴等各类治安案件，因征地拆迁、财产分配、土地承包等各种矛盾引发的群体性事件，家庭婚姻、赡养老人等民事问题以及其他问题。这些治安问题处理难度大、复杂程度高、专业性强，而现阶段城乡警务力量失衡，农村治安专业力量不足，进而造成城乡社会治安秩序混乱。③ 农村社会治安问题最大的危害是影响乡村治理秩序的稳定。传统乡村所形构的"熟人社会"，崇尚简单的社会生产方式和稳定

---

① 陈洪生：《传统乡村治理的历史视阈：政府主导与乡村社会力量的对垒》，《江西师范大学学报》（哲学社会科学版）2006年第3期。
② 沈费伟：《传统国家乡村治理的历史脉络与运作逻辑》，《华南农业大学学报》（社会科学版）2017年第1期。
③ 李春勇、魏来：《中国乡村治安治理结构变迁及其逻辑》，《中国人民公安大学学报》（社会科学版）2022年第3期。

的生活交往方式，而乡村治安问题的凸显造成了传统乡村社会治理秩序的失灵，给当前社会主义新农村建设带来了巨大的阻力。

（二）组织秩序失灵：基层组织涣散，管理职能缺失

农村基层组织本应在乡村社会发挥领导核心的作用，但现实的情况是，由于基层组织缺少经费、资源等基础条件，农村基层组织不能有效地将农民群众组织起来，因而也无法很好地代表和保护村民的合法权益。农村基层组织秩序的失灵还突出地反映在作为组织成员的村干部的身上，主要表现在以下三个方面：第一，由于大量青壮年劳动力外出务工，农村只留下年龄偏大、文化程度偏低的村干部，这些村干部中大多数思想保守、观念陈旧、惯用老方法和老经验来处理新生的农村公共事务，从而降低了他们的工作绩效；第二，据调查发现，许多村庄中的村"两委"之间存在矛盾，围绕农村公共治理权力、经济利益、名声地位等方面展开竞争，不能有效地为村庄的公共利益协同合作、出谋划策；第三，许多村庄的农村集体经济收入薄弱，甚至有些村庄已经沦为"空心村"，更加降低了村干部的工作积极性和主动性。因此，现阶段农村基层组织失序、村干部的管理职能缺失，使党和政府在农村的各项政策不能得到很好的贯彻执行。而随着社会的发展，乡村社会的工作任务、环境压力、社会矛盾更加繁重、复杂，对于村干部的工作能力、身体精力、时间投入要求更高，数字乡村社会的发展受到严重的影响。

（三）道德秩序失灵：村民素质滑坡，社会资本淡化

当前，数字乡村社会中的传统价值观、道德信仰、生活习俗和社会关系正在逐渐受到破坏，出现了村民道德素质滑坡等现象，这是市场经济带来的结果。此外，由于市场经济大潮的影响，人们在进行道德选择的过程中，开始更多地权衡自身的利益，从而无形中把道德利他性和自身利益的矛盾扩大化，导致道德行为倾向的弱化，引发了村民的道德素质滑坡，进而淡化村庄社会资本，最终造成道德秩序出现失灵。乡村社会道德秩序的失灵既不利于广大农民思想道德素质和文化生活水平的提高，也会影响农民思想道德建设，阻碍社会主义新农村建设的速度，容易引发各种农村矛盾，危害到乡村社会的秩序稳定与和谐发展。村民在缺乏道德秩序引导的情况下也容易导致人生价值取向的功利化，缺乏社会责任感，对于村庄公共事务决策参与度低，对数字乡村的集体公益事业不关心，最终可能会丧失数字乡村社会的主体性地位。

(四)经济秩序失灵:经济发展滞后,乡村债务沉重

在中华人民共和国成立初期,政府就制定了偏向城市发展的工业化政策模式,利用工农产品的价格"剪刀差",实行农业哺育工业、乡村支持城市,致使我国乡村社会的经济发展受到了极大的阻碍。① 特别是20世纪90年代中期以来,由于受到市场化、城市化以及工业化等对乡村社会的冲击,传统乡村的低附加值农产品根本无法与城市的工业产品竞争,再加上农业税收、不等价交换原则的影响,农村处于更加不利的地位,农民的经济收入日益减少。乡村经济发展的滞后、农业基础的薄弱都表明其无法给予农村集体经济发展有力的支持,最终形成了较大的乡村债务,一定程度上引发了乡村社会经济秩序的失灵。当前,乡村经济发展滞后、农村集体经济收入偏低,难以支撑和执行国家建设新农村政策的经济基础,因此,现实中许多乡村只能依靠政府资金补助来开展乡村的公共基础设施建设。然而,在缺乏内生机制的乡村,仅靠政府外力的支持,只能够解决前期建设问题,而后续的基础设施管护和运营依旧没法得到很好的处理,由此,乡村公共基础设施"最后一公里"的问题经常发生,甚至危害到乡村社会的稳定秩序。② 另外,乡村经济秩序的失灵,村民收益的薄弱,也引发了20世纪90年代以来农村年轻人大规模进城务工经商的问题,大量农村劳动力从农业中释放出来,农业只能由留守在村庄的老年人和妇女承担,更加弱化了乡村的经济生产能力,直接导致乡村的凋敝。

(五)法律秩序失灵:村干部腐败频发,治理危机凸显

村干部不仅是农民群众的"主心骨",也是党和政府治国理政在乡村社会的"执行人"。少数村"两委"凭借自身权力在乡村事务管理过程中以权谋私,形成特有的腐败现象。③ 这种腐败现象的反复出现,其背后有着深刻的社会根源。首先,在基层公共治理中,村干部理论上不掌控公权力,但实际上又在基层利益配置中起到举足轻重的作用,有着较大的寻租设租空间;其次,村干部作为理性经济人,有着强烈的经济动机,

---

① 沈费伟:《社会技术分层视野的村庄复兴》,《重庆社会科学》2016年第8期。
② 王海娟:《项目制与农村公共品供给"最后一公里"难题》,《华中农业大学学报》(社会科学版)2015年第4期。
③ 徐铜柱:《资源与秩序双重维度下的村干部腐败及其治理研究》,《社会主义研究》2020年第1期。

围绕经济利益等开展多种腐败行动；最后，村干部腐败频发，凸显了我国当前监管体制的不完善和法律秩序的失灵。这不仅削弱了政府的公信力，引发了农村社会法律秩序危机；也造成了乡村社会的动荡，侵害了普通民众的权益，最终阻碍了数字乡村社会的可持续发展。

综上所述，伴随着现代化、城镇化的快速推进，尤其是在市场经济大潮的影响下，中国农村正经历从伦理性危机向治理性危机的转换过程。在此过程中突出表现的治理性危机，其实质反映为乡村秩序的总体失灵，进而造成了乡土社会解体、传统文化失落、人际关系紧张和农民精神异化等深层次负面问题，严重影响了当前数字乡村建设和乡村振兴的绩效。

四 数字乡村治理秩序的路径

总结以上探讨可以发现，当前我国乡村社会处于总体衰败的状态，迫切需要通过乡村社会振兴来促进农村发展，再造乡村文明。那么，后农业税时代下的乡村社会如何振兴？笔者认为，构建有序合理的乡村秩序是当前深化农村改革、完善乡村治理机制、从根本上重塑乡村社会活力的路径指向。① 乡村秩序从内涵上可以解构为组织、规则和乡村精神三个方面，其中，组织包括正式组织（主要是政府组织和村民自治组织，即"村两委"）以及非正式组织（主要是指农村的各种民间组织）；规则包括作为硬法的法律制度和作为软法的村规民约。除了组织和规则，乡村秩序的重构还需乡村精神的引领，通过对当前乡村精神中过多依赖和注重经济利益的纠偏，达到乡村精神中经济力量和道德力量保持一定张力的理想状态，最终有利于实现数字乡村社会的健康发展。

（一）乡村组织建设：让正式组织与非正式组织合力并进

党的二十大报告指出："加快建设农业强国，扎实推动乡村产业、人才、文化、生态、组织振兴。"② 数字乡村社会秩序重构需要合理的组织安排作为实体保障，其中作为正式组织的政府能够从顶层设计层面规划农村社会发展的总体方案，村民自治组织需要充分发挥其在提供乡村公共服务与促进农村善治方面的优势；作为非正式组织的各种农村民间组织能够凭借组织的优势，化解村民个体化行动的困境，进而提升团体行动的绩效，促进乡村社会的自治。

---

① 沈费伟：《乡村秩序重构：实现乡村振兴的策略选择》，《学术交流》2020年第7期。
② 习近平：《高举中国特色社会主义伟大旗帜 为全面建设社会主义现代化国家而团结奋斗——在中国共产党第二十次全国代表大会上的报告》，人民出版社2022年版，第31页。

1. 正式组织：政府组织和村民自治组织

自 2004 年以来，国家开始将解决"三农"问题作为发展社会经济的主要任务，提出了取消农业税、建设社会主义新农村、营造美丽乡村等有助于解决"三农"问题的重大举措。① 由此，建设社会主义新农村逐渐成为中国政府的一项重要工作。政府在促进和构建合理有序的数字乡村社会秩序方面，应该扮演好社会问题的预防者、社会资源的整合者、弱势群体的保护者等多重角色，充分发挥好政府部门，尤其是乡镇政府在维护农村治安、制度建设、社会稳定等方面的功效，最终形成规范有序、充满活力的乡村社会格局。

作为社会问题的预防者，政府应针对农村社会中现存的各种治安问题，建立以基层组织为依托的农村警务平台，通过强化基层警务室的人员、经费、装备配备，建立以防为主的乡村社会治安网络化体系，提升对治安问题的解决能力。作为社会资源的整合者，政府应切实加大公共财政转移支付的力度和促进城市在人才、资金、技术等方面全方位地对农村进行反哺，努力化解农村公共设施建设"最后一公里"的问题。特别是历史发展底子薄、债务多的村庄，更需要政府部门在财政资金、政府投入等方面给予优惠，以此为农村集体经济发展创造良好的外部条件。作为弱势群体的保护者，政府还应加强社会惩罚机制建设，对农村中的各种不道德行为进行严厉打击，使村民自觉遵守道德规范，重塑基本伦理价值准则。尤其要做好农村青少年群体的安全教育和思想道德工作，减少青少年犯罪现象发生，维护数字乡村社会秩序。

基于自愿、平等原则构建的村民自治组织理应代表广大农民的利益，既是一种理性、低成本的制度设计，亦是农村基层政治民主的成功实践。② 作为实现村民自治的有效形式，村民自治组织在乡村社会中通过健全农村基层组织的架构，构建良好的组织秩序，不仅能够充分发挥村干部在乡村社会重建中的领导作用，保障村民的切身利益，推动农村的可持续发展，而且能够有效地整合村民群体的利益诉求，充当政府与村民之间的协调者与谈判者的角色，实现政府与乡村社会的良性互动合作目标。当前，村民自治组织在壮大农村集体经济、参与乡村公共品供给、

---

① 沈费伟、刘祖云：《中国乡村治理研究：进路与反思》，《领导科学》2015 年第 35 期。
② 罗大蒙、任中平：《村庄次组织的培育与村民自治的成长》，《阅江学刊》2010 年第 4 期。

提升农民道德素质以及推动农村的可持续发展等方面有着不可替代的作用。

在壮大农村集体经济方面，村民自治组织能够优化集体资源配置，创新集体经济的发展方式，通过巩固和完善家庭承包经营体制，积极发展股份合作制经济和新型合作经济，从而实现壮大集体经济、促进农民群体增收的目标。在参与乡村公共品供给方面，村民自治组织能够弥补政府在乡村基层提供公共品不足的缺陷，通过乡村基础设施、公共服务、社会保障等公共产品和准公共产品的有效供给，改善和解决当前乡村存在的各类社会问题，保证乡村社会的稳定。在提升农民道德素质方面，基层党委和村支部在农民思想道德建设中发挥着领导作用，通过加强思想道德建设，努力营造健康高尚的思想道德环境，不断提高农民的思想道德素质，最终培育"四有"新型农民。简言之，在当前数字乡村建设的背景下，村民自治组织作为乡村社会的管理者和实践者，应在充分保障全体农民利益和执行政府"三农"政策的基础上，利用自身的组织优势处理好乡村社会问题，推动乡村的可持续发展。

2. 非正式组织：各种民间组织

尽管正式组织在建构数字乡村社会秩序中发挥着决定性的作用，但非正式组织亦有着独特的优势。尤其在当前农村社会面临着各种困境，迫切需要寻求新的组织力量来统合村民个体的情况下，乡村非正式组织凭借自身的组织优势，弥补了正式组织在乡村治理中的缺陷，有利于实现农村社会健康发展的目标。据统计，目前中国农村有各类民间社会组织约200万个，这些民间组织主要包括三种类型：一是传统时代遗留下来的民间组织，如庙会、花会等；二是由村民自发形成的公益类组织，如老年协会、环境保护协会等；三是新兴的经济合作类组织，如经济合作社、基金会、行会组织等。[①] 在振兴乡村社会过程中，需要重视和发挥好民间组织的作用，为村民自治的顺利开展提供坚实的组织基础，进而有利于维护和保障村民群体的合法权益。

结合笔者近年来在农村的调研和相关研究总结发现，现阶段，乡村非正式组织至少在构建数字乡村社会秩序、重建乡村社会中发挥着三大

[①] 吕方：《再造乡土团结：农村社会组织发展与"新公共性"》，《南开学报》（哲学社会科学版）2013年第3期。

功效。其一，在公共资源投入有限的条件下，非正式组织能够有效整合并表达群众的利益诉求，通过培养村民的参与意识，改变原子式的堆积状态，在化解集体行动困境的同时，拓展了村民维护权利的渠道和途径，实现了村民的自我保护。其二，非正式组织能够将农民和政府、市场和社会联系起来，有效地为农民和政府、社会之间的合作创造机会、提供平台，不仅加强了农民群体与政府部门的沟通交流，提高了农民的自主性和政府决策的科学性，而且以农民共同体的形式更好地面对市场的挑战和社会的变迁，维护农民的利益，实现乡村社会的善治。其三，西方发达国家乡村治理的成功实践证明，推动乡村社会的繁荣，取得社会发展的整体效益，离不开非正式组织的功能和作用的发挥。① 非正式组织对于提高农民收入、促进农业现代化和实现国家与社会的稳定具有重要的作用。

（二）乡村规则建制：在"硬法"与"软法"间保持平衡

政府组织与村民自治组织、政府组织与农村民间组织以及村民自治组织与农村民间组织之间在构建数字乡村社会秩序时都需要遵循完善的规则，通过规则的约束能够有效实现乡村社会重建的价值目标。数字乡村社会秩序中的规则主要有两个方面，即作为硬法的法律制度和作为软法的村规民约。其中，法律制度是主导途径，村规民约是有效补充，两者相互作用于乡村社会，共同促成了数字乡村社会的健康发展。

1. 作为硬法的法律制度

法律制度是数字乡村社会秩序成功构建的根本方式和制度安排，其在调整村民之间的社会关系、行为准则和生活方式方面有着规范化、法治化和权威化的效用，有利于促进村庄治理绩效的提升。② 在乡村社会中真正建构起市场经济需要的农村法律制度体系，是限制和规范政府权力、支撑和保障村民权利的根本性制度安排。当前，我们提倡在乡村社会重建中构建合理有效的法律制度，就是要培养农民的现代法治意识，增强农民的法治观念；约束村干部的权力边界，提升村干部的法制观念和依法办事能力，使其专心履职，最终维护数字乡村社会的稳定和谐。

在农村社会重塑法律制度的权威性，首先需要健全政府监管体制，

---

① 沈费伟、刘祖云：《发达国家乡村治理的典型模式与经验借鉴》，《农业经济问题》2016年第9期。

② 谢晖：《论法律秩序》，《山东大学学报》（哲学社会科学版）2001年第4期。

遏制村干部腐败问题的蔓延。在具体的做法上，上级政府部门应加大村庄村务、财务的监督力度，提高村干部工作的自觉性和主动性；通过设立村务监督委员会，加强对村委会、村党支部的各项活动管理；通过引入公民参与，实行有效的外部监督机制，使村干部的行为始终在制度与法律的框架之中，从源头和根本上预防、杜绝"小官巨腐"现象的发生。其次，坚持"送法下乡"，培育现代农民法律文化素质。政府和村两委应丰富普法方式，利用农村广播站、农民夜校、电视、网络等向村民传递法治理念，免费赠送宣传资料普及基本法律知识并引导村民依法解决各种矛盾和纠纷。总之，在数字乡村社会秩序的构建中，应重视作为硬法的法律制度的实际效用，通过重塑法律在农村公共事务调解中的权威性和神圣性，推动村庄良善治理，促进数字乡村社会和谐。

2. 作为软法的村规民约

相较于正式的法律制度，村规民约作为一种内生于乡土社会、调解村民日常行为的道德准则而存在，常被看作具有一定权威性的民间规范。从内容上来审视村规民约，一般包括经文人整理修订的成文规则和不成文的生活习惯，这些都以独特的秩序意义规范和约束着人们的行为，维护着农村社会的稳定和发展。我国历史上的《吕氏乡约》是村规民约的代表，其内容涉及乡村社会的邻里调解、道德教化、伦理评判、惩罚机制等各个方面，这些内容通过具体的习惯和规则体现为乡村社会中人们的基本行为准则，从而对于数字乡村良善秩序的形成产生十分积极的作用和影响。

村规民约作为内化于村民心中的道德准则和伦理规范，对数字乡村社会秩序中的政治、经济、文化、社会建设等各个方面都产生了重要的影响，无论是乡贤文化的弘扬、家风家训的传承，还是文化礼堂的新建、道德榜样的树立，都激发着村民的向善之心，维护着农村社会的总体稳定。农村正式组织和非正式组织通过借用乡规民约，采取调解、协商、讨论、指导、说服、心理疏导和人文关怀等柔性执法手段，能够起到作为硬法的法律制度无法取得的现实功效，不仅有利于以道德教化从根本上化解村民之间的矛盾纠纷，而且能够凝聚强大的社会资本，助推和谐乡村目标的实现。① 可以说，由村规民约引发的乡村社会软治理，能够满足乡村共同体成员的物质、精神、文化、社会、生态等各方面的需求，最终从乡村文化、价值观层面根治了数字乡村社会的各种公共问题。

（三）乡村精神培育：在"经济"与"道德"间保持张力

乡村精神孕育于乡土社会之中，作为乡村社会和谐发展的驱动力，体现了村民的归属感以及对农村共同体和公共利益的认同与维护，对乡村公共事务的积极参与，对村庄公共责任的担当。② 因此，数字乡村社会秩序的重建需要乡村公共精神的引领。然而，随着我国市场经济体制改革的推进，村民群体对于乡村精神过多的依赖和对经济利益的重视，使乡村精神失去了道德力量的支撑。当前，数字乡村社会秩序的重构，需要在乡村精神的经济力量和道德力量之间保持一定的张力，从而有效地推动数字乡村社会的健康与可持续发展。

传统时代的乡村社会由于地缘、血缘等因素存在，加强了村民之间的紧密关系。乡村精神运行的基础是宗法伦理型社会关联，遵循着"熟人社会"中差序格局的行为逻辑，为道德力量和经济力量的合理维系发挥着重要作用。而市场经济体制改革和家庭联产承包责任制的实行打破了传统时代的集体主义价值观，取而代之的是个体意识的觉醒与增强，结果导致农民价值观的日益功利化与世俗化，村民群体间的合作越来越困难，传统乡村精神几近丧失。乡村精神的消失和过多注重经济利益使农民政治认同和政治归属感下降，缺乏参与公共事务的热情和缺少维护公共利益的精神，影响着乡村社会振兴的绩效。

现阶段乡村社会危机主要表现为村民的道德失范，其本质是一种道德危机，因此应把构建道德秩序作为乡村社会振兴的重要方面，通过加强村民德行教育、重构农村社会资本，对乡村精神中过重依赖经济利益的行为进行纠偏。理想的乡村精神应以平衡其中的经济力量和道德力量的张力为依归，乡村精神的重构需要重塑道德力量在乡村社会中的地位和功效。农村道德秩序的建立及可持续性是一项系统的工程，其根本目的是在乡村社会培育和重构社会资本，使乡村社会成员在彼此信任的基

---

① 刘祖云、孔德斌：《乡村软治理：一个新的学术命题》，《华中师范大学学报》（人文社会科学版）2013 年第 3 期。

② 王丽：《公共治理视域下乡村公共精神的缺失与重构》，《行政论坛》2012 年第 4 期。

础上达成相互交往与相互合作的状态。① 通过社会资本能够明确乡村社会突发事件的形成机制，帮助寻求化解冲突的方法，从而更有效地提高乡村振兴绩效和数字乡村现代化治理水平。

综上所述，构建合理的数字乡村社会秩序必须要有合理的组织安排、完善的规则和良好的乡村精神。其中，组织安排是实体保障，完善规则是约束依据，乡村精神是道德指向，三者直接促成了乡村社会良性秩序的构建。而乡村社会振兴的根本思路在于重构乡村秩序。因此，数字乡村社会秩序的有效构建有利于实现乡村社会的可持续发展，最终推动乡村社会的振兴目标的实现。

---

① 沈费伟：《传统乡村文化重构：实现乡村文化振兴的路径选择》，《人文杂志》2020 年第 4 期。

第五章　数字乡村治理与文化传承发展

本章主要探讨数字乡村治理与乡村文化振兴、数字乡村治理与文化礼堂建设、数字乡村治理与教育信息发展三个方面的内容。首先，在数字乡村治理与乡村文化振兴层面，从传统乡村文化生成及其思想价值、现代化解构传统乡村文化的特征、现阶段传统乡村文化的衰败呈现、数字乡村治理重构传统文化路径四个方面展开研究。其次，在数字乡村治理与文化礼堂建设层面，从农村文化礼堂建设与数字乡村文化振兴、农村文化礼堂对于数字乡村治理的作用、农村文化礼堂制约数字乡村治理的原因、农村文化礼堂助推数字乡村治理的策略四个方面展开研究。最后，在数字乡村治理与教育信息发展层面，从数字乡村教育治理的优势特点、数字乡村教育治理的现实困境、数字乡村教育治理的优化路径三个方面展开研究。

第一节　数字乡村治理与乡村文化振兴

随着现代化、城镇化的快速推进，尤其是在市场经济大潮的影响下，中国农村正经历着从治理性危机向文化性危机转换的过程。在此过程中，无数的非物质文化遗产、传统习俗以及民间技艺等传统乡村文化资源正在逐渐消失。有学者指出，当前我国的传统乡村文化面临着"破坏有余"而"重建不够"的历史命运，从而造成了乡土社会解体、传统文化失落、人际关系紧张和农民精神异化等深层次的负面问题。[①] 传统乡村文化是中华文化之根，是乡村旅游之魂，其文化价值决定着乡村的未来。为了保护和传承传统乡村文化价值，弘扬乡村文明，党的二十大报告强调要扎

---

① 沈妶：《城乡一体化进程中乡村文化的困境与重构》，《理论与改革》2013年第4期。

实推进乡村产业、人才、文化、生态、组织全面振兴，满足人民日益增长的精神文化需求。2023 年 6 月，习近平总书记在文化传承座谈会上指出，要坚定文化自信、担当使命、奋发有为，共同努力创造属于我们这个时代的新文化，建设中华民族现代文明，为数字乡村建设时期繁荣传统乡村文化、振兴乡村文明提供了基本遵循。

学术界对传统乡村文化的研究经历了从早期注重传统乡村文化内涵和类型、功能价值的研究逐渐向后来的传统乡村文化建设研究转型。[1] 在乡村文化的内涵和类型问题上，张中文认为，传统乡村文化是指在长期的历史发展过程中村民群体将乡规民约、文化遗产、民俗活动等实体形式逐渐内化为一整套思想观念体系。[2] 在此基础上，刘铁芳认为，传统乡村文化的类型由两个部分构成：一是独特的乡村生态景观以及村民的生活生产方式，二是蕴藏于乡村社会的民间故事、道德与情感的交融。[3] 赵霞从传统乡村文化秩序功能进行解读，认为传统乡村文化既能够为村民群众创造良好的精神生活，也可以规范和约定民众的社会行为，甚至还可以维护社会的稳定秩序。[4] 伴随着城市化的发展和乡村旅游业的兴起，传统乡村文化建设逐渐引起学术界的重视与深入研究。从当前学者对于传统乡村文化建设的多种观点来看，大致可以归结为三类不同学说。一是主张"回归说"的学者从乡村内生发展的视角来解读，认为传统乡村文化建设的重点是寻回最初的文化传统与基因；二是主张"替代说"的学者从城市化发展趋势的角度来论证，认为传统乡村文化最终将被城市文化所吸收与取代；[5] 三是主张"同化说"的学者从城乡文化相互融合与共同发展的视角出发，提出现阶段传统乡村文化建设的重点是在挖掘本土文化资源的同时，引入发展外来文化资源。[6]

综上所述，当前学术界在传统乡村文化重构议题的研究方面已然形成了大量的学术成果。尽管如此，当前依然有许多问题值得进一步深挖与探讨，例如现代化给传统文化带来的是"保护"还是"重构"；乡村旅

---

[1] 沈费伟：《传统乡村文化重构：实现乡村文化振兴的路径选择》，《人文杂志》2020 年第 4 期。
[2] 张中文：《我国乡村文化传统的形成、解构与现代复兴问题》，《理论导刊》2010 年第 1 期。
[3] 刘铁芳：《重新确立乡村教育的根本目标》，《探索与争鸣》2008 年第 5 期。
[4] 赵霞：《传统乡村文化的秩序危机与价值重建》，《中国农村观察》2011 年第 3 期。
[5] 高小康：《非物质文化遗产与乡土文化复兴》，《人文杂志》2010 年第 5 期。
[6] 季中扬：《乡村文化与现代性》，《江苏社会科学》2012 年第 3 期。

游业在传统文化重构方面是"原真"保护还是"创新"利用等。[①] 针对这些争论,迫切需要理论研究的回应,从而更加明确研究方向,推动数字乡村建设时期我国传统乡村文化重构议题的研究。

一 传统乡村文化生成及其思想价值

（一）传统乡村文化的生成

文化作为特定的意识形态产物,其形成具有复杂性与长期性的特点,中国传统乡村文化更是如此。研究发现,我国广袤的地理环境为传统乡村文化发展提供地域空间,自给自足的小农生产方式为传统乡村文化培育奠定经济基础,儒家伦理思想为传统乡村文化成长供给思想资源,国家社会政治结构为传统乡村文化塑形发挥核心作用。

第一,广袤的自然地理环境。自然地理环境是指人类生存的各种自然条件的总和,包括地形、气候、土壤、河流等诸多因素。在西方,地理环境决定论者一开始就关注人的性格与气候的关系。希波克拉底在《论空气、水和地方》里说道,生活在炎热气候中的人们比生活在寒冷气候中的人们身体更加健壮,声音更为洪亮,思维更为敏捷。到了近代,地理环境决定论得到了更为广泛的应用,孟德斯鸠在解释文化性格和文化精神差异的原因时明确指出,炎热国家的人民,就像老头子一样怯弱;寒冷国家的人则像青年人一样勇敢。[②] 黑格尔将世界地理环境分为三种类型,每种地理环境都有与之相对应的人们的性格特征：从蒙古国到阿拉伯,再到北非的沙漠地区,居民好客和掠夺成性;平原流域的居民守旧、呆板、孤僻;海边居民富有冒险精神、勇气和智慧。[③] 中国广袤的山川田野,不仅为村民提供了充足的物质生活基础,也形成了发达的农耕文化。农耕文化以土地为载体,导致了农民对土地的依赖,积淀和养成了乡村民众的保守性和封闭性特点。

第二,自给自足的小农生产方式。我国古代的农业文明孕育了自给自足的小农生产方式,决定了以家庭为核心的传统乡村文化特征。一方面,在自给自足的小农生产方式的影响下,由于劳动工具简单粗放,唯有依靠村民精耕细作才能有所收成,逐渐培养了古代农民的吃苦耐劳、

---

① 黄震方、黄睿:《城镇化与旅游发展背景下的乡村文化研究：学术争鸣与研究方向》,《地理研究》2018 年第 2 期。
② [法] 孟德斯鸠:《论法的精神》（上卷）,许明龙译,商务印书馆 2009 年版。
③ [德] 黑格尔:《历史哲学》,王造时译,上海书店出版社 2006 年版。

勤俭持家、清贫乐道、纯朴善良的文化品质。另一方面，自给自足的小农生产方式尽管为家庭生产解决了基本的物质基础，但是由于生产水平落后，村民思想观念保守封闭。尤其是在漫长的历史时期，村民无法对变化多端的自然现象进行很好的解释，也无力摆脱封建国家对于村民群众的剥削与侵犯，因而不得不将自身的美好愿望寄希望于封建宗教，由此传统乡村文化中的迷信思想得以滋生与发展。

第三，儒家伦理思想。在20世纪前期，西方科学界就兴起了以"优生学之父"高尔顿为代表的生物学家和以博厄斯为代表的人类学家之间有关文化与性格发展关系的激烈论争。莱利斯·A.怀特透彻地分析了文化对人类行为、思想、意识、生存方式的重要影响以及对文化自身发展变化的重要作用。① 我国自秦汉以来，为了巩固封建王朝的统治地位，将儒家伦理文化思想确定为整个国家的主流意识文化。其中为人熟知的三纲五常学说更是对广大农民产生了深刻的影响，塑造了古代农民男尊女卑、逆来顺受、惧怕权威等性格。② 儒家伦理思想的另一个重要内容是对"礼"的突出强调，这揭示了封建礼制在构建传统乡土文化中的价值，强化了中国传统乡村文化的伦理化和规范化内涵。

第四，国家社会政治结构。相较于上述的自然地理环境、小农生产方式和儒家伦理思想，国家社会政治结构对中国传统乡村文化的形成发展发挥着更核心的作用。马克斯·韦伯曾经说过，中国古代的政治结构是一种典型的"家产官僚主义"，这种国家社会政治结构对中国传统乡村文化的形成影响巨大。③ 首先，国家社会政治结构中的专制特征虽然造成了农民屈服权威、轻视个人权利的文化特征，但是也形成了农民群体对大一统国家政权的认同。其次，国家社会政治结构中的宗法制内涵在导致农民狭隘的家族观念、缺乏竞争精神和开放意识的同时，也塑造了宗族内部之间的相互团结友爱，凝聚了传统家族社会的道德伦理。

（二）传统乡村文化的思想价值

乡土性滋生孕育了传统乡村文化，尽管也存在着文化的封闭性、依附性、滞后性、等级性等缺陷，但并不影响我们对传统乡村文化思想价值的认知。传统乡村文化的思想优势主要体现在注重实际、重义轻利、

---

① ［美］怀特：《文化科学——人和文明的研究》，曹锦清等译，浙江人民出版社1988年版。
② 张中文：《我国乡村文化传统的形成、解构与现代复兴问题》，《理论导刊》2010年第1期。
③ 赵玉祥、金晓秋：《中国传统乡村文化的形成析要》，《行政论坛》2000年第6期。

勤劳节俭以及长幼尊卑等方面，对传统国家的社会发展和文化价值观培育发挥了重要作用。

第一，注重实际。传统乡村文化倡导的注重实际是对农耕生活"一分耕耘，一分收获"的务实劳作思想的提炼与总结。中国农民有着天然的脚踏实地、勤奋劳作精神，在长期的生产生活过程中更加深刻地意识到"利无幸至，力不虚掷，说空话于事无补，做实事必有收获"的道理。传统乡村文化中注重实际、务实劳作的精神也感染了其他人群，成为古代贤达人士的重要为人准则。正如章太炎所说："国民常性，所察在政事日用，所务在工商耕稼。志尽于有生，语绝于无验。"[1] 这比较准确地反映了中国农民注重实际、脚踏实地的性格特征，给中国传统乡村文化的发展注入了精神因子。

第二，重义轻利。自古以来，对于义利关系的正确处理体现了社会传统文化的价值导向。传统乡村文化主张"重义轻利""义以为上"的价值准则，这里的"义以为上"思想并不是要求人们主动放弃对利益的追求，而是倡导"真君子仁中取利，大丈夫义内求财"的思想境界。可以说，传统乡村文化的"重义轻利"思想是与"见利忘义"的错误思想是相对立的。重义轻利思想中对于义的至上性和优先性观念，反映了古代村民群体普遍存在的诚信朴实的心态。由重义轻利思想引发的农民的"戒骄戒躁""谦虚谨慎"等优良品质对中国农民的道德观念产生了重要影响，成为农民的传统文化美德。

第三，勤劳节俭。传统社会自给自足的小农经济生产让广大农民固守在特定的土地之上，农民按时耕作、勤劳节俭是其固有的观念。村民最大的愿望就是在自己的土地上从事周而复始的农业经济，正如《礼记》中所称道的"乐天安土知命"的思想反映。他们因"耕读传家"而自豪，渴望追求生活的安宁与社会的稳定，对各类战争与侵略行为感到厌恶。同时，由于古代农业生产方式简陋、农业生产效益低下，再加上缺乏对自然灾害的抵御能力，广大民众将生产所得视为上天对自己的"恩赐"。这一切都促使他们摒弃对利益的占有，形成了安贫乐道、勤劳节俭的文化品质。

第四，长幼尊卑。传统乡村文化渗透着浓厚的宗族文化色彩，它强

---

[1] 章太炎：《章太炎生平与学术自述》，江苏人民出版社1999年版。

调按照血缘关系的亲疏远近来安排尊卑长幼的顺序,从而明确各自的责任与义务。具体来说,家庭中辈分地位高的年老者是家庭事务的决策者和制定者,地位辈分低的年轻晚辈是决策的服从者和支持者,即使同辈之间也非常讲究长幼有序、男女有别。对此,费孝通先生形象地指出了我国传统乡村文化血缘性家族观念强的特点,他认为:"在乡土中国,地缘不过是血缘的投影。人们在家族中秉承着长幼尊卑、尊老爱幼、孝敬长辈的传统。"① 这种传统乡村文化孕育的长幼尊卑思想不仅有效地维护了社会的稳定秩序,对家庭生产和家族管理也产生了重要作用。

二 现代化解构传统乡村文化的特征

(一) 现代化解构传统乡村文化的历史

现代化解构传统乡村文化起始于第一次鸦片战争时期,自此以后传统乡村文化逐渐开始由繁荣转向衰败。自中华人民共和国成立以来,我国传统乡村文化遭遇的现代化解构并没有结束,初步可以从以下几个历史阶段去考察。

第一,中华人民共和国成立初期,面对国内经济发展滞后、政治基础薄弱的现状,政府实行了计划经济体制,使传统乡村文化存在的经济基础发生了变化,同时,国家政权力量开始对乡村社会进行渗透和控制。实践证明,这种体制尽管在特定时期确实对我国经济社会的发展发挥了一定的效用,但是也引发了城乡二元结构确立、传统乡村文化秩序破坏等不利影响。可以说,在政府强制干预乡村社会的机制影响下,这种体制不仅摧毁了传统家族宗法文化观念,而且使维护传统乡村文化秩序的村规民约、伦理道德等文化实体也受到迫害。其中,作为高度集中的人民公社体制更是对农民的文化精神层面产生了严重破坏,村民的意识形态遭到同化,彼此之间的关系日益紧张。简言之,在该阶段政府用新的政治伦理渗透和改造了传统乡村社会的文化生活,用社会主义道德冲淡了农民的传统乡村文化意识,加剧了传统乡村文化解构的速度。

第二,改革开放后,市场经济体制的建立引发了市场经济与传统乡村文化之间的相互碰撞与彼此渗透。市场经济一旦进入乡村社会,不仅会引发农民人生态度与价值观念的转变,而且会对其生产生活方式产生深刻影响。这是由于传统农村社会注重的是道德本位,以血缘、地缘为

---

① 费孝通:《乡土中国 生育制度 乡土重建》,商务印书馆2011年版。

核心，而市场经济强调的是经济效益，即人与人之间的关系首先是物质利益关系。[①] 二者形成的矛盾反差使传统乡村社会依靠血缘结成的亲情关系被市场经济下的追名逐利关系彻底打破，取而代之的是人与人之间的猜疑、冷漠、逃避、利用等反常心理。特别是在利益机制的驱动下，村民在价值目标上越来越关心个人的切身利益，以现实的物质利益追求取代乡村"熟人社会"的礼尚往来。在家庭生活中，父母与子女的代际关系失衡，长幼关系出现了尊卑错位。可以说，市场经济所倡导的物质利益吞噬着传统乡村的文化价值，使传统乡村文化逐渐失去自身所特有的精神内涵。

第三，21世纪以来，国家针对传统乡村文化衰败问题进行了一系列改革，试图通过各种强农惠农政策、文化建设项目、财政转移支付等方式，复兴传统乡土文明，特别是2023年《中华人民共和国公共文化服务保障法》要求地方各级人民政府应当加强对公共文化服务的统筹协调，推动实现共建共享。各地级市也开启了送戏下乡、送书下乡、电影下乡、科技下乡等文化下乡活动；在乡镇一级，政府还重点建设乡镇综合文化站，试图通过文化站这一平台向农民提供文化服务。然而，这些看似有力的举措并不能取得预期的结果。笔者调研发现，自上而下的公共文化产品供给因未结合当地实际有效开展文化活动，送图书、送电影等文化下乡活动因不能有效实现从"送文化"到"种文化"的转型，因而效果并不明显。[②] 再加上乡村文化人才匮乏，导致传统乡村文化缺乏吸引力，削弱了文化凝聚力。

（二）现代化解构传统乡村文化的特点

第一，解构的规模是全方位、综合性的。中华人民共和国成立以来，尤其是改革开放后的现代化进程，导致了我国传统乡村文化在规模上的全方位、综合性变革。"全方位"主要体现在传统乡村文化在向现代文化转型的过程中，涉及的主体、内容、过程等都是全方位、总体性的，并不局限于某个具体的村庄，而是全国范围内的乡村整体文化的变迁。这种全方位的整体解构过程是史无前例的，并且对乡村社会产生了巨大的

[①] 包巧英、黄立志：《试论社会主义市场经济对农村社会的影响》，《重庆科技学院学报》（社会科学版）2010年第17期。

[②] 沈费伟等：《农村文化复兴的三维共建模式研究——基于浙江省荻港村的实践考察》，《广西社会科学》2017年第6期。

衍生效应，引发了乡村文化领域之外的公共事务治理。而"综合性"则表现为传统乡村文化的现代化，解构并不是分散化、小规模、数量式的扩张模式，相反，现代化进程使传统乡村文化的整体特质、模式和风格发生了大规模的解构变迁，农民的区域观念、产业观念和自我身份的认定理念也发生了根本变化。

第二，解构的动力是多方面、复杂性的。现代化解构传统乡村文化的动力体现出多方面、复杂性的特点，社会经济发展、国家政权建设、现代技术发展等都是促进传统乡村文化解构的原因，对乡村社会的变迁产生了深远的影响。在这些多元复杂的解构动力中，社会经济发展是其中最重要的原因。这是因为社会经济的发展导致乡村地区产业结构、民众职业收入等各方面产生差异，进而产生了现代工业产业和农业产业、市民和农民前所未有的"经济失衡"，这种"经济失衡"客观地揭示了传统乡村文化中的农民价值观念发生转变以及更高层次的文化心理意识变化。[①] 在经济利益的主导下，许多村民逐渐放弃了对土地的依赖生产，转而投入社会主义市场经济之中，村民群众的思想观念发生了根本改变，传统乡村文化面临着衰败的威胁。

第三，解构的形式是"变迁"与"整合"的统一。现代经济社会发展在解构传统乡村文化的同时，也赋予了乡村文化以时代发展的阶段特征。换言之，传统乡村文化的解构形式体现在"变迁"与"整合"的相互统一上。一方面，传统乡村文化变迁主要表现为对乡村沿袭风俗、村民陈旧观念、封建思想的实际否定，这种变迁不是整体否定，而是促使它与现实发生背离，进而引起主体的怀疑，降低其影响力和号召力，使它逐渐淡出人们的视野。另一方面，传统乡村文化的整合则是新文化与旧文化的此消彼长，是多种文化组成要素之间的综合结果。中国传统乡村文化的解构形式就是不断在"变迁"与"整合"的相互统一中实现的，对于整个乡村文化发展重构而言发挥了重要的影响。

第四，解构的过程是冲突与矛盾的并存。现代化意味着对既有利益的重新分配，这就涉及如何正确应对既有矛盾，通过成功化解社会冲突，进而达成相互共识，最终推动社会的进步。从此种意义上说，传统乡村文化解构的过程可以理解为冲突与矛盾并存的过程。这里的文化冲突是

---

① 王国胜：《现代化过程中的乡村文化变迁探微》，《理论探索》2006 年第 5 期。

多方面的，既包括传统的城市文化与乡村文化的冲突、工业文化与农业文化的冲突，也包括本土文化与外来文化的冲突、中国文化与西方文化的冲突。① 其实整个乡村传统文化的解构过程就是冲突与矛盾并存的过程，这种并存所导致的冲突与矛盾并不是从今天开始的，而是存在于源远流长的历史过程之中，只不过在不同时期的表现形式不一样而已，其实质仍是传统与现代的冲突与矛盾。

三 现阶段传统乡村文化的衰败呈现

现代化解构之下的中国传统乡村文化面临着衰败的威胁，具体呈现为日益解体的乡村道德伦理、空洞虚化的乡村文化精神、逐渐消失的乡村文化价值和流失匮乏的乡村文化资源。

（一）日益解体的乡村道德伦理

传统国家的乡村社会的实质是一个伦理社会，它以"血缘"为基础，以家风家训所缔造的"熟人关系"为互信平台，成为社会发展的基础。随着现代化、城镇化与工业化的快速推进，现代化进村在促进农村思想解放和物质生活水平提高的同时，也使功利主义、利己主义渗透乡村各个角落，造成乡土社会解体、传统文化没落、人际关系紧张和农民精神异化等深层次负面问题，一些乡村呈现大面积的文化衰败景象。尤其是改革开放以来，市场经济的大潮冲击传统乡土社会，乡村伦理道德面临着解构的威胁。当消费文化成为乡村社会的主流伦理价值形态，势必对村民群众的互助、团结、礼尚往来和信任等造成破坏，社会关系变得越来越冷漠和淡化。② 同时，根植于传统乡村文化的伦理道德逐渐消失，与当前乡村振兴战略实施相适应的新型乡村伦理尚未形成，由此导致当前乡村社会中的许多社会文化问题。

（二）空洞虚化的乡村文化精神

乡村精神孕育于乡土社会之中，作为乡村社会和谐发展的驱动力，体现了村民的归属感和对农村共同体的认同与维护。③ 乡村精神运行的基础是宗法伦理型社会关联，遵循着"熟人社会"差序格局的行为逻辑，在道德力量和经济力量的合理维系方面发挥着重要作用。然而，随着市场经济体制改革和家庭联产承包责任制的实行，打破了传统的集体主义

---

① 李松：《城镇化进程中乡村文化的保护与变迁》，《民俗研究》2014年第1期。
② 刘雨：《重建乡村文化：培育乡村教育的精神之根》，《教育科学论坛》2011年第7期。
③ 王丽：《公共治理视域下乡村公共精神的缺失与重构》，《行政论坛》2012年第4期。

价值观，取而代之的是个体意识的觉醒与增强，结果导致农民价值观的日益功利化与世俗化。没有了精神寄托的村民群体开始疯狂地进行各种非理性的行为，例如，近些年来在乡村日益兴起的一些封建迷信崇拜、打架赌博等不良现象都是乡村文化精神空洞虚化的集中表现。乡村精神的消失和过多注重经济利益，使农民政治认同和政治归属感下降，缺乏参与公共事务的热情和缺少维护公共利益的精神，对乡村社会振兴绩效的提高产生严重影响。

（三）逐渐消失的乡村文化价值

文化价值观在传统乡村文化中占据核心位置，能够起到规范约束村民群众日常行为、反映乡村文化发展趋向的效用。然而伴随着现代化的推进以及市场经济的侵入，传统乡村文化中的核心价值观念正在逐渐消失。现实中，乡村社会的利益标准取代了传统的价值标准，村民的功利心理替代了务实劳作、注重实际、诚实守信等良好品质。此外，由于城市化进程的不断推进，乡村文化价值依托的治理主体正在远离农村。现代化与城市化将大量的农村青壮年吸引到城市中发展，这直接导致了乡村文化建设丧失内生发展的主体力量。相关研究证实，自改革开放以来，广大农村中的剩余劳动力大量迁往经济发达的大城市，并且已成为经济发展的普遍规律。大量的文化水平较高、劳动技能突出的青壮年村民流入城市打工，常年离土离乡，致使参与传统乡村文化建设的主力军流失，结果必然是传统乡村文化价值的逐渐消失，甚至灭亡。

（四）流失匮乏的乡村文化资源

随着现代化进程的加快，传统乡村文化发展的各项资源（资金、技术、人才等）向广大城市流转，加剧了传统乡村文化发展的困境。虽然我国制定了新农村发展策略，对于乡村文化建设进行了整体的部署与规划，但在乡村传统文化建设上还缺乏整体的文化供给机制。即使一些政策文件已经出台，但由于缺乏具体的可行细则，在现实社会中很难转化为实际行动。而在文化管理体制上，长期以来政府部门对传统乡村文化的管理工作存在着边界不清、职责不明的问题，这也使许多文化建设问题得不到及时有效的解决。这种建设机制的不完善使村民感受不到传统乡村文化的气氛，因而也就没有参与传统乡村文化建设的积极性。另外，乡村公共文化供给的经费投入与城市相比存在明显的资金短缺问题。通过调研发现，许多农村文化馆和文化站因为经费不足而面临关闭的困境。乡村文化资源的流失匮乏直接导致了传统乡村文化得不到有效保护与发展。

四 数字乡村治理重构传统文化路径

作为农业社会孕育出的乡土文明,中国传统文化的根在乡村。因此,当前亟须保护和传承优秀传统乡村文化,夯实我国乡村文化现代性发展的内在根基。在数字乡村建设进程中重构传统乡村文化的路径需要秉承消除传统与现代的二元对立观念的总体原则,以先进文化引领、乡土文化人才培育、乡村文化产业发展、乡村文化制度体系完善等为抓手,真正传承和保护传统乡村文化,从而提升乡村文化振兴的现实绩效。

(一)传统乡村文化重构的总体原则:消除传统与现代的二元对立观念

西方社会经典的现代化理论不仅表明传统与现代之间的相互对立关系,也说明了两者能够实现相互融合转化。因此,消除传统与现代的二元对立观念、实现传统文化向现代文化的转型是传统乡村文化重构的总体原则。[①] 在具体的做法上,一方面,要传承乡村传统文化。文化本身沿着传统的惯性向前发展,无论外部环境发生怎样的改变,文化的变迁不可能也无法与过去彻底割裂。但是文化的传承并非简单复原所有的乡村文化内容,而是需要在了解其中蕴含的价值与理念基础上,选择那些更深层的、促进人与社会共生发展的传统优秀文化作为传统乡村文化建构的重要内容。另一方面,吸收延展先进乡村文化。伴随着深刻的社会经济发展、乡村治理现代化推进,尤其是互联网技术的迅速发展,乡村现代文化已然萌生,并且在乡村治理过程中扮演着重要的角色。因此,需要在乡村文化批判吸收的基础上,实现对传统乡村文化的现代主体性建构,最终建立符合乡风文明内容的数字乡村。

(二)传统乡村文化重构的理念构建:先进文化价值思想引领

现阶段中国的乡村社会是一个经济成分多元、组织结构复杂、利益关系和生产方式多样化的社会,这势必导致农民思想文化观念和价值选择的分散化和碎片化。基于此,当前迫切需要以先进文化价值思想为引领,构建传统乡村文化的核心理念并以此引导村民群众追求合理的精神境界和塑造正确的价值观念,从而赋予乡村文化建设新的时代内涵。[②] 首先,需要将先进文化融入农民的日常生产生活中。通过举办传统节日

[①] 闫惠惠、郝书翠:《背离与共建:现代性视阈下乡村文化的危机与重建》,《湖北大学学报》(哲学社会科学版)2016年第1期。

[②] 陈锦晓:《论乡村文化的整合与构建》,《学习论坛》2011年第6期。

纪念、古老仪式传承等相关文化活动以及其他农民喜闻乐见的文化形式和语言方式，将先进文化真正与村民的现实生活结合起来。其次，以先进文化为引领，帮助农民逐渐建立现代人格。在历史时期，中国农民在长期的精耕细作中培育了诚信、朴实、善良、勤恳的优秀传统乡村文化。但同时由于传统乡村文化建基于自给自足的小农经济，以家族血缘为纽带，秉承以封建国家专制主义为核心的社会政治结构，助长了村民群众封闭、依附和保守等人格缺陷，需要及时纠正，予以摒弃。[①] 为此，在数字乡村建设时期需要以乡村先进文化价值思想为引领，帮助农民克服依附、保守、封闭的心理，建立独立、平等、开放和创新的现代人格。

（三）传统乡村文化重构的人才保障：挖掘培育乡土文化人才

乡土文化人才是传统乡村文化重构的重要人才保障，能够为传统乡村文化培育注入人力资本与技术资源，是乡村古老文化的传承载体。在挖掘培育乡土文化人才方面，一是有计划地培养当地的"草根文化队伍"。传统乡村文化建设绝非简单的输入，而是需要在田野上、村庄中找回文化发展的内生动力。这就需要充分发挥广大农民，尤其是返乡创业的外出经商、务工的青壮年的重要作用，他们作为文化建设者的主体作用，焕发着文化建设的热情，在传统乡村文化建设中有着较强的文化认同感。二是鼓励乡镇基层干部等参与传统乡村文化建设。这需要相关政府部门在统筹安排的基础上，做好组织引导和制度保障工作，以便他们能够全身心地投入传统乡村文化重构中，真正开展各类弘扬传统乡村文化的活动。三是借助社会力量深度开展"种文化"活动。鼓励文艺工作者深入农村、贴近农民，创作出符合乡村本土特色的文化产品；[②] 以企业参与、对口帮扶、社会合作的形式，鼓励广大社会企业家、文化工作者、志愿者队伍等投入传统乡村文化建设中，从而为传统乡村文化重构提供人才保障。

（四）传统乡村文化重构的经济基础：发展壮大乡村文化产业

传统乡村文化是对古代农耕文明的记载和反映，蕴含着悠久的历史价值、深厚的文化价值以及难以估量的经济价值。因此，对传统乡村文

[①] 赵霞：《传统乡村文化的秩序危机与价值重建》，《中国农村观察》2011年第3期。
[②] 欧阳雪梅：《振兴乡村文化面临的挑战及实践路径》，《毛泽东邓小平理论研究》2018年第5期。

化的挖掘、整理、保护与利用，不仅有助于传承我国古代的农耕文明，而且可以为当前数字乡村建设时期的农村发展注入文化精神内涵，丰富农民的日常精神生活。基于此，传统乡村文化重构需要建构与之相对应的经济基础，大力发展壮大乡村文化产业。乡村文化产业从未来乡村文化的发展着眼，以农民为主体，以传统乡村优秀文化为积淀，通过市场化平台将现代文化的发展特征融入其中，从而达到传统乡村文化重构的目的。乡村通过大力发展文化产业，不仅可以调整乡村传统农业结构，提高农民的经济收入，而且可以激发农民的乡土意识，丰富农民的业余生活，对于保护和传承传统乡村文化以及提高农民的文化素质产生积极有益的影响。[①] 尽管乡村文化产业能够为挖掘和振兴传统乡村文化提供重要的帮助，我们也需要特别警惕在市场化经济时期因过度重视文化资源的商业开发而轻视对优秀传统文化的弘扬。唯有如此，才能真正发挥乡村文化振兴的绩效。

（五）传统乡村文化重构的政治支持：完善乡村文化制度体系

在长期的工业化、城市化、信息化以及全球化的席卷冲击下，中国的乡村经受了难以想象的摧残与毁灭，无数的非物质文化遗产、传统习俗以及民间技艺等传统乡村文化资源从我们的眼前逐渐消失。面对众多古村落和传统乡村文化的持续消失、乡村文化建设主体的缺失等问题，近年来，从中央到地方，各级政府都越来越重视传统乡村文化资源的保护，出台了相关的文化振兴政策，营造了良好的环境氛围。尽管如此，当前政府在传统乡村文化建设上仍旧没有形成成熟的制度体系，导致乡村文化在服务供给上存在着积极性不高和服务质量薄弱等问题。通过笔者调研可以发现，伴随着乡村文化振兴工作的推进，政府在制定传统乡村文化制度体系方面存在困境，阻碍了乡村文化振兴绩效的进一步提升与发展。因此，现阶段在乡村文化振兴进程中需要完善传统乡村文化制度体系，通过设计专门的传统乡村文化振兴规划、出台传统乡村文化振兴政策、构建健全的传统乡村文化体制机制，真正地促进传统乡村文化振兴目标的实现。

---

① 吕宾、俞睿：《城镇化进程中乡村文化内生性建设》，《学习论坛》2016年第5期。

第二节　数字乡村治理与文化礼堂建设

　　随着现代化、城市化的持续推进，中国乡村社会正面临着衰败与解构的威胁，传统维系乡土社会的各种文化要素逐渐消失。在这样的背景下，近年来，国家针对乡村文化衰败的问题进行了一系列改革，试图通过各种强农、惠农政策，文化建设项目，财政转移支付等方式建设社会主义新农村，复兴传统乡土文明。各地级市也开启了送戏下乡、送书下乡、电影下乡、科技下乡等文化下乡活动；在乡镇一级，政府还重点建设乡镇综合文化站，试图通过这一平台向农民提供文化服务。然而，这些看似有力的举措并不能取得预期的结果。当前，农村许多文化设施闲置、公共文化组织涣散、封建迷信盛行、赌博之风愈演愈烈。[①] 笔者在全国多个省市的驻村调查发现，农民文化生活形式、内容依旧单一，封建迷信、聚众赌博等不良文化形态依旧存在，甚至在一些地区愈演愈烈，制约了农民公共精神的生长。乡村建设之所以出现集体的迷茫、挣扎与无助等精神危机，其原因在于乡村建设与乡村文化的价值性背离。因此，在数字乡村建设时期要实现乡村社会的再造与振兴，需要农村文化礼堂承袭乡村社会的传统文化，能够真正承担起重塑村庄公共文化精神的重任，以此推进乡村社会的振兴发展。

　　针对浙江省农村而言，浙江省农村居民人均纯收入已经连续28年居全国之首。尽管农民在物质生活上取得了重大突破，但是其精神需求依然无法得到满足。这主要包括三个方面的原因：首先，浙江省作为东部沿海发达省份，在经济发展理念的指导下，地方政府对农村的管理政策始终偏重于政治教育、产业发展和政策宣传，而对村民群体的文化素质、道德观念缺乏培育；其次，伴随着城市化的不断发展，农村的大量青壮年人群进城务工，乡村文化失去了建设的主体，导致乡村文化得不到传承，传统民俗逐渐消亡；最后，由于农村人口的大量外流，仅剩所谓的"386199部队"（即妇女、儿童和老人），农民群众之间的沟通交流越来

---

① 沈费伟等：《农村文化复兴的三维共建模式研究——基于浙江省荻港村的实践考察》，《广西社会科学》2017年第6期。

越少，乡里邻居间渐生陌生感，再加上村庄公共交流空间减少，进而导致村民群体精神涣散。为此，自2013年起，浙江省从建设乡村精神文化地标——文化礼堂入手，为农民打造精神家园，让其在"身有所栖"后"心有所寄"。按照"文化礼堂、精神家园"的功能定位，文化礼堂融合传承传统文化、弘扬主流价值、丰富文体活动等功能，成为公共服务的重要平台和推进乡风文明建设的重要场所。

截至2022年年底，浙江省共建农村文化礼堂近20511家，实现500人以上行政村文化礼堂全覆盖，为广大农民开展节庆礼仪、乡风传承、教育培训和文体娱乐等活动提供了一个良好的场所，成为浙江省的新文化地标。[①] 反观学术界，当前围绕农村文化礼堂与乡村振兴的议题，学者进行了热烈探讨和深度探究，已经初步取得了一些学术成果。但综观这些研究，大致遵循着农村文化礼堂的历史变迁、发展现状、活动开展、主要功能、完善对策等研究路径，所借用的理论大多是社会学领域的公共空间理论、教育学领域的文化理论等，再加上绝大部分成果均以新闻报道的方式呈现。因此，现有关于农村文化礼堂的成果缺乏理论深度和研究价值，学术界迫切需要对其进行深度的理论阐述，对于推动当前的数字乡村建设和国家治理能力的提升具有重要的学术价值和实践意义。

一　农村文化礼堂建设与数字乡村文化振兴

礼堂，最初指的是举行典礼和聚会的厅堂。在《新唐书·西域传下·大食》中就有对礼堂的记载："有礼堂容数百人，率七日，王高坐为下说曰：'死敌者生天上，杀敌受福。'"当前我们提倡建设的农村文化礼堂则是指根据农村行政村人口规模、人员构成和经济社会发展水平，合理确定设施规模，从而开发建设的农村综合文化活动场所。农村文化礼堂以有场所、有展示、有活动、有队伍、有机制的"五有"为基本标准，按照"两堂五廊"设计（两堂即"礼堂、讲堂"，五廊即"村史廊、民风廊、励志廊、成就廊、艺术廊"），成为集教育、娱乐、礼仪于一体的农村公共空间。当前西方国家尚无"农村文化礼堂"的说法，他们对"Rural Culture Hall"（"农村文化礼堂"英译）的概念便是"农村文化

[①] 蒋雨彤：《农民渔民果农当主角 "浙""村晚"用什么打动人》，《中国青年报》2023年2月8日第4版。

馆",其功能比较简单,主要是供农民群众读书、阅报、聚会。① 农村文化礼堂是以社会主义核心价值体系为引领,是传承农村优秀传统道德和传统文化的重要载体,是农民群众寄托情感、培养情操、提升境界的精神家园。建设农村文化礼堂,有利于农村文化建设的重点从设施建设向内容建设提升,从资源分割向资源整合提升;同时在传承优秀文化、弘扬乡风文明、培育农民素养等方面,均具有十分重要的现实意义。

农村文化礼堂除通过固定场馆展示乡村不同时期的历史发展、民俗风情、经济社会和重大活动外;突出强调要结合当地实际情况,将具有历史记忆内容的图文、标识等延伸展示到有关文化墙、活动中心等开放性场所;围绕乡村独有的历史文化,通过挖掘家谱族谱、乡土文献中的档案记忆,丰富现存历史古迹、文化遗存的文化内涵,打造能参观、游览的乡村记忆场所。同时,对神话传说、民歌民谣、民俗活动、传统工艺等非物质文化遗产进行收集、整理和记录,形成文化产品,充实乡村记忆的展示内容。② 建设农村文化礼堂,不只是建设一个单纯的文化活动场所,而是从丰富农民群众的精神家园这一核心需求出发,建设一个有内涵、见实效的文化礼堂。它是以展览、展示文明礼仪活动为主要内容,在吸收中华传统文化和外来文化优秀成分的基础上,立足于满足当前农民群众日益增长的精神文化需求,着眼于提升农民群众的思想道德和科学文化素质,培育共同价值观,筑牢农民群众的精神支柱,更高层面、更大范围丰富和充实农民群众的公共精神。

那么何谓公共精神?帕特南在《使民主运转起来:现代意大利的公民传统》中指出:"公共精神是孕育于公共社会之中的位于最深的基本道德和政治价值层面的以公民和社会为依归的价值取向,它包含民主、平等、自由、秩序、公共利益和负责任等一系列最基本的价值命题。"③ 罗伯特·登哈特夫妇认为:"公共精神的实质就是政治利他主义,认为这种利他能够促使公民关心公共事务并超越私人利益,积极参与到社区治理

---

① 沈轩:《传承文脉 传播文明——全省农村文化礼堂建设综述》,《今日浙江》2013 年第 15 期。
② 何力迈等:《共建村民们的精神家园——绍兴县乡村记忆基地成为重要文化场所》,《中国档案》2012 年第 6 期。
③ [美]罗伯特·D·帕特南:《使民主运转起来:现代意大利的公民传统》,王列、赖海榕译,江西人民出版社 2001 年版。

之中。"① 各学者对公共精神的解释都是有所偏重的，归纳起来，一是观念和价值层面。公共精神是以共同利益和社会整体需要为终极价值且人们在公共生活中形成的对公共事务整体观念和意识。二是态度层面。公共精神是指人们对于公共事务、公共秩序和公共问题所表现出的一种自觉关心和关注的态度。三是行为能力层面。公共精神表现为一种行动，在行动中尤其表现为以民主参与的方式广泛地参加社会生活、政治生活。② 简言之，"公共精神"可理解为社会成员以独立、自由的主体身份进入公共领域，超越自我意识的局限，积极主动地关注公共利益，参与公共事务的管理并致力于遵守和维护公共生活的准则和规范的意识和观念。

而乡村公共精神是指村民在处理个人利益与村庄公共利益的关系中所具有的关心与积极参与公共事务、政治利他、爱心和奉献等公共价值与信念，它与熟人利他交换行为、村庄共同体意识、公共事务中的政治契约精神以及社会主义市场经济的基本理念等密切相关；主要体现为村民对村庄公共利益或者集体利益的认同和维护，积极参与村庄公共事务，促使个体利益与公共利益共赢等。③ 农村文化礼堂建设的意义在于，它是一种乡村发展的策略，代表了对乡村未来的探索，它不仅勾画了新农村的理想图景，也是寻求关于乡村公共精神如何重塑的方法。农村文化礼堂的建设，能够通过举办各种形式的仪式、祭祀、娱乐、宣教等活动来挖掘、展现本村的文化底蕴，最终达到凝聚文化、重塑乡村公共精神的目的。乡村公共精神对提高农民的个人素质、维持乡村社会的有序治理、实现乡村的和谐发展有着深刻影响，最终有利于促进数字乡村建设，实现农村的良好治理。

二 农村文化礼堂对于数字乡村治理的作用

农村文化礼堂建设是浙江省社会主义新农村文化建设的重要实践与重要创新，对于数字乡村的文化振兴发挥了重要作用，具体表现为维护乡村秩序、传承乡村文化、重塑乡村精神以及提升村民素质等。

---

① ［美］珍妮特·V·登哈特、［美］罗伯特·B·登哈特：《新公共服务：服务，而不是掌舵》，丁煌译，中国人民大学出版社 2010 年版。
② 周紫玲：《中小城市市民公共精神培育研究》，《人民论坛》2015 年第 5 期。
③ 沈费伟：《乡村社会的振兴机理：基于治理结构视角的研究》，《观察与思考》2020 年第 10 期。

（一）维护乡村秩序

乡村秩序主要指农村社会结构要素之间平稳有序地进行互动，乡村社会处在相对稳定和均衡的状态。在漫长的历史发展中，传统乡村文化以独特的秩序意义规范和约束着人们的行为，维护着社会的稳定和发展。[1] 然而，随着当代市场化进程的发展，古老乡村文化和包含革命文化内容的乡村文化被先后瓦解，从而动摇了乡村秩序的基础。农村文化礼堂通过举办各种礼仪活动，彰显了民族传统在民间的活力，也体现了"礼治"的现代内涵，它是社会成员共同认可和遵循的社会秩序和行为方式。农村文化礼堂在数字乡村社会秩序的重构方面发挥着规范维系、凝聚调节以及教育教导的作用。例如，浙江省德清县在农村文化礼堂建设过程中从三个方面维护乡村秩序：一是传承"家风家训"促进和谐，始终把"家文化"的弘扬作为个人成长的土壤和社会和谐的基石。二是鼓励"民间设奖"涵养乡风。充分利用文化礼堂展示榜样的力量，设置了"乡土文化贡献奖""治水英雄奖""好村民奖"等乡村民间奖项 21 个，促进农民群众"德"的养成。三是推动"乡贤参事"自我治理。依托德清县深厚的游子文化，以文化礼堂为平台设立"乡贤参事会"，进而发挥乡贤参事会的基层自治作用。

（二）传承乡村文化

中国传统文化是产生于农耕生产生活方式基础上的农耕文化，它对塑造农民人格、促进农村社会发展具有决定性的作用。到了改革开放初期，经济市场化带来了物质文明的进步，在物质文化逐渐趋于主导的情况下，乡村文化价值理念的滞后与物质的高速发展之间势必会产生一定的冲突和摩擦。传统乡村农耕文化中的"无为和谐""崇德尚义"等价值理念受到了前所未有的挑战，正如玛格丽特·米德所言："利益驱动成为乡村社会的最主要行为方式，几乎颠覆了传统的文化价值，乡村文化价值体系在慢慢解体。"[2] 农村文化礼堂在挖掘地方优秀传统文化，举办儿童开蒙仪式、成人礼仪式，开展祭祖文化、民俗文化等节庆活动中做了有益的尝试与探索，整合了当地优秀传统文化资源，形成了传统文化传

---

[1] 沈费伟：《传统乡村文化重构：实现乡村文化振兴的路径选择》，《人文杂志》2020 年第 4 期。

[2] 梁茜：《社会主义核心价值体系引导下的乡村文化价值重建》，《武汉理工大学学报》（社会科学版）2014 年第 3 期。

承新模式。例如，浙江省乐清市因地制宜挖掘民俗文化，运用当地特色民俗文化建设农村文化礼堂。例如，乐清市南岳社区文化礼堂建高鹿民俗馆，城田文化礼堂建走马灯展示馆，北白象镇磐南文化礼堂建担帮文化展示馆等。通过文化礼堂展示特色民间工艺和民间艺术，使非物质文化遗产得到传承。反过来，文化礼堂的出现为民俗文化的复兴提供了一个绝佳的平台。

（三）重塑乡村精神

当前，许多新农村建设只注重浅层的农村地理空间的规划、物质场所的修复以及经济的发展，而对村民的集体记忆、价值信仰、民间习俗等经常忽略，乡村公共精神的缺失已经成为数字乡村建设中的一个普遍问题。农村文化礼堂为乡村记忆的传承、公共精神的重塑提供了一个鲜活的载体。通过文化礼堂公共空间的交往纽带增进村落社区的记忆强度和社会关联度，加强村民之间的地域和村庄认同意识，从而建构具有凝聚力、向心力、归属感、精神寄托的数字乡村精神共同体。例如，浙江省织里镇在农村文化礼堂建设过程中，挖掘各村特色文化资源，分别确定各村文化主题，如汤溇和乔溇的太湖文化、秦家港村的书画文化、庙兜村的美丽乡村文化、河西村的新居民文化等。在乡村振兴过程中，不仅要在外部环境上下功夫，也要重视内在的精神家园建设。织里文化礼堂的落成为当地农民提供了精神食粮，让大家有了温习乡土精神的重要场所。

（四）提升村民素质

当前农村正处在利益格局调整的社会转型时期，农民的文化素质、思想道德观念面临着巨大的冲击。在数字乡村建设背景下，农村文化礼堂建设要致力于对村民群众进行定期培训，以达到农民对农村文化礼堂需求不断提高与农村文化礼堂建设对乡村知识分子能力要求不断提高相平衡的目的。农村文化礼堂具备了图书阅览、影视播放、教育培训等服务功能，能够根据农民群众的文化需求，通过兴办农民夜校、图书馆、运动场开展农民喜闻乐见的健康有益的文娱、体育活动，丰富农村文化生活。农村文化礼堂还要办好农村广播，做好电影下乡和电视转播工作，及时向农民传送农村致富信息和先进适用技术，以此开展道德教化，进行文化熏陶，提升农民素质，为和谐乡村建设服务。例如，绍兴市发挥文化礼堂在推进农村学生教育方面的作用，依托农村文化礼堂阵地优势办"村娃学堂",进一步丰富文化礼堂活动的内涵,形成了未成年人的校外教育阵地。其中,越城区通过开设文明、德育、技艺"村娃学堂"三堂课,对接校内校外学堂,丰富村娃精神文化生活;柯桥区充分发挥农村文化礼堂阵地作用,积极开展"村娃学堂"系列活动,不断提升青少年的社会责任感、创新精神和实践能力。

三 农村文化礼堂制约数字乡村治理的原因

新时代,农村文化礼堂在数字乡村建设中发挥了积极的作用,尤其在传承优秀本土文化、弘扬文明乡风、提升村民素质、促进农村和谐等方面起到了不可替代的作用。然而,当前浙江省农村文化礼堂的总体利用率并不高,农民群众的接受度与参与率较低,农村文化礼堂在日常管理和长远规划上缺乏明确目标等现象成为许多农村文化礼堂建设中的突出问题,导致了文化礼堂核心价值的偏离甚至荒废。当前农村文化礼堂出现这些困境的原因包括四个方面,即资金不足、人才短缺、缺乏特色、管理滞后。

第一,资金不足。农村文化礼堂的建设是一项系统工程,其设备购置以及设施的基本维护、更新和管理、日常的运行管理等都需要大量的经费。目前,在农村文化礼堂的建设过程中,资金来源主要是上级拨款进行财政补助、农村集体自筹经费和社会个人企业捐助。虽然资金来源多样,但没有坚实的支持基础。政府虽采取以奖代补的形式对优秀农村文化礼堂进行奖励,但是对于该村来说往往是入不敷出的。此外,上级资金的补助从项目申报到实际拨款还要经过考核、验收等程序,需要的时间间隔较长;同时,一些地区存在以奖代补的方式,实际拨款给各村的建设费用在一定程度上是不够的,并不能解决文化礼堂建设发展的需求。例如,浙江省云和县是一个经济发展相对滞后的山区小县,财政力量比较薄弱,县级财政很难拿出较多资金进行配套补贴。另外,政府补贴资金采取先建后补的方式,在验收合格后资金才能到位。在资金尚未落实的情况下,农村文化礼堂建设和运转的工作积极性受到极大的影响。

第二,人才短缺。城市化进程带来的人口流动造成乡村文化建设主力军缺位,尤其是有文化、懂技术的青年农民群体的流失,使农村文化礼堂建设缺少富有生机的基础和强大的推动力。同时,一些农村的基层组织和干部在推进农村文化礼堂建设的过程中,把农民视为工作对象,未能充分尊重农民的意愿和创造精神,降低了农民参与乡村文化礼堂建设的热情。再加上乡村教育日趋城镇化，留守儿童的隔代教育问题普遍存在，这些都削弱了乡村文化的发展潜力。虽然目前很多文化礼堂投入运营，但依然缺乏农村文化专业人才。农村文化礼堂的日常管理工作目前有半数是农村宣传文化员兼任，只能处理一些简单的工作，不能更好地开展丰富多彩的精神文化活动；在文化礼堂建设的过程中，没有专门负责管理看护的人才。例如，在浙江省杭州市富阳区大源镇贻口村农村文化礼堂的管理者团队中，共有老龄协会成员7人，年龄从65岁到72岁不等，加上一名村宣传文化员。这样的管理队伍显然无法满足农村文化礼堂建设的长远发展。

第三，缺乏特色。在新农村文化礼堂模式推广过程中有很多极具特点的典范，他们通过深挖本村文化底蕴和本村的地域特色，建成了能够代表本村文化特点、适合本村村情、农民群众认同的特色文化礼堂。但是在浙江省农村文化礼堂建设的过程中，有些村由于缺少创新精神，无视不同村之间文化积淀严重不同的事实，简单地对试点村的经验进行复制，导致文化礼堂内涵单薄、群众认同度低的恶劣后果，实属对资源的浪费。而有些村则简单地把文化礼堂当作一项面子工程来对待，没有对本村的文化内涵进行深度挖掘，缺乏创新意识。据笔者调查，目前很多农村的文化礼堂存在活动形式单一、年龄阶层单一等缺点，文化礼堂举办的活动仍停留在简单的唱歌跳舞，没有因时制宜、因地制宜地开展具有本村特色的文化活动，这在一定程度上扭曲了宣传部门建设农村文化礼堂的本意。有些试点村的文化礼堂开始建设时得到了村民的大力支持，但是其内容与形式长期不变，这种简单机械式的复制导致本就基础薄弱的文化礼堂建设因得不到村民的认同而难以发挥作用，这种趋同化倾向使乡村文化建设丧失发展动力。

第四，管理滞后。现阶段，浙江省农村文化礼堂管理机制滞后，笔者调研发现某些村存在以下问题：从村民角度出发，有些村民从来没有去过文化礼堂，有些村民根本不知道文化礼堂的存在，有些村民则认为文化礼堂可有可无；从村干部的角度出发，某些村干部对文化礼堂的认识停留在面子工程、政绩工程的水平，有些村干部只注重硬件设施的建设，对文化软设施重视不够，有些村干部则简单地认为文化礼堂建设完成即可，对后期运营宣传毫不关心。综合而言，当前基层政府管理的错位制约了农村文化礼堂整体功能的发挥，而农民群众在文化礼堂建设和运行管理中没有发挥主体作用,文化礼堂的利用率不高且没有发挥出文化礼堂发展当地文化产业的力量。种种认识上的误区和管理制度的缺乏使农村文化礼堂建设不能在当地得到很好的落实。

四 农村文化礼堂助推数字乡村治理的策略

农村文化礼堂是实现农民群众精神富有、建设精神家园的一个有效载体,也是建设数字乡村的重要举措。农村文化礼堂建设的关键在于把政府建设文化礼堂的外部推动力转化为村民普遍的文化认同和内在需求,把文化礼堂从物质的外部形态转化为村民观念中的精神和情感要素,把农村文化礼堂建设从同质化照搬复制转化为因地制宜、特色化和可持续性发展。为克服上述农村文化礼堂发展中的困境,实现数字乡村的有效治理,需要设立专项资金、培育人才队伍、营造文化品牌、健全管理机制,以此促进农村文化礼堂的健康发展。

(一)农村文化礼堂助力数字乡村治理的总体思路

浙江省农村文化礼堂由于起步早、投入多、发展快,当前在全国基层综合性文化服务中心建设中走在前列,为数字乡村公共文化服务的可持续发展探索了新的模式与路径。然而,据笔者考察发现,现阶段浙江省农村文化礼堂虽然发展迅速,但是也面临着发展方式粗放、影响力逐渐式微、吸引力明显降低等弊端,迫切需要从农村文化礼堂助力数字乡村文化振兴的总体思路层面加以正确引导与积极推进。

第一,把政府建设农村文化礼堂的外部推动力转化为村民普遍的文化认同和内在需求。当前浙江省农村文化礼堂建设部分失败的原因主要在于其是依靠政府的财政与政策支持建立的,因而许多农村文化礼堂没有真正融入农民的生产生活,缺乏群众基础。因此,要想充分发挥农村文化礼堂的效用,促进农村文化礼堂的可持续发展,就需要以满足农民的需求为导向,积极挖掘村民的文化潜力,让村民成为文化活动的主角。唯有真正促进农村文化礼堂的价值,才能使农村文化礼堂不仅是农村景观的重要组成部分,也是基层社会建构的物质载体与新农村文化自信的重要体现,更是数字乡村建设中"浙江样本"的成功案例,对于数字乡村的振兴再造具有重要的实践意义。

第二,把农村文化礼堂建设从外部物质形态转化为村民观念中的精神和情感要素。浙江省将农村文化礼堂的建设"纳入经济社会发展规划、纳入数字乡村建设和乡村振兴战略,纳入公共文化服务标准化均等化建设体系"。农村文化礼堂在发展过程中尤其要注重同当地村民的文化观念相结合，使农村文化礼堂的活动更加贴近实际，让村民感觉更亲切。例如，舟山市定海区各地文化礼堂充分挖掘农耕文化、渔俗文化、非遗文化等资源，开展民俗展示、民俗体验、非遗陈列等活动，将文化礼堂与周边自然及人文景观串联，实现了农村文化礼堂发展与当地民俗文化传承相呼应的目的。① 另外，乐清市前横文化礼堂的百工展示厅、嵊泗县菜园镇金鸡岙文化礼堂"渔民号子"非遗传承活动、温州市瓯海区杨宅文化礼堂侨文化展示馆、平阳县昆阳镇雅村文化礼堂"机会馆"等，也都很好地将农村文化礼堂建设从外部物质形态转化为村民观念中的精神和情感要素，从而达成农村文化礼堂助力数字乡村发展的目标。

第三，把农村文化礼堂建设从同质化照搬复制转化为因地制宜、特色化、可持续性发展。20世纪80年代以来，浙江省的乡镇文化站、农家书屋、广播电视村村通、农村电影放映、文化信息资源共享和图书馆乡镇分馆建设等项目和工程，都在不同程度上推动了农村公共文化服务体系的发展。但是由于上述项目都按照政府统一化的思维来开展同质化的建设，结果必然无法为乡村社会发展提供文化动力。因此，针对目前浙江省农村文化礼堂建设中存在的同质化程度高、内容单一、资源分散、利用率低等问题，政府迫切需要结合各地的自然资源禀赋、人文历史传统、经济基础条件等实际条件，鼓励各地在建设文化礼堂时因地制宜、彰显特色，形成适宜当地数字乡村文化发展的不同模式，以此助推农村文化礼堂的可持续发展与乡村振兴的绩效提升。

（二）农村文化礼堂助力数字乡村治理的实施策略

第一，设立专项资金：农村文化礼堂建设的物质基础。当前浙江省在农村文化礼堂建设的资金投入方面已经实行了政府投资、企业与社会募捐和村民集资等多种方式，但如何让政府拨发更多款项来支持文化礼堂建设，如何让群众、企业等投入更多的资金参与文化礼堂建设，是我们最应该考虑的问题。首先，政府必须在增加建设资金投入的基础上，设立财政专项资金并加大投入，实行奖惩措施，对于考核优秀的文化礼堂给予资金补贴以资鼓励，对较差的文化礼堂则予以批评并督促其改进。

---

① 陈信等：《基层公共文化服务可持续发展模式研究——以浙江农村文化礼堂为例》，《山东图书馆学刊》2021年第1期。

其次，文化礼堂建设依靠上级补助资金是远远不够的，无法满足文化礼堂的建设和发展需求，必须依靠市场力量的介入。具体来说，农村文化礼堂建设既要通过与本土企业合作，寻求资金赞助，又要自我发展旅游经济，开辟新渠道。再次，引导社会各类组织和各界人士以"结对共建"的方式帮助解决文化礼堂筹资方面的困难。最后，村民是文化礼堂建设的直接受益者，所以发动村民对文化礼堂进行资助是可能的。在实践中，可以尝试采取建立基金会、"每日一捐"、建设预备资金库等方式开展文化礼堂的建设工作，但应该注意选择一种村民更容易接受的形式，不应让村民因文化礼堂的建设产生资金上的压力。

第二，培育人才队伍：农村文化礼堂建设的人才支撑。农村文化礼堂建设队伍是基础，人才是关键，所以需要培养一支扎根基层、扎根乡村的管理工作者、文艺工作者和志愿者队伍，丰富农村精神文化生活和提高广大农民的文化素质。首先，管理员队伍是保障农村文化礼堂有序高效运行的关键。在农村文化礼堂管理队伍的建设上，需要积极探索推行农村文化礼堂理事会制度，发挥好热心人士、创业成功人士、文化能人、村干部等的作用。其次，积极培育文艺工作者。挖掘和培育本土文化能人、文艺骨干、文化团队，推动民间文化服务自我供给，是解决农村文化礼堂人才资源紧缺的有效途径。再次，充分发挥文化志愿者的作用。各地可根据实际需要，组建包括礼堂讲解员、文体辅导员、文明督导员、文化普查员等在内的志愿者队伍，定期培训，定期考核，表现良好的志愿者可吸纳为村委会班子成员。最后，发挥民间组织力量。乡村民间组织以追求经济活动效率和农民社会福利为目标，是由农民自发组织并能满足农民心理文化需求的非官方组织。在农村文化礼堂建设的过程中，要充分重视和发挥民间组织的力量，为农村文化礼堂工作开展提供人才保障。

第三，营造文化品牌：农村文化礼堂建设的核心要素。农村文化礼堂的品牌是在建设和发展中形成的，是在日常工作活动中一点一滴积累起来的，努力形成"一村一色""一堂一品"，打造数字乡村文化的亮点和品牌。浙江省农村文化礼堂的建设要充分挖掘本土文化资源，积极收集、整合资源，形成具有地方特色的村落文化，有利于传统文化的保护和传承。如果文化礼堂千篇一律就会失去建设的意义，文化礼堂的发扬也将失去活力。在塑造农村文化礼堂的品牌上，首先，要培育活动品牌。

好的文化礼堂品牌活动不仅能扩大农村文化礼堂的社会影响力,提升公共文化服务水平和质量,更能激发广大农民群众参与的热情,发挥文化礼堂的真正作用。其次,各村在文化礼堂建设中,必须明确各自的文化主题,多遵照因地制宜的原则来融化吸收本村的历史遗产。再次,要强调地域文化传统,让本地区和本村庄最独特、最不可复制的资源发挥作用。品牌的建设具有长期性,并不是一朝一夕就可以形成的,而且资金、人员与文化资源三者要相互促进。最后,农村文化礼堂的品牌建设不能"闭门造车",要积极"走出去",即与邻近及其他地区互通有无,最终实现文化礼堂的品牌化、优质化。

第四,健全管理机制:农村文化礼堂建设的制度保障。农村文化礼堂作为数字乡村精神活动的重要阵地,必须通过加强管理才能保证农村文化礼堂持续发展,否则就会导致农村文化礼堂步入无序发展的状态或闲置。也就是说,文化礼堂是否用得好,能否活起来,取决于文化礼堂管理水平的高低。因此,提高管理水平需要从三个方面着手。首先,完善管理机构、明确职责。当前农村文化礼堂的管理人员多是村委会的成员,管理制度不严密,轮换制度也不翔实。因此,建立完善的、具体的管理人员轮班制度,做到权责分明,是治理好文化礼堂的一大关键。其次,健全管理制度。一是建立农村文化礼堂日常管理制度,包括场地使用制度、资金使用制度等,要严格按照制度办事,确保文化礼堂有序长效运行;二是建立考核机制,把农村文化礼堂建设纳入政府为民办实事工程中,纳入数字乡村建设考核中。最后,激发村民的管理热情,形成村民自愿参与的管理组织。要管理好文化礼堂,光靠少数的管理人员是不够的,需要进一步发挥每一个村民投身建设文化礼堂的积极性和创造性,从而真正地促进礼堂建设,最终推动数字乡村发展事业的前进。

综上所述,农村文化礼堂是乡村生命共同体,从内容上说,应着眼于创建当代"礼"文化体系,以德树人,以文化人,重建乡村社会基层"礼性",将国民的"本心之仁"发展成一种"现代之礼",维系乡村社会总体关系和文化生活新常态;从形式上说,它不仅仅是建筑和艺术活动的问题,也是一种多元意义的"堂",以"礼"蕴"堂",把乡村文化精髓、传统核心价值融入日常生活之中,把农村文化礼堂建设成为乡村传统文化教育空间、礼仪空间、节日空间。农村文化礼堂既能够呈现城市化进程中失落已久的"礼"文化在乡村生活中的留存,又能展示现代数字乡村的新风貌。① 因此,浙江省农村文化礼堂的建设要以数字乡村长远发展要求和现代化建设要求为根本指向,既要根植乡土,以传统文化为内核,又要以开阔的胸怀和视野,汲取现代化的社会文化意识,重新建构一种农民群众普遍认同和自觉实践的数字乡村文化价值,以充分的文化自觉实现精神的富有。

第三节 数字乡村治理与教育信息发展

随着大数据、物联网、云计算等现代信息技术以及人工智能技术的快速发展,人类社会开始逐步走向数字化、网络化和智能化的新纪元。现代信息技术的发展对教育领域的影响是广泛而深远的,不仅促进了城市教育信息化的升级换代,对农村教育技术变革也产生了重大影响。对此,《国家中长期教育改革和发展规划纲要(2010—2020年)》正式颁布,提出"推进教育信息化,构建农村教育技术治理模式",体现了国家对农村教育"技术治理"的重视。随后《国家教育事业发展"十三五"规划》中也强调要积极发展"互联网+教育",推进优质教育资源共建共享,加快优质教育资源向边远的农村地区覆盖,充分反映了党和国家对农村教育技术发展的关注和重视。党的二十大报告明确强调在乡村振兴的背景下,要加快建设高质量教育体系,发展素质教育,促进教育公平。因此,基于"互联网+"的时代背景,致力于推进农村教育"技术治理",进而促进乡村振兴战略目标的实现,是一个极具现实意义的研究问题。

那么何为农村教育"技术治理"?笔者认为,农村教育"技术治理"是现代信息技术在农村教育中的融合应用发展,通过借助计算机辅助教学、移动互联网、大数据等现代信息技术手段协调农村不同教育治理主体的目标与责任,最终实现农村地区教育的信息化与现代化发展目标。② 在是否推进农村教育"技术治理"方面,目前学术界尚未达成普遍共识。持赞成态度的学者认为,农村教育"技术治理"能够有效减少城乡教育

---

① 刘秀峰:《农村文化礼堂:从公共空间到社区营造》,浙江工商大学出版社2016年版。
② 沈费伟、袁洁:《农村教育"技术治理"的构建:制约因素与路径选择》,《杭州师范大学学报》(社会科学版)2020年第3期。

发展差距，实现农村教育教学、组织管理、校园生活的信息化服务，提高教育质量和效率，是促进教育现代化的主要手段之一。① 与之相反，还有部分学者认为，现代信息技术为农村教育带来了不可避免的技术风险。互联网带来的信息技术扩散导致了城乡"数字鸿沟"的加深与"互联网接入途径"的不平等，削弱了农村教育者的权威，破坏了农村教育的道德伦理。②

尽管现阶段学术界对于农村教育"技术治理"的发展态度褒贬不一，但是现实已经表明"互联网+教育"在广大农村地区已经取得了丰硕成果。例如，安徽、天津、湖南、湖北、宁夏、吉林、江西、新疆等地区的众多农村学校，利用实时课程共享平台"阔地造"解决优质教育资源分配不均衡的问题。甘肃为促进农村义务教育均衡发展，利用"阳光课堂"网络直播课为农村小规模学校带来优质教学资源，使偏远教学点的艺术类课程也能够固定开课。由此可见，农村教育"技术治理"是未来数字乡村建设和发展的必由之路，也是实现教育现代化的必然选择。

一 数字乡村教育治理的优势特点

（一）农村教育"技术治理"的优势解析

第一，农村教育"技术治理"理念：从知识授受到自主学习。传统农村教育基本是以"教师讲授—学生听讲"为主的班级授课制，由教师系统地传授各科知识，学生接受现成的知识成果，教学内容和进程形式化严重，致使学生学习的主动性和独立性受到一定程度的限制。随着现代教育理念由"以教师为主"向"以学生为主"转变，农村教育"技术治理"跟随教育理念潮流，开始开发支持学生自主学习的远程教育网络系统。农村教育"技术治理"提供了教学资源在线服务平台，该平台涵盖教学资源在线学习、互动交流、在线测试、学习评价、信息发布等内容，使学生随时随地自主学习成为现实。通过建设农村地区软硬件网络环境，打造优质共享课程资源平台，满足教师和学生多元化教与学的需求。农村教育"技术治理"在传统教育技术的理念基础上吸纳信息技术，以"互联网+农村教育"的方式逐步形成以促进农村学生的自主发展为宗

---

① 张新明、黄学敏：《信息技术、教育信息化及其发展对策》，《电化教育研究》2001 年第 10 期。

② 张成岗等：《信息技术、数字鸿沟与社会公正——新技术风险的社会治理》，《中国科技论坛》2018 年第 5 期。

旨的现代教育模式。

第二，农村教育"技术治理"目标：从全面发展人才到乡土人才培养。传统农村教育依托国家教育总体目标，即"培养德、智、体全面发展的社会主义事业的建设者和接班人"，以学生完成义务教育阶段的素质教育为教育目标。现如今，随着现代教育技术的发展，我国农村地区开始实行教育资源优化配置的农村教育"技术治理"模式，从课程内容、教学媒体到教师资源、教学方式的一系列革新，为农村地区带来优质教育资源。现代农村教育"技术治理"注重开发适应当地农村教育的本土课程与先进的教育教学资源，利用网络对本土课程进行对外宣传，构建农村学校特色文化。这种农村教育"技术治理"所倡导的本土特色课程为满足乡村青年的发展需要提供了无限的可能，有助于培养出一批品学兼优、拥有乡村情感与价值观、乡村文化自信，接纳现代文明的乡土人才。[①] 借助现代教育技术的革新，农村教育"技术治理"实现了由全面发展人才到乡土人才培养的现代化农村教育目标的过渡。

第三，农村教育"技术治理"思维方式：从经验思维到实证思维。在教育治理过程中，传统农村教育注重运用经验思维进行治理，其特点主要是将事物固有的因果关系假定为运行规律，在评价与判断过程中较依靠经验推断与少量数据，带有较强的个人主观性。[②] 而在"互联网+"时代背景下，农村传统教育治理的经验思维方式发生了本质性变革，"用数据说话"的表现方式成为绩效的评判标准，进而重构农村教育"技术治理"实证思维模式。现代信息技术为农村教育提供了客观有效的数据支撑，能够帮助农村师生分析复杂多元的数据，厘清事物间的联系，还原对事物的整体性认识，这是教育"技术治理"主体应该具有的实证思维方式。[③] 因此，大数据时代的到来使农村教育治理的传统经验思维方式发生了本质性变革，农村教育"技术治理"改变了以往的经验思维传统，开始以基于多元数据分析的实证思维方式指导农村教育"技术治理"

[①] 沈费伟：《教育信息化：实现农村教育精准扶贫的战略选择》，《中国电化教育》2018年第12期。

[②] 刘伟：《大数据思维视阈下的高等教育治理变革》，《内蒙古社会科学》（汉文版）2017年第1期。

[③] 陈霜叶、孟浏今、张海燕：《大数据时代的教育政策证据：以证据为本理念对中国教育治理现代化与决策科学化的启示》，《全球教育展望》2014年第2期。

实践。

第四，农村教育"技术治理"体制结构：由政府管控到多元共治。传统农村教育治理由于受计划经济时代专制主义思想的影响，逐渐形成了以政府为主导的教育管理模式。在该管理体制的影响下，传统农村教育忽视了治理体系中各利益相关主体的参与性与协同性，往往由具有话语权的政府主导，呈现出单一的政府主控的管理体制。对此，罗伯特·阿格拉诺夫和迈克尔·麦奎尔认为，多主体协作是人们在风险社会中处理跨组织和跨部门界限的公共事务活动的有效方式。[①] 现代农村教育"技术治理"所倡导的大数据多元共生关系对政府的管控模式产生了强烈的冲击，通过利用"技术治理"达成的多元共治管理体制逐渐打破了政府的主导格局。农村教育"技术治理"通过对话与合作来平衡不同治理主体间多样的利益冲突，以实现既定的公共目标，进而形成农村教育"多元主体共治"的格局。[②] 简言之，农村教育"技术治理"在利益最大化的同时，激励多元主体参与农村教育治理活动，通过数据多元性平衡各主体间的权利配置程度，最终达成由政府管控到多元共治的体制结构转型。

（二）农村教育"技术治理"的特点归纳

第一，教育过程的个性化与互动性。"互联网+"时代推动了农村教育理念完成从知识授受的灌输式被动学习到启发式自主学习的转变，体现为农村教育"技术治理"的个性化与互动性特征。首先，农村教育"技术治理"可以致力于对单个学生的学习过程及阶段做追踪研究和总结评价，形成一套系统的跟踪记录并予以贮存，再根据其学习情况制定一套个性化学习方案，促进学生自主学习。网络服务系统也可根据学生个人学习情况、学习能力，为学生提出学习建议，同时为教师的教学提供指导方案。其次，农村教育"技术治理"具有良好的交互性能。农村教师可结合线上移动教学平台，远程实时了解和洞悉学生学情及能力，通过网络系统和移动教学平台，脱离"教室控制教学"的束缚，扩展教学时间和空间，为师生提供实时、全面、动态的互动学习平台。

[①] Rosemary O., et al., "Introduction to the Symposium on Collaborative Public Management", *Public Administration Review*, Vol. 66, No. 1, 2006, pp. 6-10.

[②] 黄巨臣：《农村教育"技术治理"精细化：表现、局限及其应对——基于协同治理理论的视角》，《湖南师范大学教育科学学报》2018年第4期。

第二，教育资源的平等性与传播性。农村教育"技术治理"为农村教育带来个性化服务与交互式学习方式的同时，也使教育资源更广泛地应用于农村教育领域，这主要体现了教育资源的平等性与传播性。首先，农村教育"技术治理"的实践可以跨越学习者的年龄、性别、地域等条件限制，整合城乡不同地区的教育理念、教育资源和教学方式，让农村学生能够享受与城市学生平等的受教育权与资源，体现了"技术治理"为农村教育资源带来的平等性。其次，农村教育"技术治理"能够提供沟通交流、相互参与的传播平台。一方面，农村教育"技术治理"能够直接连接城镇与乡村，不仅可以实现城乡学校之间的帮扶，而且可以为农村学校提供参与更多教育活动的机会。另一方面，农村教育"技术治理"也可以使农村学校成为信息的发布者，将具有本土特色课程进行网络宣传，让农村学校文化"走出去"，真正增强我国整个教育体系内容的丰富性与多元性。

第三，教育数据的客观性与真实性。现代农村教育"技术治理"依托大数据带来的实证数据，传达事物与事物之间的关联性以及事物的各种要素之间的相关性，利用数据的客观性探索事物和解决方案的真实性，用数据的客观规律揭示事物的本质属性。因此，一方面，现代农村教育"技术治理"正在利用"开放的教育数据源传递真实有效的数据信息，形成相互对话与科学分析的有效路径，逐步将主观的经验思维模式转化为客观的实证思维模式"。另一方面，通过对农村教育治理活动中内外因素的数据进行预测、评估和推理，使教育数据与农村教育"技术治理"活动联系更加密切，提取的数据信息更加真实有效，为农村教育"技术治理"改革进行科学、有效、可行的治理决策提供事实依据。

第四，教育方案的整体性与多元共生性。农村教育"技术治理"是涉及多个层面的复杂系统工程，各治理主体、治理主体内部各要素同信息之间的关系体现为整体与部分的完整性以及部分间的多元共生性。农村教育"技术治理"的教育方案主张在多元主体相互竞争与合作的过程中实现互利共赢，共同开展对话互动并执行决策，逐步实现由一元向多元共生的教育方案演进。农村教育也逐步由大众化的教育培训方案向精英型的教育培育方案转变，促使农村教育治理主体在决策层面达成共识，在互动交往中寻求互惠互利的共生路径。最终，农村教育"技术治理"借助教育方案的整体性与多元共生性削弱了传统农村教育中政府占据统治地位的态势并向友好型的多元治理方向发展。

因此,农村教育要完成从传统到现代的转变,必须利用现代农村教育"技术治理"的特点并予以支持。通过保障现代教育技术助推农村教育治理主体与事物的快速发展,在农村教育体制中发挥现代农村教育"技术治理"的优势,最终实现农村教育的现代化目标。

二 数字乡村教育治理的现实困境

就目前的发展状况来说,我国已从政策制定和技术支持两个方面对农村教育进行了"技术治理"的支持,但现实状况仍不容乐观,现实中仍存在许多制约农村教育"技术治理"发展的因素。为了探寻农村教育"技术治理"的可行性道路,笔者提炼总结了农村教育"技术治理"的制约因素,并且对内在的弱化原因进行了深入剖析。

(一)农村教育"技术治理"的制约因素

第一,硬件设施与软件资源发展滞后。通信网络、计算机等硬件设施是农村教育"技术治理"发展的物质基础,教学资源、多媒体素材、网络课程等软件资源是其发展的核心设备。然而,当前农村教育"技术治理"依旧存在硬件设施与软件资源发展滞后的问题。首先,许多农村学校配备与使用的计算机无论是数量还是质量都较为落后,难以满足当前的教学需求。例如,四川和云南部分农村地区的学校反映,他们使用的现代教学设备多为社会捐赠的淘汰型产品,质量差且维修成本高。[1] 由于政府对其维护、更新和升级资金不足,设备由此被搁置,导致"技术治理"缺乏硬件上的支持。其次,软件资源利用方面的难点在于缺乏配套的数字教学资源。从教育教学平台获得的教学资源基本上是与城市学生息息相关的事物材料,直接将其挪用到农村教育中显得格格不入。由此看来,目前农村教育"技术治理"的现有基础对设备升级、扩充存在很大障碍,农村信息化教学资源的开发建设急需重建。

第二,农村教师资源与技术人才的双重匮乏。农村教育"技术治理"需要兼具专业教师和技术人才的能力,他们是开发与利用信息化教学资源的主体。然而,目前国家大力推出"特聘教师""卓越教师""免费示范生"等政策,由于教师不能充分掌握现代信息技术应用,未能为农村

---

[1] 张伟平、王继新:《信息化助力农村地区义务教育均衡发展:问题、模式及建议——基于全国8省20县(区)的调查》,《开放教育研究》2018年第1期。

教育的现代化打开新局面。在笔者的调研中也发现：首先，农村教师知识体系老旧，老龄化严重。研究统计发现，目前农村教师的平均年龄约为45岁，30岁以下的青年教师仅占8%左右。[①] 其次，师资培训资金不足，信息化空间被压缩。对于多数农村学校而言，教师参加技能培训和对外学习的成本较高，进一步压缩了农村学校的信息化建设空间。最后，许多农村教师不会操作计算机，不了解教学软件作用，缺乏开发及利用现代化教育资源的能力和意识。技术人员在农村学校中只负责硬件设备的维护和安装，缺乏教育理念和开发意识，导致现代化信息技术与农村教育无法达到相互促进的效果。

第三，农村教育理念与现代技术不适应。农村教育"技术治理"本源问题主要是理念问题，现代技术的嵌入为农村教育打开了新视野，但是在现代技术融合农村教育的过程中仍存在农村教育理念不适应的问题。这主要表现在两个方面：一方面，现代技术追求的"效率至上"的法则带来了"标准化的教学形态"，即内容的统一、方法的固定、进度的一致。这表面上看似将农村与城市学生放到了同一起跑线，有助于补齐教育资源缺乏的短板，但实际上却造成了城乡学生学习能力上的"马太效应"。另一方面，教师缺乏现代教育技术理念的指导，依旧以应试为主要教学目的。在学校的办学思路上，"标准化"倾向成为制约农村教育"技术治理"的主要因素。农村学校之间不仅仅在校园布局和建筑风格上追求一致，更严重的是在教育思想上具有从众倾向，展现出明显的教育"同质化"现象。

第四，管理机制体系与制度政策的短期治理。农村教育"技术治理"的作用发挥离不开政府的组织管理和制度政策支持。但目前来看，政府部门尚未将现有的管理机制和制度政策深度融入农村教育"技术治理"的框架内，因而造成了现代农村教育的发展缺陷。首先，农村教育管理体系机制依然采用垂直式的上下级管理模式，利用现代技术来实现多元共治的理念形同虚设。其次，政府部门追求"技术治理"的表面绩效而忽视农村教育根本性问题的解决。现实中某些政府部门为了追求形式化的绩效，导致其教育治理目标降低。最后，政府对农村教师政策缺乏合

---

① 邓红等：《农村教育信息化发展的问题与策略研究》，《西北成人教育学院学报》2018年第5期。

理的安排，编制问题已经不能作为农村吸引优秀教师的政策红利，这些都极大地阻碍了农村教育"技术治理"的发展与推进。

(二) 农村教育"技术治理"的弱化原因

第一，城乡教育二元结构的根深蒂固。尽管目前国家在大力取缔户籍制度，淡化城乡二元结构，但城乡教育二元结构的深刻影响已经从财力、物力、人力各个方面渗透农村教育领域，给农村教育"技术治理"带来巨大阻碍。首先，农村教育"技术治理"存在资金短缺问题。相对于城镇来说，农村地区经济发展水平较低，乡镇政府财政资源薄弱，难以支持农村"技术治理"发展的资金保障。其次，农村教育"技术治理"面临人才流失问题。许多农村年轻骨干教师由于缺乏工资收入和福利保障，被迫转向乡镇中心学校、县重点学校，城乡教育二元结构使农村优秀教师不断流失，造成农村教育"技术治理"在人力资源上形成巨大缺口。最后，农村教育"技术治理"忽视本土文化传统。由于政府部门人员对农村地区信息资源和教学资源的开发缺乏实地调研和相关经验，不完全了解农村地区的经济社会、自然环境、风土人情等信息。在该治理模式下，一些政府领导者期望通过城市学校，尤其是城市名牌学校在农村的大量"复制"来"发展"农村教育，结果必然导致农村教育"技术治理"发展的滞后。

第二，传统政府的教育行政体制阻碍。由于受中华人民共和国成立初期计划经济体制的影响，传统政府的教育行政体制依然对新的农村教育"技术治理"机制产生了一定的阻碍作用。这种消极的阻碍作用表现在两个方面：首先，在传统政府的行政体制下，形成了教育公共政策中的"城市中心主义"的价值理念和"城市优先"的价值取向。国家教育"技术治理"配置投资将教育经费、优质设备、良好师资等资源主要集中于城市地区，然而在急需政府扶持的农村地区，国家教育"技术治理"对其投入资本来说杯水车薪，从而延续了农村教育发展的滞后。其次，农村教育的"技术治理"在实践过程中不断强化其"事本主义"逻辑，采取治理目标分类赋值排序方法，利用现代教育技术量化研究，形成了易于操作的目标定量管理系统。从某种意义上来讲，这种体系的形成恰好与政府部门对治理效果的短期性、外显化的绩效考核需求相契合，但忽略了人力资本的自下而上的评估要求，最终导致农村教育"技术治理"依旧被行政主导的、以政绩为评判标准的教育模式所固化。

第三，传统教育观念与现代教育模式冲突。目前传统教育观念与现代教育模式依然存在较大的冲突，主要体现在以下三个方面：首先，在培养目标上，传统农村教育侧重于普及文化知识，是一种符合广大群众的大众化教育，而现代农村教育更注重精英人才的培养，是一种专业化的精英教育。其次，在发展环境上，现代教育技术以城市为标杆，为城市教育量身定制一系列的教育教学资源，而乡村教育依然采用传统的教育教学方式，现代技术作为外来事物嫁接到乡村，势必会造成教育资源的不适反应。最后，在地域文化上，现代农村教育"技术治理"将现代教育文化带到农村，为农村教育带来了新的风向标。但农村教育作为中国传统教育文化的重要组成部分，受到现代教育文化的冲击，并与现代教育文化观相冲突。因此，现代农村教育"技术治理"的实施，确实有助于教学效率的提高，但技术不是目的而是手段。如果盲目以"技术"为中心，必然导致传统教育与现代教育之间的矛盾，使农村教育"技术治理"成为无"边界"的教育治理。

第四，现代技术与教育制度的不匹配。现阶段农村教育"技术治理"过程中存在着现代技术与教育制度不匹配的问题。首先，现代技术的发展速度大于教育制度的形成速度。农村教育"技术治理"的深入实施需要完善的教育制度保障，然而目前相关政府部门在教育理念、教育政策、教育模式等方面缺乏前瞻性的理论与实践研究，尚未实现现代技术与教育制度的均衡发展。其次，在我国政府行政主导的农村体制下，农村教育"技术治理"无法推行。而且近年来推行的"撤点并校"教育制度改革促使学生分流疏散就读，造成许多学生无法在农村就学，导致农村教育"技术治理"很难推行。最后，有些政府部门对于现有的农村教育"技术治理"制度政策实施、应用、推广力度不足，直接造成了现代化"技术治理"难以在农村教育领域落地生根。实地考察发现，由于各地区农村教育"技术治理"能力不均衡，部分地方政府往往对中央制定的教育技术制度采取不同的应对策略，直接导致了农村教育"技术治理"在实践中的执行能力低下，缺乏制度保障，进而造成农村教育"技术治理"效果不显著。

三 数字乡村教育治理的优化路径

现代技术在农村教育领域的广泛应用为现代化农村教育改革带来了无限的动力源泉。同时，正视并及时解决上述现代信息技术嵌入农村教育中所展现出的诸多局限和不足，才能真正提高农村教育"技术治理"的现实绩效。在优化农村教育"技术治理"的路径上，本书从顶层设计、多元主体、教育观念、管理机制以及人才培养五个方面提出了解决策略。

（一）完善教育顶层设计，实现城乡教育"技术治理"的融合发展

从顶层设计的整体规划和可操作性出发，完善对农村教育"技术治理"的规划设计，需要确保农村教育"技术治理"的目标向着缩小城乡教育差距、促进城乡教育一体化发展出发。首先，从整体性角度来看，农村教育"技术治理"的顶层设计不仅包括国家层面的顶层设计完善，而且涵盖了各省市及相关部门针对农村教育发展所制定的法律制度。因此，农村教育"技术治理"的顶层设计应充分考虑农村教育技术发展并做好总体布局。通过平衡农村教育"技术治理"的发展，确保各地区农村教育部门进行有效规划和整合发展，促进农村教育的发展水平提升，最终确保农村教育现代化的实现。其次，从可操作性角度来看，在农村教育"技术治理"过程中需要针对农村教育的特点进行顶层设计，使农村教育"技术治理"在吸纳现代技术提高教育质量的同时，保持"乡土文化"回归教育传统的本位。最后，为了切实保障农村学生接受现代教育"技术治理"带来的高质量教育的机会，应从顶层设计入手，注重城乡教育资源的均衡分配，缩小农村教育和城市教育的差距，从根本要素上提升农村教育"技术治理"的发展。

（二）构建教育协同机制，保障农村教育"技术治理"的多元主体参与

农村教育"技术治理"的实现要求构建教育协同机制，保障农村教育"技术治理"的多元主体参与。一般而言，农村教育"技术治理"的协同机制包括农村教育"技术治理"主体、对象、载体等相互衔接的协同机制，多区域、多部门、多组织以及多元个体共同参与的农村教育"技术治理"协同机制以及农村教育基本制度与配套制度之间的耦合机制等。而上述协同机制的构建离不开各个农村教育治理主体的努力与工作。一方面，要明确地方政府、基层政府和村委会三级组织的治理职权，这既体现为三者自身角色的调整，也包括对农村教育"技术治理"的重视和理性应用，共同合作推进农村教育的现代化进程。另一方面，保障农村教育"技术治理"中的村民群众的治理主体资格权利。在农村教育"技术治理"的协同机制设计之初和制度调整过程中，均应保障每位农村学生享受教育"技术治理"的主体资格条件，从而培育村民的主体性意

识。另外，为保障农村教育"技术治理"的透明性和公正性，需要加强社会的监督机制，用信息化的手段增加教育信息的公信度和透明度，时刻接受人民群众的监督，保障农村教育"技术治理"公平和均衡发展，最终保障农村教育"技术治理"中多元主体的合法权益。

（三）改变传统教育观念，加深现代技术与农村教育的深度融合

党的二十大报告强调教育优先的发展战略，其核心内容之一是改变传统教育观念，加深现代技术与农村教育的深度融合，最终促进城乡教育融合发展。首先，摒弃农村教育传统定位，强化现代教育"技术治理"理念。广大村民群众，尤其是地方政府领导者要积极学习现代农村教育"技术治理"制度层面的知识，安排学校教育工作者学习实际"技术治理"硬件和软件操作，切实转变传统教育观念，推进现代技术与农村教育进行融合发展。其次，加大农村教育"技术治理"的宣传力度。政府部门应通过多样化的方式向群众普及互联网信息基础知识，例如，通过电视、广播、公益活动的方式让农民群体普及互联网信息的一般知识，了解信息加工处理方式、信息的转化与传播、知识的积累与获取，感受技术对社会生活与学校教育产生的影响，为农村教育中的"技术治理"创造良好的舆论环境。最后，在农村教育"技术治理"的引导下，强化"乡土文化"的建设，为农村教育培养更多的乡土人才。农村教育离不开优秀人才的创造与贡献，充分利用现代信息技术作为桥梁，促进具有不同文化底蕴的乡土人才培养模式的发展，真正实现现代技术嵌入农村教育文化土壤，实现城乡教育"技术治理"的融合发展。

（四）健全教育制度机制，提高农村教育"技术治理"的制度效力

现代农村教育"技术治理"促进教育变革的格局正在形成，需要加快对现代技术环境下学习规律和教学规律的研究并在国家教育体制、教育供给和学校办学等方面对技术环境下的教育综合管理机制进行系统的、前瞻性的制度设计。现代技术的发展运用离不开健全的教育制度机制，通过加强农村教育"技术治理"的制度建设，用制度武器规范办事规程，用"技术治理"手段改变工作方式、促进工作成效，真正把公平教育和均衡发展落到实处。首先，我们应当对现代技术进行提升，把技术放在制度框架下实现对农村教育的优化治理。其次，政府应制定相关的互联网技术法律制度，以完善农村教育制度体系，确保农村互联网技术在农村教育中的合法应用。最后，当现代化技术进入大众视野，它的存在应

致力于保障公民受教育权的实现，尤其是受教育权作为一项公民享有的基本权利，当城镇学生享受现代技术的红利时，也应尽力保障农村地区学生接受同等待遇。因此，农村教育"技术治理"应遵循制度的"以人为本"要求，更好地致力于现代技术的价值发挥，保障村民基本教育权益的获得与实现。

（五）创新教育发展模式，培育农村教育"技术治理"的新型人才

在现代教育理念的指导下，利用农村教育"技术治理"可以培养大批既掌握当代信息科学理论和信息技术，又具有科学精神和人文素质的优质复合型乡土人才。因此，政府及高校需加快人才战略的实施，完善农村教育现代化专业队伍的建设，以提高广大农村学生的科学文化素养。首先，我们必须充分发挥高等教育在人才培养上的作用，特别是高等师范院校作为人才培养的基地，更需要注重现代技术与教育发展的双向结合。其次，教育技术学作为具有"教育"与"技术"双重基因的特殊学科，在技术支持教育教学和学习的理论研究领域领先于技术的更新迭代，对教育信息化实践如何开展具有指导作用，其实践探索也对教育信息化的应用与推广具有示范作用。因此，通过积极创新教育发展模式、推动现代技术促进农村教育的发展并引导学生广泛参与。最后，为实现农村教育"技术治理"，必须加强对内部师生的培训建设，及时更新思想观念，分享吸收优秀的实践案例，创新教学方式与设计，提升教师的创造力，最终在潜移默化中培育农村教育"技术治理"的新型人才。

第六章　数字乡村治理与生态环境美化

　　本章主要探讨的是数字乡村治理与乡村环境善治、数字乡村治理与"零污染村庄"、数字乡村治理与保持乡村性三个方面的内容。首先，在数字乡村治理与乡村环境善治层面，从数字乡村利益相关者理论内涵、数字乡村环境污染的理论解释、实现数字乡村环境善治的策略三个方面展开研究。其次，在数字乡村治理与"零污染村庄"层面，从"零污染村庄"的实践逻辑探析、"零污染村庄"的创新模式提炼、建设"零污染村庄"的对策建议三个方面展开研究。最后，在数字乡村治理与保持乡村性层面，从数字乡村治理中的乡村性问题、数字乡村治理破坏乡村性特色、数字乡村保持乡村性价值策略三个方面展开研究。

第一节　数字乡村治理与乡村环境善治

　　近年来，数字乡村环境问题得到政府部门、学术机构、大众媒体和农民群体的广泛关注和策应。2006 年，中央政府首次提出新农村建设的目标是"生产发展、生活富裕、乡风文明、村容整洁、管理民主"，其中村容整洁是对数字乡村环境问题的关照与重视。2008 年，国家实行"以奖促治"政策，当年就投入 5 亿元资金用于支持农村开展环境综合整治和生态示范创建。党的二十大部署了推进生态文明建设的战略任务和重大举措，指出要"提升生态系统多样性、稳定性、持续性"[1]。由此可见，政府已经意识到片面追求城市经济发展而忽视数字乡村环境污染问题必然会导致社会的失衡与动荡，而当前对于数字乡村环境问题的高度关注

---

[1] 习近平：《高举中国特色社会主义伟大旗帜　为全面建设社会主义现代化国家而团结奋斗——在中国共产党第二十次全国代表大会上的报告》，人民出版社 2022 年版，第 51 页。

亦是对建设社会主义和谐社会和满足社会公平正义诉求的反映与写照。

然而，从现有的统计数据可以清晰直观地看出，我国目前的数字乡村环境问题依然非常严峻，譬如，我国"癌症村"数量不断增加，已经超过247个，涵盖27个省份，主要由附近的化工厂、印染厂、造纸厂等企业生产的污染废水排放所致。① 据《中国环境报》报道，仅2013年我国农村生活垃圾产生量就达到1.5亿吨，生活污水产生量约110亿吨，均超过了县城的排放量，与城市的排放量接近。② 另外，因环境问题引发的群体性事件以年均29%的速度递增，已成为引发社会矛盾、影响经济社会发展的重大障碍。③ 因此，在未来一段时期内，数字乡村环境问题依然是各级党委和政府面临的重要任务，也是学术界需要研究的核心问题之一。

目前理论界对于"数字乡村环境治理"的学术探讨主要集中于三大学科。其一是从经济学角度的环境规制经济学④、农村公共物品供给⑤等方面的探究；其二是从政治社会学角度的环境正义理论⑥、新农村建设⑦等方面的研究；其三是从地理学角度的乡村空间治理⑧、土地利用转型⑨等方面的讨论。综观这些研究视角，其研究路径大抵包括数字乡村环境污染的历史变迁，乡村社会污染的种类、特点、原因、影响以及如何提升数字乡村环境治理的绩效等方面；在研究范式上，大都利用经济学的"环境规制理论"来剖析和论述数字乡村环境污染的形成机理。由此可见，现阶段关于数字乡村环境问题的研究大多停留在对乡村环境的技术

---

① 蓝寿荣等：《农村环境污染中农民维权难问题的治理对策》，《长江大学学报》（社会科学版）2014年第3期。
② 张聪：《农村环境治理市场何时打开？》，《中国环境报》2014年7月29日第10版。
③ 肖萍、朱国华：《农村环境污染治理模式的选择与治理体系的构建》，《南昌大学学报》（人文社会科学版）2014年第4期。
④ 李项峰：《环境规制的范式及其政治经济学分析》，《暨南学报》（哲学社会科学版）2007年第2期。
⑤ 董磊明：《农村公共品供给中的内生性机制分析》，《中国农业大学学报》（社会科学版）2015年第5期。
⑥ 薛勇民、张建辉：《环境正义的局限与生态正义的超越及其实现》，《自然辩证法研究》2015年第12期。
⑦ 黄桂平、李素若：《新农村建设中生态环境问题与工作思路》，《湖北农业科学》2006年第6期。
⑧ 韩炜、赵一夫：《乡村振兴背景下大城市边缘区乡村空间治理机制与模式研究》，《地理科学》2023年第8期。
⑨ 谭林、陈岚：《乡村空间重构与土地利用转型耦合机制及路径分析》，《自然资源学报》2022年第7期。

层面的认知上,学术界非常缺乏富有深度的对数字乡村建设过程中环境治理失灵问题的理论阐述。

一 数字乡村利益相关者理论内涵

作为管理学领域中的一个重要理论,利益相关者理论(Stakeholder Theory)最早发现于18世纪末期,利益相关者主要泛指在某些特定活动或在企业工作中专门从事"下注"的人。之后,随着当时主流的"股东至上理论"在实际中的屡遭"碰壁",许多大型企业在激烈的市场竞争中纷纷陷入了公司治理与企业社会责任的困境。在此背景下,1929年,美国通用电气公司的一位经理在公开场合宣讲:"在企业内部,除了股东拥有自身的权益,广大雇员、顾客,甚至是社会公众也都有着强烈的利益诉求,因此,我们有责任保护好这部分人的利益。"[1] 1932年,Aldolf Berle和Gardiner Mealls在《现代公司与私有财产》中也提出:"在目前股东至上理论盛行的同时,理论界已经发出了不同的声音。"在Penrose等的努力下,1963年,美国斯坦福大学的一个研究小组正式提出了利益相关者理论的概念,即利益相关者是这样的一类团体:如果没有他们的支持,组织就不可能生存。[2] 尽管这个定义存在许多模糊性,也很片面与抽象,譬如,其单方面强调了利益相关者对于整个组织的影响,但忽略了组织对利益相关者的作用。尽管如此,该概念的提出对于利益相关者理论的建构有着重要的开拓与助推意义。在此之后,Eric Rhenman对利益相关者概念进行了完善与补充,将利益相关者理解为:"那些依靠企业来实现其个人目标,而企业也依靠他们来维持生存的群体或者个人。"20世纪70年代以来,特别是美国著名经济学家Freeman的学术贡献,使利益相关者理论走向成熟并趋于完善。在《战略性管理:一种利益相关者方法》中,Freeman从广义角度对利益相关者进行了定义,他认为:"利益相关者是能够影响一个组织目标的实现,或者受到一个组织实现其目标过程影响的所有个体和群体。"[3] 从Freeman的利益相关者定义出发可以发现,利益相关者除了包括传统意义上的股东、债权人、供应商等,还将雇员、政府部门、社会公众、社会组织等囊括在内。继Freeman之后,又有许多学者为利益相关者理论"添砖加瓦",从而极大地拓展了该理论的深度和

---

[1] 王斐斐:《对利益相关者理论的思考》,《理论月刊》2007年第8期。
[2] 孙晓:《利益相关者理论综述》,《经济研究导刊》2009年第2期。
[3] 林曦:《弗里曼利益相关者理论评述》,《商业研究》2010年第8期。

广度。譬如，Mitchell 从影响力、合法性和紧迫性三个方面诠释利益相关者理论。Starik 根据动态与静态的划分，论述了现实利益相关者和潜在利益相关者的内涵和应用。Clarkson 在考察了利益相关者与企业经营活动的关系后，提出了主动利益相关者与被动利益相关者、首要利益相关者和次要利益相关者，并对其进行了深入的探究与叙述。

综观上述利益相关者理论的论述，我们总结出该理论的主要内涵是：在社会环境中，任何组织或者社会系统的行为活动与管理过程都不是孤立存在的；相反，组织的目标是在协调各方利益主体的基础上进行充分的资源整合和优化配置，从而实现效用和利益最大化。从对利益相关者理论的演化过程逻辑来窥探，大致经历了从利益相关者的"影响"到"参与"再到"共同治理"的线性拓展与深化阶段。[①] 在"利益相关者影响"阶段，理论界对早期的"股东至上理论"进行了批判与挑战，学者试图表明，在企业组织内部除了股东利益，雇员和社会公众的利益同样需要被保护和尊重。在"利益相关者参与"阶段，组织在意识到利益相关者的利益诉求、行为活动和影响范围等因素后，开始将利益相关者问题纳入组织内部议程，努力将"冲突矛盾"转化为"彼此间的合作"。[②] 到了 20 世纪 90 年代，许多利益相关者已经由"自发"转向"自觉"，其行为也从之前的"参与"走向现在的"共治"。利益相关者共同治理理论的应运而生意味着利益相关者应该拥有平等的地位、公平的机会、自由的话语权，有义务和责任共同致力于组织目标的实现，从而服务于组织的绩效提升。

总体来说，利益相关者理论不仅为我们指出了组织内不同利益相关者的身份和地位，客观地反映了各个利益相关者的不同现实利益诉求和行为逻辑，为我们了解数字乡村建设时期数字乡村环境治理过程中政府、企业、城市、村民、社会组织、科研院校等各个利益主体的利益博弈和行为过程提供了很好的分析框架；而且该理论清晰地呈现了利益相关者从"影响"到"参与"再到"共同治理"的变迁过程，为未来设计数字乡村环境善治的制度路径提供了很好的观察思路和理论视野。基于此，本书引入"利益相关者理论"这一管理学分析范式，针对当前数字乡村

[①] 王身余：《从"影响"、"参与"到"共同治理"——利益相关者理论发展的历史跨越及其启示》，《湘潭大学学报》（哲学社会科学版）2008 年第 6 期。

[②] 韩鹏云、刘祖云：《农村公共品供给制度：变迁、博弈及路径创新——基于利益相关者理论的分析范式》，《上海行政学院学报》2012 年第 3 期。

环境治理失灵的现实问题给予理论诠释并进行学理分析，其目的在于在达成数字乡村环境治理各个利益相关主体利益诉求的基础上，创设利益均衡的制度性路径，并以此实现政府、企业、城市、村民、社会组织以及科研院校等利益主体的共同治理，塑造"强国家—强社会"的发展格局，最终推动数字乡村环境的良好治理。

二 数字乡村环境污染的理论解释

基于利益相关者理论审视当前我国的数字乡村环境治理问题，政府、企业、城市、村民、社会组织、科研院校等利益相关者对于数字乡村环境污染都有不可推卸的责任，正是政府层面重视经济发展，轻视监管职责；企业层面重视经济利润，轻视社会责任；农民层面重视生计诉求，轻视安全需求；城市层面突破政府管制，转嫁污染成本；环保组织力量资源有限，难以提供环保功能以及科研院校重视环保技术研发，轻视科技推广，才导致现阶段数字乡村环境污染问题日益频发。

（一）政府层面：重视经济发展，轻视监管职责

公共选择理论启示我们，政府除了以公共组织形象维护社会公正与平等利益，作为政府组成的官员个体也拥有理性经济人的利益诉求，许多政府官员经常因要获取更多的资源和利益而突破现有的规章制度，从而形成以经济增长为合法性存在基础的发展型政府模式。在发展型政府模式下，政府作为数字乡村环境治理中最主要的利益相关者，进行了一系列偏离自身行为的做法，从而导致环境监管的失灵。首先，在当前以 GDP 考核为官员主要晋升途径的锦标赛体制下，地方官员选择将大量的资金、人力、物力投入能够快速产生经济效益的城市工业领域，而很少愿意将有限的资源用于较少产生经济效益的农村基本公共卫生设施建设。其次，在政府的环境监管体制上，目前存在着职能交叉、权责不对等、监管力量薄弱等问题。众所周知，我国环境监管部门只设置到县级政府，乡、镇、村层次没有专门的环保机构和专职环保人员，而环境问题是末端治理问题，最需要基层监管部门的有效监管，可是当前环保监管体制依旧无法避免监管真空现象的出现。再次，数字乡村环境监管领域的法律法规权威性和有效性不足，对违法惩处力度小，不能达到有效维护数字乡村环境的目的，并且有些环境法规早已过时，难以发挥制约破坏环境行为的作用。最后，地方保护主义直接助长了许多环境污染现象的滋生，"搭便车"成为地方官员的首选，环境污染的"公地悲剧"始终难以遏制。

（二）企业层面：重视经济利润，轻视社会责任

企业作为数字乡村环境治理的利益相关者，理应在保护数字乡村环境、优化区域生态方面发挥作用，然而现实情况却不尽如人意，现实中企业在经济利润目标的指引下，存在着忽视社会责任和道德伦理的问题，造成大型企业破坏环境的现象数不胜数。当前，企业破坏乡村生态环境的内在机理主要体现在三个方面。首先，地方政府倾向于大规模地招商引资、争取项目，将大量高耗能、高污染的初级加工产业引入本辖区从事生产经营，结果不仅浪费资源，而且极大地破坏了当地的环境，进而引发众多环境抗争事件。其次，农村本地的企业大多以粗放型和劳动密集型为主，这些企业不仅数量多、技术含量低、机器设备相对简陋且排污量大，而且工作人员环保意识薄弱、文化素质不高，致使将生产的大量工业污水、废水和毒水直接排入乡村河道中，从而引发大面积的水质和土壤污染。最后，按照"污染者付费"的原则，许多大型污染重工业在城市环保监管部门的严厉打击与管制下难以寻找到自身的发展之地，因此，众多企业迫于无奈将主要的工业设备和公司场地迁移到偏远的农村地区并进行生产经营，这种直接将城市污染企业的排污成本转嫁到农村的环境中的行为，更加剧了农村的污染问题。

（三）农民层面：重视生计诉求，轻视安全需求

乡村是农民的故乡，农民应该承担起维护家园环境的重担，但现实中，许多农民由于自身文化素质较低、环保意识淡薄以及出于家庭生计考虑，经常对乡村环保表现出漠不关心、不予重视，甚至恶意破坏的态度，致使数字乡村环境污染问题难以遏制。农民选择破坏环境、追求自身经济利益的行为逻辑具体表现在以下四个方面：其一，农民在日常劳作中，一味地追求农作物产量，大量使用化肥和农药，结果导致土壤结构破坏和土壤肥力降低，引发土质污染和水污染问题，同时，沾染大量农药的粮食和蔬菜瓜果又会直接危害农民的生命健康。其二，农民缺乏环保知识，生态意识薄弱，农村垃圾乱堆乱放，畜禽粪便随意滥排，完全不考虑公共环境对于自身及其家人的重要性，使数字乡村环境的"脏、乱、差"成为常态。其三，广大村民文化素质较低，认识不到许多污染源的危害性与严重性，有些村民即使知道环境污染的危害性，但也不知道如何维护周围生态，只好选择安于现状，充当"顺民"角色。其四，长期以来，农民形成的不良生活习惯、短期经济利益追求和狭隘思维模

式等都难以更改，在农村环保问题上缺乏统一规划和具体行动，加大了农村环保整治的难度。

（四）城市层面：突破政府管制，转嫁污染成本

从理论上看，城市作为农村的共生面，两者互相联系，共同发展。然而现实中，城市的发展一直都是建立在对农村的资源汲取和污染转移之上。中华人民共和国成立之初，国家就制定了偏向城市发展的工业战略，提倡农村支持城市，优先发展城市工业经济，通过农业税收、价格"剪刀差"、生产要素不平等交换等方式助推城市经济发展。到了改革开放初期，政府又确立了城乡二元体制，严重剥夺了农村生存发展的权利，致使城乡贫富差距日益扩大。在数字乡村环境问题上，政府采取重视城市环境保护、忽视数字乡村环境治理的态度。上述历史原因致使农村的环境问题一直处于搁置不管的状态，长期得不到很好的解决。另外，城市在经济发展中采取的是粗放型的重工业发展策略，这种做法虽然在短期内能够快速地提升经济的增长水平，但是浪费了大量的资源，也产生了许多工业废水、废气和固体废弃物，在政府监管不力的情形下，许多城市垃圾转移到农村地区，城市居民的生活污水也扩散蔓延到乡村地带，导致数字乡村环境遭到破坏，生态破坏程度更加恶劣。

（五）环保组织：力量资源有限，难以提供环保功能

相较于农民个体，农村环保组织具有天然的优越性，它能够克服单个农民行动的局限与困难，通过组织整合村民力量，形成具有共同利益诉求的团体，致力于改善农村生活环境，实现乡村社会善治的目标。农村环保组织在数字乡村环境治理中也是一个重要的利益相关者，但是当前内生于乡土社会的环保组织由于资金短缺、力量薄弱、能力有限，无法承担起维护数字乡村环境、保障农民生命健康安全的责任。现阶段，农村环保组织在数字乡村环境治理中的不足与缺陷主要体现在以下三个方面：首先，农村环保组织力量相对薄弱，在数字乡村环境政策制定与执行、监督和维护乡村环境治理问题中明显"有心无力"，无法发挥应有的环保效用。其次，农村环保组织缺少资金和人员支持，这直接影响到它的办事效率和工作职能，尤其是在乡镇层面，许多事情的处理都需要财政支持，但是目前环保组织在这方面存在巨大的困境，资源短缺严重。最后，农村环保组织发育程度较低，数量有限，对于数字乡村环境治理的参与力度和广度明显不够，不能承担起保障数字乡村环境、维护乡村

生态的重担。

（六）科研院校：重视环保技术研发，轻视科技推广

科研院所、高等研究机构作为数字乡村环境治理中的重要利益相关者，在研发新型的乡村除污技术、加强农村环保设备推广、普及农民生产生活环保知识等方面都有不可推卸的责任。但目前，科研院所在数字乡村环境治理领域依然未能履行自身的职责，无法发挥保护数字乡村环境的功能，具体表现为三个方面。首先，我国的科研院所在环保领域投入资金较低，而且主要服务于城市环境治理，数字乡村环境长期得不到科研院所的重视与认真对待，致使数字乡村环境污染问题严峻。其次，科研院所和高等院校普遍存在角色缺位的问题，只重视事前环保技术研发，而忽视之后的应用和改进，即使已经研发的环保技术和清洁设备也没有投入乡村环境的治理中，导致环保技术无法真正地服务于乡村环境治理的目标。最后，在农村环保的产学研体系上，目前尚未形成政府、科研院所、农村三方的合作和嫁接，由于这种乡村环保科研产业链没有建立，现实中难以提升数字乡村环境污染治理效率，导致生态依旧恶劣。

综上所述，由于各个数字乡村环境治理主体在角色定位、责任承担和功能作用等方面出现了错误思维，因而数字乡村环境污染问题始终难以解决。从数字乡村环境治理体系的角度出发，不同利益相关者之间的关联性和相互博弈更是加剧了数字乡村环境污染的严重性，其理论逻辑在于：首先，在政府、企业与环保之间，发展型政府重视大型污染企业为其创造经济产值，而忽视不能产生经济效益的环保组织，企业也需要得到政府的政策优惠、税收减免与土地提供，由此，政企合作追求经济发展而忽视对环境的破坏；其次，在政府、城市与农村之间，政府长期以牺牲农村的利益为代价助推城市发展，而城市在政府政策的驱动下，加紧对农村资源的汲取和利益剥削，将大量的污染成本转移到农村地区，使数字乡村环境不断恶化；最后，在政府、农民与科研院所之间，科研院所得不到政府在农村环保方面的资金资助，因而无心也无力投入农村的环境治理中，而农民作为农村的利益主体，由于缺乏知识，追求短期经济效益，漠视对环境的保护。在这样的数字乡村环境治理主体相互作用的机制下，数字乡村环境的"脏、乱、差"现象始终得不到扭转，环保治理失灵成为现实的常态。

三 实现数字乡村环境善治的策略

中国数字乡村环境污染严重、乡村环境治理效率低下的本质原因在于各个利益相关者的不同利益诉求和行为导向直接形成了目前数字乡村环境污染的现实困境。利益相关者理论中的共同治理内涵是让所有为组织的财富创造作出贡献的产权主体参与到组织的治理过程中,体现了利益相关者之间为了组织的整体利益而合作的思想。[①] 因此,依据利益相关者理论的分析,唯有实现政府、企业、农民、城市、环保组织、科研院所等利益相关者的有效衔接和共同治理,才能从根源上真正解决数字乡村环境治理失灵的现状,实现乡村社会环境善治的目标。

(一) 政府层面:转变发展理念,重塑监管职责

数字乡村环境的强外部性特点决定了乡村的环境治理必须由政府进行统筹规划和监管保护。针对目前政府在数字乡村环境中的角色定位错误、监管绩效低下等问题,政府迫切需要转变经济发展理念,重塑其在农村中的环境监管职责。笔者认为,要从根本上扭转政府在数字乡村环境治理中的失灵顽疾,需要从以下四个方面着手。第一,转变政府职能,力推发展型、建设型政府向公共服务型政府转型,服务型政府以社会发展为中心,强调公民本位、权利本位和社会本位。[②] 通过服务型政府建设,减少地方政府不合理的经济发展行为,切实增加环境保护支出在财政支出中的比重,完善农村基本公共卫生设施建设。第二,健全数字乡村环境监管体制,理顺各级政府监管权限,加大各部门的互动与合作,尤其在乡镇层级应设置统一的环保机构并配置充足的监管人员,履行好环境末端治理的任务。第三,完善数字乡村环境监管法律体系,政府要做到依法行政、依法监管,实行地方领导环境保护问责制度,严惩一切破坏环境的违法行为。第四,转变以 GDP 为导向的官员绩效考核模式,提倡将绿色 GDP 作为衡量官员晋升的标准,通过克服地方保护主义,保障农村的环境质量。

(二) 企业层面:优化产业重组,加强社会责任

乡镇企业在 20 世纪 70 年代为中国的经济发展做出了重要的贡献,但是随着社会的发展,许多企业已经跟不上工业化、信息化的浪潮,乡镇

---

① 林萍:《利益相关者理论综述》,《闽江学院学报》2009 年第 1 期。
② 陈剩勇、李继刚:《后金融危机时代的政府与市场:角色定位与治理边界——对当前中国经济和社会问题的观察与思考》,《学术界》2010 年第 5 期。

企业对于数字乡村环境的侵害也越来越突出，迫切需要调整产业结构，进行优化重组，以此减少甚至消灭高耗能、高污染、低效益的企业。现实中，一方面，乡村企业自身应改变以往粗放型的生产模式，通过逐渐引进新的经营管理方法、先进的科研技术和设备、优秀的人才队伍，以此向集约型的现代企业方向发展；另一方面，政府应该摒弃传统引进高耗能、高污染企业的发展思路，通过招商引资策略真正将资质水平高、环保效益好、富有发展前景的企业引入本地区，带动当地农村企业适时转型。政府应设置环境准入标准，严防城市中污染大且难以治理的大型重工业搬迁到乡村进行生产经营的情况出现，一经发现立即给予关闭停产的惩罚，并追究企业负责人的民事和刑事责任。此外，分布于城乡的所有企业都应加强企业文化建设，强调社会责任意识和企业道德伦理，完善排污费制度，自觉履行环境保护的责任。

（三）农民层面：学习环保知识，保护乡村家园

保护好乡村的环境，就是在维护农民自身的生存权益，因此，提升数字乡村环境的质量，农民应该是最大的受益者和责任者。当前，农民在推动数字乡村环境治理的过程中，最需要的是通过电视、网络、广播、报纸、图书等各种平台和载体学习环保知识，增强环保的意识，从而扭转长期以来对于农村环保知识的欠缺。以往农民做出的各种破坏环境的行为，很多时候是因其不具备环保知识和相关环境生态意识所导致的，让农民了解环境保护的重要性，激发农民参与环境保护的主动性和积极性，能够在农村形成良好的生态环境保护氛围，有利于农村整体环境治理的改善。增强环保意识是第一步，农民还需在日常生活中养成良好的生活习惯，自觉遵守环境规则，不随地乱扔垃圾，不肆意排放生活污水，在农业生产经营中科学合理地使用化肥、农药等化学品。此外，农民应增强自身的维权意识，对于生活和生产中破坏环境的行为，能够通过正当渠道和法律途径实现自身利益的诉求，要敢于监督、反映和表达，自觉承担起在数字乡村环境治理中的主人翁角色。

（四）城市层面：严禁污染转移，帮扶农村发展

长期以来我国实行的城市偏向政策和城乡二元体制尽管使城市实现了跨越式的发展，但这种发展是以牺牲乡村利益为代价的，因此，城市有义务也有责任帮助农村实现经济发展和保护环境的目标。城市要主动为农村提供资金支持、技术服务、人才推送，通过建立互利合作模式、城市与乡

村一对一帮扶模式以及对口支援模式来带动和实现乡村的经济发展、政治进步、文化繁荣、生态优良以及社会前进。通过加强城乡之间的互动合作、经验交流和成果转化，帮助农村解决环境污染的问题，实现优化乡村生态的目标。城市在这个过程中，也为自己创造了更多的发展空间和机会，反过来推动了城市的快速发展。在城乡互助合作方面，2005—2015年韩国城市和农村之间建立了姊妹关系，其实施支援项目达1430个，支援金额约合人民币280万—2250万元，协同支持农村社会发展和帮助农村解决环境问题。[①] 因此，当前我国可以借鉴韩国的模式，通过调动城市的力量，致力于农村生态环境的维护，从而真正实现社会的整体效益。

（五）环保组织：增强参与力量，提供环保服务

农村环保组织具有专业化、组织化、社会化的特点，对于协调和规范村民的日常生活生产活动、引导村民自觉维护乡村公共环境、为农村提供基本的公共服务都有着重要的作用。可是，从目前的情况来看，农村环保组织发育滞后，社会机制长期被压制、管控，自主自立的空间有限，社会机制的作用尚未发挥。许多乡村环保组织普遍面临着数量少、力量小、经费筹集困难、政策法规缺乏、质量低下、生存艰难等问题，因此，当前培育乡村环保组织、提升参与力量、提供环保服务显得尤为重要。首先，政府需要制定倾向于发展农村环保组织的政策，大力扶植和帮助解决社会组织人员、办公设施以及资金上的困难，壮大农村环保组织力量。其次，地方政府可以通过向农村环保组织购买公共服务的方式来促进环保组织的发展，提升农民参与数字乡村环境政策制定和社会监督的能力，发挥其在乡村治理中的积极功效。最后，农村环保组织也应转变自身发展观念，积极增强自身力量，扩大环境监管和服务范围，服务于乡村生态文明建设的需要。

（六）科研院所：增加科研投入，推广技术应用

科研院所是培训教育农民的有效平台，也是环保技术研发和推广的中坚力量，在乡村环境治理中扮演着重要的角色。国外科研院所在数字乡村环境治理中承担着重要的责任，譬如，瑞士的科研院所实际上发挥了培训提高农民的环保知识水平、增强农民的生态环保意识、改变传统

[①] 赵民、李仁熙：《韩国、日本乡村发展考察——城乡关系、困境和政策应对及其对中国的启示》，《小城镇建设》2018年第4期。

小农意识对农民的束缚的作用；荷兰的科研院所通过制定科学的环保教学计划、积极的环保技术研发、个性化的环保科技应用，服务于数字乡村环境的治理和村民素质的提高。针对现阶段我国科研院所在乡村环境治理中的问题，首先，科研院所应该增强村民环保意识，加大其对于数字乡村环境治理的资金投入力度，致力于乡村环境污染的改善与优化。其次，大力宣传环保知识，积极推广环保设备的应用，使现代环保高科技真正服务于乡村环境治理的目标。最后，切实调动和发挥地方科研院所和研究机构的现有资源和能动性，搭建地方政府、科研院所、农村三方的技术、知识共享平台，形成农村环保的产学研产业链条，以此加强社会与乡村的交流与合作，最终实现数字乡村环境的整体效益。

简言之，数字乡村环境问题作为实现乡村社会善治目标的核心内容和重要步骤，在推进乡村治理现代化、建设数字乡村的今天尤为重要。政府与民众对公共生活的合作管理是善治的本质，合作成功的关键是参与。[①] 从这个意义上来说，数字乡村环境的善治体现为国家与社会合作参与、共同治理乡村环境问题，其主要特征为合法性、透明性、责任性、回应性、有效性，其实质是在乡村环境治理中，构建起强国家和强社会的"双强"模式。所谓"强国家"角色，是指在数字乡村环境治理中，政府作为乡村环境的重要利益相关者，必须以服务型政府的角色出现，应该始终将为农村提供优质的环境基础设施和乡村公共卫生服务摆在首位，通过增加资金投入和政策扶持实现优化和改善乡村生态文明环境的目标。而"强社会"的角色，则是在乡村环境治理中应该大力培育和壮大农村环保组织、村民群体等内生于乡土社会的民间社会力量，使其有能力、有资源、有力量参与到数字乡村环境公共问题的治理过程中，切实发挥好农村自治力量在数字乡村环境公共事务中的作用，从而提升乡村环境治理的绩效。

第二节 数字乡村治理与"零污染村庄"

近年来国家高度重视农村生态文明建设，但当前数字乡村环境治理

---

① 俞可平主编：《治理与善治》，社会科学文献出版社2000年版。

仍然存在城乡不均衡[1]、供需不充分[2]、村民参与度不高[3]等问题。Erik Solheim 在第三届联合国大会上提出"零污染地球",明确指出"零污染"就是要实现污染产生与污染处理的动态平衡。[4]"零污染村庄"的概念正是在"零污染地球"概念的启发下提出的,它是指通过生活垃圾减量化、资源利用循环化等措施建设生态宜居乡村,从而保证污染产生量不大于污染处理能力。为克服传统乡村环境单一治理出现的主体垄断、权力集中等缺陷,"零污染村庄"的协同治理充分整合了多主体、多类型、多领域的社会资源。"零污染村庄"为实现乡村生态宜居、促进乡村振兴战略提质增效提供了一种现实的可行路径。

"零污染村庄"是一个具有原创性的学术命题。截至 2023 年 9 月,在中国知网上以"零污染村庄"为篇名进行模糊检索,搜得文献 5 篇。因此,为总结"零污染村庄"研究的发展趋势,本书对数字乡村环境治理议题进行了整体综述,发现学者的研究集中于四个方面。其一,主体结构视角。包括政企合作[5]和政社合作[6]的二元论、政社企三元论[7]。其二,制度规范视角。既要从国家政策上明确数字乡村环境治理的责权关系[8],也要运用商讨、调解等方式制定村规民约[9]。其三,资源依赖视角。数字乡村环境治理涉及的资源范围广泛,包括为其带来发展机遇的技术资源[10]、重构环境治理实践过程的信息资源[11]、保障环境治理可持续发展

---

[1] 宋惠芳:《非零非博弈:城乡环境治理一体化研究》,《广西社会科学》2020 年第 3 期。

[2] 国洁、罗晓:《哪些"不均衡问题"制约生态文明建设》,《人民论坛》2018 年第 36 期。

[3] 高榕蔚、董红:《数字赋能农村人居环境治理的社会基础与实践逻辑》,《西北农林科技大学学报》(社会科学版) 2023 年第 1 期。

[4] 符峰华:《联合国号召打造零污染地球》,《生态经济》2018 年第 2 期。

[5] 杜焱强等:《政府和社会资本合作会成为中国农村环境治理的新模式吗?——基于全国若干案例的现实检验》,《中国农村经济》2018 年第 12 期。

[6] 沈费伟、刘祖云:《农村环境善治的逻辑重塑——基于利益相关者理论的分析》,《中国人口·资源与环境》2016 年第 5 期。

[7] 赵海霞等:《转型期的资源与环境管理:基于市场—政府—社会三角制衡的分析》,《长江流域资源与环境》2009 年第 3 期。

[8] 周晶晶、朱力:《新政策环境下的农村微观治理结构转型》,《甘肃社会科学》2020 年第 3 期。

[9] 沈费伟:《农村环境参与式治理的实现路径考察——基于浙北荻港村的个案研究》,《农业经济问题》2019 年第 8 期。

[10] 孙旭友:《"互联网+"垃圾分类的乡村实践——浙江省 X 镇个案研究》,《南京工业大学学报》(社会科学版) 2020 年第 2 期。

[11] 陈少威、贾开:《数字化转型背景下中国环境治理研究:理论基础的反思与创新》,《电子政务》2020 年第 10 期。

的资金资源①与人才资源②。其四,治理方式视角。数字乡村环境治理通过集中治理③、契约管理④等治理方式实现乡村生态宜居的目标。

综上所述,当前学者对数字乡村环境治理已进行了多维度、多层面的研究。一方面,数字乡村环境治理关注城乡、供需、落实方面的公平问题。另一方面,数字乡村环境治理呈现出多元主体共同参与的善治现象。但已有研究成果仍存在以下问题。第一,研究多是对主体结构、制度规范、资源依赖、治理方式中的单一方面进行探索,缺乏基于协同治理框架对四个因素的综合分析。第二,大部分研究是从宏观概念上对数字乡村环境存在的问题进行探索,即使有对个案的研究,也是回答该村庄存在的问题,未能剖析数字乡村环境问题治理和乡村振兴战略之间的关系。而协同治理能够成为"零污染村庄"建设的理论视角,其主要原因在于两者之间的契合性。其一,治理主体的契合。协同治理主体是所有参与公共事务并发挥作用的组织,"零污染村庄"建设也涉及政府、市场、社会组织等不同主体。其二,治理结构的契合。协同治理结构是要协调不同主体间的关系,"零污染村庄"建设结构恰是以政府为主导,企业、村民等主体协同合作的结构。其三,治理资源的契合。协同治理的资源涵盖配置性资源和权威性资源,"零污染村庄"建设资源也包括信息、技术、资金、土地及人才等资源。其四,治理目标的契合。协同治理是为了达到善治目标,"零污染村庄"建设也是要实现农村生态环境的良好治理(见图6-1)。根据以上分析,通过构建"零污染村庄"建设协同治理框架,有利于加强农村生态环境的社会参与度,提升治理资源配置的合理性,从而加快生态宜居村庄的建设目标实现。

一 "零污染村庄"的实践逻辑探析

源头村是浙江省永嘉县的一个江河源头村庄,现存耕地面积203亩,林地面积3500亩,森林覆盖率为90%,生态环境良好。然而,在村庄经济转型发展过程中,源头村村民为实现个人便利,乱丢垃圾、在河中洗

---

① 沈费伟、刘祖云:《合作治理:实现生态环境善治的路径选择》,《中州学刊》2016年第8期。
② 郭桂玲:《农村非政府组织介入农村环境污染治理问题探析》,《学习论坛》2015年第12期。
③ 苏杨:《浙江经验:"三生统筹"理念下的农村环境综合整治》,《环境保护》2006年第4期。
④ 吴惟予、肖萍:《契约管理:中国农村环境治理的有效模式》,《农村经济》2015年第4期。

图中文字：

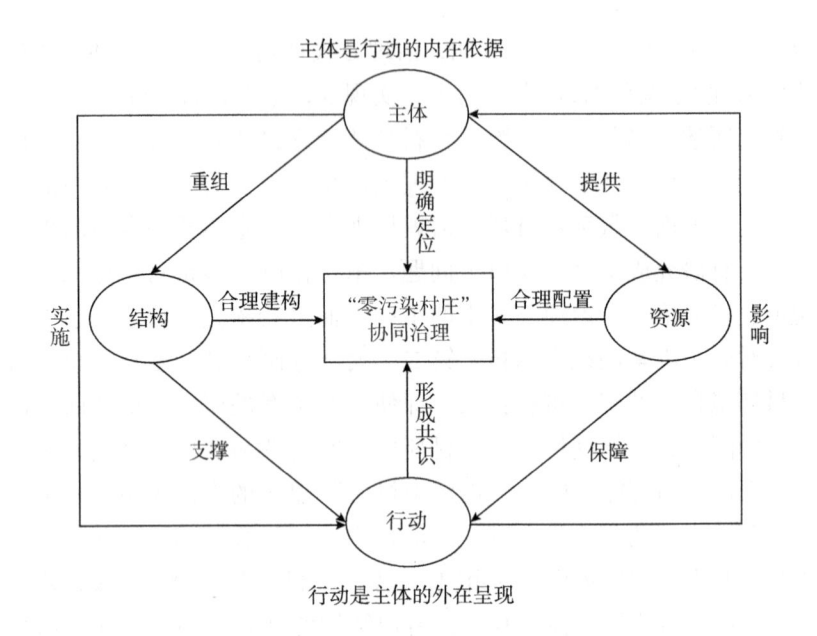

主体是行动的内在依据

主体

重组　明确定位　提供

实施　结构　合理建构　"零污染村庄"协同治理　合理配置　资源　影响

支撑　形成共识　保障

行动

行动是主体的外在呈现

图6-1　"零污染村庄"协同治理的框架

衣服、排污直接入溪等诸多行为对楠溪江水资源造成了极大的破坏，形成水污染。为追求更高的经济利益，村民滥用农药化肥，散养家禽，造成土壤污染，而生活废弃物的乱堆乱放加剧了土地污染程度。此外，村民建筑房屋时随意丢弃建筑废渣，形成建筑污染。水污染、土壤污染及建筑污染共同导致源头村的环境污染，源头村和楠溪江的生态环境被严重破坏。

为解决生态环境问题，近年来源头村将"零污染村庄"作为乡村振兴的重要抓手。源头村的"零污染村庄"分为响应国家号召阶段—零污染探索阶段—零污染提升阶段。通过三个阶段的治理工作，源头村实现垃圾的减量化、无害化处理，并在构建"村民—村'两委'—环保组织—企业—政府"共建共享平台的基础上，推动了数字乡村环境治理的可持续发展。源头村经过"零污染村庄"建设，已然实现了从"脏、乱、差"向"白、富、美"的转变，并且先后获得浙江省AAA级旅游村等荣誉称号，成为生态宜居的"零污染村庄"样板。浙江省源头村的"零污染村庄"建设项目是一种创新型数字乡村环境治理模式，为解决数字乡村环境污染问题、实现乡村振兴提供可行的行动方案和经验借鉴。

(一)"零污染村庄"的治理实践

第一,污染预防控制:"零污染村庄"建设的前提。农村的生态环境污染是没有明确界限的,如水、空气的污染,其影响范围是地方性乃至全球性的。环境污染的"飞去来效应"要求我们必须做好污染预防控制,从而减少"零污染村庄"的建设成本。源头村通过从源头和过程两个方面限制"污染源"扩散,从而更好地提升"零污染村庄"的建设绩效。其一,从源头控制污染物产生。源头村在全村推广使用全降解环保垃圾袋,建立"无塑商店""无塑经营户",打造"零污染商铺"。其二,从过程降低污染物总量。源头村引进智能垃圾分类系统,精细化的垃圾分类有效地降低了垃圾总量。此外,源头村环保志愿服务队入户进行垃圾分类的宣传指导工作,统计并监督家庭污染物的排放量。源头村限制污染源的方式对于有效控制农村生态污染问题、促进"零污染村庄"建设发挥了重要作用。

第二,资源循环利用:"零污染村庄"建设的关键。资源循环利用采取了物理或化学的处理方式将废弃物品转化为有用之物,破解了资源紧缺和环境污染问题,达到了"零污染"的目标。[1] 在源头村建设"零污染村庄"的案例中,实施资源循环利用是为了达到"3R"原则,即"Reduce"(减量化)、"Reuse"(再利用)、"Recycle"(再循环)。[2] 其一,源头村推广使用全降解环保袋取代普通塑料袋,以资源的减量化原则减少废弃物产生。其二,源头村在建设"零污染村庄"过程中充分利用村民堆在街角的木柴、石头美化环境,以资源的再利用原则减少污染产生。其三,源头村将餐厨垃圾、秸秆、稻草等有机物制成有机肥料还田使用,以资源的再循环原则提高资源循环利用率,进而实现"零污染"目标。

第三,清洁能源推广:"零污染村庄"建设的重点。源头村在"零污染村庄"建设过程中高度重视推广清洁能源,减少对传统能源的路径依赖,为"零污染村庄"建设带来新动力。其一,发挥村干部的模范作用。源头村在"零污染村庄"建设初期,党员干部、村民代表率先拆除自家

---

[1] 章政等:《上海市农业循环经济体系的建立与发展模式》,《农业经济问题》2006年第4期。
[2] Ghisellini P., et al., "A Review on Circular Economy: the Expected Transition to A Balanced Interplay of Environmental and Economic Systems", *Journal of Cleaner Production*, Vol. 114, No. 15, February 2016, pp. 11-32.

废弃房屋，推进拆房行动，从而转变村民的思想和行动。其二，加强与高新技术企业合作。企业通过向源头村免费提供全降解环保垃圾袋，以专业技术助力源头村建设"零污染村庄"。其三，打造"零污染"标签，进一步推广清洁能源。在推广清洁能源过程中同步改善生活方式和家庭收入的推广方案，将产生良好的推广效果。源头村打造的"零污染家庭"和"零污染商铺"促进了村庄旅游产业的发展，最终形成"清洁能源推广—旅游产业发展"的正向效果。

第四，环境教育传播："零污染村庄"建设的核心。"零污染村庄"建设的核心是环境教育传播，通过对没有受教育机会的农民进行环境教育，增强"零污染村庄"建设的环保氛围。环境教育包括三个层次，即关于环境的教育、在环境之中的教育、为了环境的教育。[①] 其一，源头村村"两委"通过激励"绿色家庭"示范户，处罚不实行垃圾分类的村民，从而实现关于环境的教育。其二，组织党员、村干部带头开展洁化、序化、绿化活动，引导村民参与环保行动，从而实现在环境之中的教育。其三，作为"零污染村庄"建设的提升工程，零污染生态宣传通道项目通过解说和视频向旅游者宣传"零污染"理念，强化公众的环保价值观，从而进行为了环境的教育。

第五，环保公众参与："零污染村庄"建设的保障。"只有个人有机会直接参与和自己相关的决策，才能真正控制自己日常生活的过程。"[②] 要保障"零污染村庄"项目的顺利进行，必须赋予村民参与权。按照村民参与"零污染村庄"建设的程度可以分为引导参与、形式参与和完全参与。其一，引导参与。为保证"零污染村庄"建设的民主性，耐心劝导每位不愿意参与的村民前来参加会议，共同探讨实现源头村"零污染"的方法。其二，形式参与。村民受物质激励或精神激励影响参与"零污染村庄"建设，源头村以积分兑换商品的方式激励村民投身"零污染村庄"建设。其三，完全参与。源头村村民主动劝说外来旅游者和全村村民共同保护环境，志愿参与到捡旅游垃圾的队伍中，有效提升了源头村的生态环境治理绩效。

---

① 冯永刚、董海霞：《环境教育：英国道德教育的重要途径》，《外国教育研究》2010年第3期。

② ［美］卡罗尔·佩特曼：《参与和民主理论》，陈尧译，上海人民出版社2006年版。

（二）"零污染村庄"的实践效果

首先，从环境效果来看，打造了一个环境优美的村庄。环境效果是最先直接展现出来的效果，"零污染村庄"的环境效果表现为生态之美，即形成整洁的村容村貌、优美的自然景观和完善的公共服务供给。简言之，"零污染村庄"的生态之美包括"自然美"和"基建美"。其一，"自然美"，即乡村的街道整洁，自然环境优美，形成了整洁干净、生态绿色的村庄面貌。源头村的空气质量达标率、垃圾分类处理率等达到最优，成为浙江省级卫生村。其二，"基建美"，即基础设施完善。源头村经过"零污染村庄"建设实践有效解决了基础设施滞后问题。道路建设由"窄、少、差"转为"宽、多、优"；生活垃圾处理设施由"传统化"转为"智能化"；污水问题由"直接排放"转为"截污纳管"后升级为"中水回田"。

其次，从经济效果来看，打造了一个生态经济的村庄。人类的经济活动与生态环境相互联系，且经济活动建立在生态环境的基础之上。源头村"零污染村庄"的建设形成的是一种生态经济，即通过高新技术实现经济的可持续增长。其一，"零污染村庄"建设提升了当地居民的收入。源头村凭借其优美环境和特色文化打造出品牌效应吸引了大量的旅游者，在此基础上创设的农业生态园为当地居民创造了大量的经济收入。其二，"零污染村庄"建设引进了先进技术。村庄将传统技术升级为高新技术，既实现了经济增长，又维持了美丽环境。源头村采用微生物发酵技术打造零污染农业生态园，构建了污染循环系统。其三，"零污染村庄"建设实现了人类同自然的和解。源头村在维护生态环境的前提下发展实体经济，实现了"生态经济"和"绿色经济"思想的回归。

最后，从社会效果来看，打造了一个社会凝聚的村庄。"零污染村庄"建设的终极目标是实现社会效益的最大化，即以环境的美化为基础，凝聚村庄的社会资本，提升村民的幸福感。其一，"零污染村庄"建设凝聚了村庄的社会资本。源头村通过资金补贴增强村民的信任度、提升村民的归属感，同时实施"零污染十条家规"约束村民行为。一系列措施促进了村民之间、村民与政府之间的互动沟通，促使"差序格局村庄"转变为"有机团结村庄"。其二，"零污染村庄"建设提升了村民的幸福指数。"零污染村庄"是一个生产、生活、生态空间，村民的幸福感获得受到经济、民生和环境三大因素的影响。源头村的环境整治改善了村民的生活环境，特色产业的发展提升了村民的收入水平，传统文化的发扬塑造了和睦的村民关系，最终使村民的幸福感得到极大提升。

二 "零污染村庄"的创新模式提炼

源头村创新性提出多元共建方案，依据"零污染村庄"的治理主体、治理机制、治理资源和治理目标，形成了"零污染村庄"的创新模式。但只有模式被普遍运用才能说明这一模式取得了成功，为此，源头村通过学习机制、行政机制及社会机制来保障"零污染村庄"创新模式持续地向更多地区扩散与发展。

（一）"零污染村庄"的创新模式形成

第一，主体维度："零污染村庄"的治理主体。"零污染村庄"建设是一项公共工程，各利益相关者为维护个人利益都会参与进来。其一，基层政府响应"乡贤回归"政策，以村委换届引领村庄环境治理。源头村响应"乡贤回归助推乡村振兴行动"政策，以"铁腕拆房"引领源头村"零污染村庄"建设。其二，村民参与"零污染村庄"建设会议。源头村以会议协商的方式赋权给村民，使村民的意见呈现在政策中。其三，环保组织发挥监督指导作用。环保组织为自下而上的行动提供合法性指导，通过定期上门指导垃圾分类保证村民正确地参与环境治理。其四，企业投入资金、技术、设备等资源支持"零污染村庄"建设。杜白新材料科技有限公司无偿提供全降解环保袋等环保替代品，助力源头村打造"无塑经营户""无塑家庭"。

第二，结构维度："零污染村庄"的治理机制。"零污染村庄"的协同治理过程就是实时感应外部环境变化、分配组织内部的权力的过程。其一，源头村打造"村民—村'两委'—环保组织—企业—政府"共建平台，多元社会力量以各种方式建设"零污染村庄"。源头村企业投资"智能垃圾分类机"，市级环保组织助建源头村环保队伍等。其二，以"积分制"提升村民垃圾分类参与度。通过实行"积分兑换商品"措施，不断激励村民参与到环境治理过程中。其三，引入第三方评估监督机构。多主体合作实际上是一种监督合作，第三方评估监督机构能保障"零污染村庄"建设的有效性。为保证"零污染家庭"等项目的考核公正，源头村组建的"零污染"考核评估小组包括企业和环保组织等第三方机构，如温州青橘广告装饰有限公司等。

第三，资源维度："零污染村庄"的治理资源。吉登斯将资源分为配置性资源和权威性资源,前者指支配物质的能力,后者指支配人活动的权力。[①] 源头村在开展"零污染村庄"的建设过程中,实现了上述两种资源的合理配置。其一,配置性资源主要包括技术、人才和资金资源。资金资源是"零污染村庄"的建设基础,技术资源促使"零污染村庄"治理数字化,人才资源为"零污染村庄"提供智力支持。源头村通过财政拨付、企业投资和旅游产业发展等渠道筹集建设资金。在此基础上,源头村将垃圾分类队伍和物联网技术应用结合起来,以"智能垃圾分类回收平台"赋予"零污染村庄"治理的智能化。其二,权威性资源主要体现为政策法规。政策法规通过约束决策者、村民等主体行为实现"零污染村庄"的绩效目标。源头村制定"门前三包"村规民约约束村民日常行为。

第四,行动维度:"零污染村庄"的治理目标。集体行动是指各主体以妥协、协商、合作等方式就目标达成多方共识并开展实践行动。其一,建立信任,达成共识。源头村村干部自掏腰包给予村民拆房补贴,村民对村干部的行为非常有信心,达到了"行动者积极地看待彼此意图"的样态,最终推动拆房行动的顺利实施。其二,管理冲突,深化合作。冲突的管理方式包括回避、妥协、竞争、合作和折中。[②] 源头村"零污染村庄"建设以合作管理冲突,考虑所有相关者的利益,最终获得一个满意的"零污染"行动方案。其三,改进目标,动态管理。"零污染村庄"建设秉持系统性思维,既要把握整体治理现状,也要关注建设中出现的新问题。在源头村"零污染"建设后期,"零污染生态通道项目"的开启解决了旅游垃圾泛滥和旅游者环保意识薄弱的问题。

(二)"零污染村庄"的创新模式发展

首先,通过学习机制发展"零污染村庄"创新模式。"零污染村庄"模式的发展是通过学习达成的,具体包括模仿学习、吸纳学习和竞争学习。其一,以模仿学习推进快速发展。模仿就是直接复制使用他人行为,快速实现目标。源头村在发展"零污染村庄"模式过程中通过发挥"模范村民""模范村庄"等榜样力量获得了广大村民群众的认可,为"零污

[①] [英]安东尼·吉登斯:《民族—国家与暴力》,胡宗译、赵力涛译,生活·读书·新知三联书店1998年版。

[②] Rahim M. A., "A Measure of Styles of Handling Interpersonal Conflict", *Academy of Management Journal*, Vol. 26, No. 2, June 1983, pp. 368-376.

染村庄"模式发展提供了合法性。其二，以吸纳学习保障有效发展。批判性地吸纳学习他人的经验有助于长期发展，源头村正是在保留乡土特色的基础上，吸纳"零污染村庄"的建设知识。其三，以竞争学习促进长期发展。源头村通过树立"相互看齐"的竞争机制，即榜样向学习者示范指导，学习者向榜样请教学习，从而创新发展了"零污染村庄"模式的治理经验。

其次，依靠行政机制发展"零污染村庄"创新模式。行政机制主要是通过上级命令、政府支持以及法律约束实现"零污染村庄"模式的发展。其一，以上级命令进行强制发展。压力型是我国政府组织结构的典型特征，上级政府有权强制让下级政府和公民实施行动。政府以上级命令的方式将"零污染村庄"列为源头村的发展任务，从而有效推动"零污染村庄"模式的广泛扩散。其二，以政府支持进行激励发展。任何制度的创新推广都需要成本，源头村创新"零污染村庄"模式也不例外。政府既通过划拨财政资金、减税等方式提供了物质支持，又从精神上褒奖高质量完成任务的下级组织，从而有效地推广了"零污染村庄"创新模式。其三，以法律形式实现制度化发展。中央和上级政府以正式文件的形式肯定了源头村"零污染村庄"的建设模式，并通过行政的方式积极进行推广。

最后，应用社会机制发展"零污染村庄"创新模式。"零污染村庄"创新模式的推广是一个社会问题，深受阶层化社会结构的影响。社会结构的复杂性要求我们必须加强对社会的关注与沟通。其一，增强大众媒体的关注度。媒体的报道不应该只停留在浅层次的事实反映上，更应该对"零污染村庄"建设的成功经验加以归纳，对专家学者的文章观点加以引用，从而方便更多村庄学习理论知识和实际建设经验。其二，增强专家学者的关注度。当前学术界有关"零污染村庄"环境善治的研究仍然处于空白状态，急需更多学者进行调研观察，从而助推"零污染村庄"创新模式的发展。其三，增强各利益相关主体的互动沟通。政府、院校等通过召开论坛、专题会议等方式加强各主体的沟通交流，从而更广泛地建立"零污染村庄"建设的民意基础。

三 建设"零污染村庄"的对策建议

源头村在开展"零污染村庄"的建设过程中，逐渐形成了一条成功路径，即通过化解多项冲突实现主体协同、结构协同、资源协同及行动协同。为进一步发挥"零污染村庄"治理优势，推进乡村振兴绩效，未来需要明确各主体角色定位、塑造合理性治理结构、合理配置多类型资源、达成共识性集体行动。

（一）源头村实施"零污染村庄"的成功路径

第一，平衡"政府主导"与"村民主体"冲突，实现"主体协同"。源头村"零污染村庄"建设既需要发挥好政府主导力量，也需要发挥好村民主体力量，从而以政府与村民之间的治理矛盾的妥善解决实现主体协同。其一，平衡政府与村民的治理地位冲突。在政府和源头村村民的互动中，政府居于治理的主导地位。源头村通过构建"多元共建平台"增强主体间的沟通，追求在政府引导机制下各主体的共同参与。其二，平衡政府与村民的治理权利冲突。为解决政府决策权与公民参与权之间的冲突，保障村民参与的积极性和合理性，源头村设置了奖惩机制，制定了村规民约。其三，政府与村民的治理目标冲突。为平衡村民的个人利益与政府的公共利益的关系，源头村通过对公民进行环境教育，保障村民在追求个人利益时不损害公共利益。

第二，化解"固有认知"与"专业知识"冲突，实现"结构协同"。源头村建设"零污染村庄"需要政策规划知识、技术知识、实践知识的支持，拓展村民的认知范围有助于实现结构协同。其一，政府与村民的认知差异。源头村村民缺乏管理规划知识，难以理解政府政策制定的长远目的。为促进村民了解政策规划的专业知识，政府通过举办一系列环保会议来强化村民的政策认知力。其二，企业与村民的认知差异。为弥补村民的先进技术知识短板，企业在源头村建设智能垃圾分类机等设施，让村民亲身感受新技术的优势。其三，村"两委"和村民的认知差异。村庄内部个人恩怨和公私恩怨交错累积，村"两委"的落实工作难以推进。源头村通过乡贤回归换届选举及半正式治理方法实施"零污染村庄"建设行动。

第三，破除"有限存量"与"无限需求"冲突，实现"资源协同"。源头村建设"零污染村庄"需要人才、资金及政策的支持，破除人才供应、资金筹集、政策落实的困境有助于实现资源协同。其一，人才供应挑战。源头村建设"零污染村庄"需要包括带头人在内的更多人才的支持，为破解"后继无人"的困境，村干部以榜样示范的方式激发村民的建设热情。其二，资金筹集挑战。源头村建设"零污染村庄"的资金源于企业投资，但外生力量不足以为村庄发展提供持续动力。因此，源头村以企业投资开启"零污染村庄"建设，以美丽经济推动村庄可持续发展。其三，政策落实挑战。由于目前尚没有文件明确"零污染村庄"建设的操作步骤，源头村只能借鉴污染防治等文件探索"零污染村庄"的建设路径，为相关政策制定提供实践依据。

第四，处理"长远利益"与"短期利益"冲突，实现"行动协同"。源头村实施了垃圾分类、截污纳管等措施，以期在保护生态环境的基础上提升村庄的经济水平。但源头村村民过于关注当前经济利益，他们认为现在建设"零污染村庄"浪费金钱、技术等资源。此外，"零污染村庄"的垃圾分类原则与村民乱丢垃圾的习惯也存在冲突，这些制约因素会给村民的日常生活带来不便。源头村通过协商合作化解村庄长远利益与村民短期利益的矛盾，从而达到"行动协同"效果。其一，协商方式。村"两委"动员所有村民参与专题会议，以会议方式与村民协商建设"零污染村庄"。其二，合作方式。在充分考虑各利益相关者和达成环境污染问题合作共识的基础上，源头村制定"零污染"行动方案并将其作为村庄的行动准则。

（二）提升"零污染村庄"长远绩效的建议

首先，明确各主体的角色定位，提升"零污染村庄"的主体能力。组织的本质是在自己承担最少成本的基础上使本集团成员受益，而明确各主体角色有助于降低成本消耗，提升"零污染村庄"建设效率。其一，提升政府制定政策的能力，做好"掌舵者"。通过教育培训等方式提升政策制定者的规划能力，保障"零污染村庄"建设政策的科学性。其二，提升村"两委"的实践能力，做好"引导者"。村"两委"应主动前往"零污染"建设模范村进行考察学习，落实上级制定的"零污染村庄"建设方案。其三，提升企业和环保组织的参与能力，做好"参与者"。企业应提供资金支持与技术指导，环保组织理应进行方法指导和宣传推广。其四，提升村民的文化素质，做好"实践者"。政府可通过举办"零污染村庄"讲座和知识竞赛等方式加深村民对"零污染村庄"的文化认知。

其次，塑造合理性治理结构，增强"零污染村庄"的效能发挥。合理性治理结构为政府、市场和社会提供了协商对话的平台，使利益主体以多方共赢的方式增强治理效能。"零污染村庄"的合理性治理结构是指在完成"零污染村庄"建设任务的基础上，实现利益相关主体的价值追求和利益共享。其一,加强互动机制。通过召开村民代表大会、"零污染"论坛、实施"零污染村庄"官方调研等方式处理好主体间的合作关系。其二,加强法律保障。个体在"零污染村庄"建设的公共活动中容易产生"搭便车"行为,为形成公开透明的治理结构,应该依法规范"零污染村庄"建设的各治理主体的行为。其三,优化监督体系。"零污染村庄"是一个"熟人社会",除了选择权威性较高的第三方监督机构,也要开展实施村民的内部监督,激发数字乡村环境治理的内生机制。

再次,合理配置多类型资源,促进"零污染村庄"的持续活力。"零污染村庄"建设中涉及信息、技术、资金、劳动力、土地、知识等多类型资源,资源分配方式和资源存量制约着"零污染村庄"的建设。其一,信息源于村民、政府等主体,通过村民主动发表自身观点,政府、企业、环保组织落实信息公开,保证"零污染村庄"的建设政策合乎民意。其二,技术源于个人创新、联合开发及专家决策,通过建设村庄环保组织队伍、科学管理企业投资、赋权于环保专家,保障"零污染村庄"的建设动力。其三,劳动力源于引进、回流和培训,通过外部引进人才、任用新乡贤及定期培训在岗员工,为"零污染村庄"建设提供人才支持。其四,土地源于公共用地及废旧房屋拆迁,通过提升土地利用效率,拓展"零污染村庄"建设空间。其五,知识为"零污染村庄"建设提供智力支持和科学保障,提升相关主体的知识水平,保障"零污染村庄"建设的专业性。

最后,达成共识性集体行动,实现"零污染村庄"的建设目标。目标一致的集体行动是最有效率的实践方式,因此,只有组织达成共识才能够实现效率最大化。[①] 为形成"零污染村庄"建设共识,必须建立信任机制与激励机制,明确责任归属。其一,建立信任机制。通过最大化村庄的公共利益,促使主体就"零污染村庄"建设达成一致意见,进而构建主体间的信任机制。其二,建立激励机制。采用高额奖金、巨额罚款等物质激励和授予"零污染"荣誉称号等精神激励,调动主体积极性。其三,明确责任归属。在一个民主的国家,权力必须与责任挂钩。因此,政府需制定"零污染村庄"建设的权责清单,如明确政府的政策制定权,

---

① [美]盖瑞·J. 米勒:《管理困境——科层的政治经济》,王勇等译,上海人民出版社 2002 年版。

村"两委"的政策落实责任，企业、村民及环保组织的参与权，从而更好地实现"零污染村庄"的建设目标。

第三节　数字乡村治理与保持乡村性

当前数字乡村治理的运作机理体现为制度体系支撑、基础设施保障、个性服务供给和因地制宜发展，并且取得了政社互动便捷、电商增收赋能、文化传承交流、社会质量提升的价值。但在推进数字乡村治理的过程中，依然出现了破坏历史文化积淀、自然生态环境、资源要素禀赋、乡村道德情感的问题。因此，我们需要注重数字乡村的治理特色，即保持乡村性，具体包括在数字乡村治理过程中延续乡村地域历史文化、保护乡村自然生态环境、重塑乡村的在地性资源、构建乡村情感共同体，从而真正释放数字乡村战略的价值意义。

一　数字乡村治理中的乡村性问题

伴随着互联网的不断发展，大数据、区块链、云计算、物联网等数字技术为乡村振兴提供了新动力与新途径。在此形势下，2019年5月，中共中央办公厅、国务院办公厅印发了《数字乡村发展战略纲要》，强调现代数字技术在乡村振兴中的拓展应用，明确指出数字乡村建设既是农村现代化的重要内容，也是乡村振兴的发展方向。推进数字乡村实现有效治理需要致力于整体实现乡村生产数字化、生态数字化、生活数字化，持续促进农业农村现代化的转型。此外，2020年的新冠疫情冲击也为数字乡村建设带来了新契机。依靠大数据、5G技术、区块链、人工智能等新一代数字技术手段，有效提升了乡村疫情防控的治理效能，充分证明了数字乡村对于促进乡村经济发展和实现治理价值的作用。简言之，数字乡村治理有助于提升乡村现代化治理水平，是推进乡村振兴的重要抓手和实现机制。因此，从乡村立场、乡村利益和乡村价值出发，研究数字乡村治理路径对于推进乡村振兴战略具有重要的研究意义。

当前数字乡村作为一项新的研究议题尚未引起学者的足够重视，但通过已有研究可以发现，我国数字乡村建设面临的最突出的挑战是城乡之间巨大的数字鸿沟，因此，数字乡村建设最关键的环节是加快推进广大农村地区的基础设施建设，促进农村居民对于现代数字技术的接受与应用，从而构建数字乡村发展战略。① 实施数字乡村战略要正确处理好国家与社会的关系、政府与市场的关系、村民活动与自然环境的关系、创新发展与拓展应用的关系。② 数字乡村建设有助于推动乡村治理向开放协同、精准高效以及智能便捷等方向转型，并且已经在"数字农业""数字文化""数字教育""数字医疗"等方面提出未来数字乡村治理模式。③ 尽管如此，当前数字乡村治理依然面临着信息基础设施落后、制度体系不完善、村民参与程度低、资源供给不足等问题。④ 数字乡村战略背景下探究如何消除城乡数字鸿沟，缩小城乡发展差距、提供完善的公共服务体系是重点关注的问题。基于整体性治理的数字乡村公共服务体系建设，能够整合数字乡村技术资源，提升数字乡村治理绩效，真正促进乡村振兴的战略推进。⑤

综上所述，现阶段学者对数字乡村治理议题展开了一定程度的研究，并且认为数字乡村治理是融合社会结构、制度发展、组织价值等多元力量，以数字技术创新为乡村振兴的内源驱动力，以实现乡村生产数据化、治理透明化、生活智能化和消费便捷化为目标的治理共同体的构建。⑥ 数字乡村治理是政府、企业、社会等多元主体通过运用互联网技术构建便捷有效、开放共享、绿色协调的乡村治理模式，推动乡村社会发展方式由粗放运营向统筹集约转变。当前，依据《数字乡村发展战略纲要》中推进数字乡村治理的十大重点任务和五大保障措施，结合数字乡村治理实践的发展逻辑，数字乡村治理对象主要包括数字生产、数字生活、数字生态、数字文化四大重点领域，在发展过程中突出以人为本、成效导向、协同创新的优势特点，从而成为乡村振兴时期推进高质量乡村发展的重要路径。

数字乡村治理与发展尽管是乡村振兴的发展方向，能够有效弥合城乡数字鸿沟，培育时代新农民，促进乡村现代化的现实绩效。但政治界

---

① 吕普生：《数字乡村与信息赋能》，《中国高校社会科学》2020年第2期。
② 彭超：《数字乡村战略推进的逻辑》，《人民论坛》2019年第33期。
③ 毛薇、王贤：《数字乡村建设背景下的农村信息服务模式及策略研究》，《情报科学》2019年第11期。
④ 赵旱：《乡村治理模式转型与数字乡村治理体系构建》，《领导科学》2020年第14期。
⑤ 方堃等：《基于整体性治理的数字乡村公共服务体系研究》，《电子政务》2019年第11期。
⑥ 沈费伟、袁欢：《大数据时代的数字乡村治理：实践逻辑与优化策略》，《农业经济问题》2020年第10期。

和学术界在大力倡导和推进数字乡村战略的同时,需要冷静思考一些关键问题,即数字乡村如何治理?有何治理价值?治理特色是什么?数字乡村作为乡村振兴时期中国农村转型的发展路径,其实质是一种对现代性的追问,涉及更深层次的村落转型与乡村未来的命题。因此,我们需要秉承客观的学术态度来审视数字乡村战略,更加理性地推进数字乡村建设,即需要关注数字乡村治理中的乡村性问题。

二 数字乡村治理破坏乡村性特色

数字乡村治理注重发挥数字技术的效用,认为技术能够赋予人和组织行动的能力,是提升乡村治理能力的重要"引擎"。但是技术并不是万能的,技术在为数字乡村发展带来积极效应的同时,也存在无法避免的缺点。当人们将技术的价值置于绝对地位时,就可能出现技术的异化,即技术反过来控制人本身。[1] 因此,我们应该在推进数字乡村治理时,注重与乡村发展相结合,重视乡村要素,将保持乡村性作为数字乡村的治理特色。乡村性的英文单词是"Rurality",作为"Rural"的派生名词产生于18世纪,意指"乡村之所以成为乡村的条件"。乡村性是描绘乡村空间与地域类型的重要概念,是综合反映乡村发展水平、揭示乡村内部差异、识别乡村地域空间的重要指标。[2] 通过乡村性评价能够综合反映乡村的综合发展水平,它描述了乡村地域空间的重要特征,是用于判定乡村转型与发展的微观反映,更是乡村价值得以彰显的关键依据。

在对乡村性的内涵理解上,Mormont 指出乡村性是一个概念的集合体,暗含着一个描述其所指(乡村地域实体和乡村社会)特点的话语,并指出乡村性不是具体的事物或者地域单元,而是源于一系列意义的社会生产,即乡村性是一个社会建构的过程与产物。[3] 克洛克等曾利用包括人口、住户满意度、就业结构、交通格局及距城市中心的远近等社会经济统计数据构建一个乡村性指数,将英格兰和威尔士地域划分为极度乡村(Extreme Rural)、中等程度乡村(Intermediate Rural)、中等程度非乡村(Intermediate

---

[1] 沈费伟:《卡尔·曼海姆视野中的社会技术思想研究——读〈重建时代的人与社会——现代社会结构研究〉》,《公共管理评论》2017 年第 1 期。

[2] Woods M., "Performing Rurality and Practising Rural Geography", *Progress in Human Geography*, Vol. 34, No. 6, February 2010, pp. 835-846.

[3] Marsden T., et al., *Rural Restructuring: Global Processes and Their Responses*, London: David Fulton Publishers Ltd., 1990, pp. 43-44.

Non-rural)、极度非乡村（Extreme Non-rural）和城市（Urban）五个类型。[1] 目前，国际上流行利用更具灵活性的社会表征方法（Social Representation Approach）来定义乡村性，诸如当地居民所认为或想象的乡村性形象与标志、社会经济的变化对数字乡村环境的影响等均囊括其中。但笔者认为其在操作性和可比性方面有所欠缺。[2] 李红波、张小林认为界定乡村性的困难在于乡村整体发展的动态性演变、乡村各组成要素的不整合性、乡村与城市之间的相对性以及由于这三大特性形成的城乡连续体。[3]

由上述分析可知，乡村性自提出以来，在乡村发展评价、乡村转型测评、城乡边界区分、乡村地域类型划分、乡村社会发展等领域具有广泛的用途。[4] 乡村性自20世纪50年代末至60年代进入西方乡村地理学的研究领域，历经描述流派、乡土流派、社会建构流派的探索和发展，学者逐渐认识到乡村性既不是现实的地理空间，也不是虚拟的抽象存在，而是乡村社会、空间关系相互建构融合的体系。乡村性是不断发生变化的，经由多样化、冲突性的社会建构。[5] 而中国的乡村性在很长时间被用来论证以传统农业为主导的乡土社会。乡村性之所以重要，是因为能够折射出乡村价值的留存与再造，这是乡村区别于城市的核心本质。[6] 当前，我们在推进数字乡村治理的过程中，数字乡村治理与保持乡村性并不是相互对立的矛盾体，而是能达成相互依存关系的统一体。

一方面，数字乡村治理是在系统把握我国现代化发展目标及社会主要矛盾的基础上提出的农业农村现代化发展战略，因此，数字乡村治理是为了更好地保持和发展乡村性的重要手段。另一方面，乡村性深刻地揭示了乡村之所以成为乡村的条件，其内容覆盖了乡村振兴领域的经济、文化、生态、治理等各个方面，而数字乡村治理以乡村振兴"农业旺、农村美、农民富"为目标，通过多领域、多层次、多范围的数字赋能，

---

[1] Cloke P., Edwards G., "Rurality in England and Wales 1981: A Replication of the 1971 Index", *Journal of Rural Studies*, Vol. 20, No. 4, August 1986, pp. 289-306.

[2] Woods M., *Rural Geography: Processes, Responses and Experiences in Rural Restructuring*, London: Sage, 2005.

[3] 李红波、张小林：《乡村性研究综述与展望》，《人文地理》2015年第1期。

[4] 沈费伟、刘祖云：《海外"乡村复兴"研究——脉络走向与理论反思》，《人文地理》2018年第1期。

[5] 黄清燕、白凯：《陕西袁家村跨地方的乡村性生产与呈现》，《地理研究》2020年第4期。

[6] 费孝通：《乡土中国 生育制度》，北京大学出版社1998年版。

弥补了传统乡村振兴模式的诸多治理缺陷，是最具有实现乡村性要素价值优势、更符合时代发展规律的乡村振兴模式。然而，现阶段在推进数字乡村治理过程中出现了许多破坏乡村性的问题，具体表现为破坏历史文化积淀、破坏自然生态环境、破坏资源要素禀赋、破坏乡村道德情感四个方面，这严重阻碍了高质量乡村振兴的绩效提升。

第一，数字乡村治理破坏历史文化积淀。传统乡土社会有许多文化遗产、家风家训、民间工艺、历史文化等，这些文化大都静态地存放于农村祠堂、文化礼堂、乡村文化站。即使有些乡村地区通过借助电子化设备和技术化手段将其进行活态展示，但由于没有很好地挖掘和阐述文化背后所蕴含的价值，因而实践中大都流于形式，无法真正实现历史文化的传承和保育功能。[①] 数字乡村战略的推进尽管为历史文化传承提供了新的发展路径，但是一方面，目前展示乡村文化的影视作品形式单一，质量和数量都不高，不能很好地满足村民对本村历史文化的认知需求；另一方面，在数字乡村治理过程中，许多农村地区出现了传统文化理念与现代数字治理相矛盾的问题，尤其在许多城乡发展差距较大的地区，村民为了追求数字乡村的先进理念，将众多传统历史文化排除在数字乡村建设的进程之外，不利于乡村现代化的高质量发展。

第二，数字乡村治理破坏自然生态环境。人们对自然生态环境的重视从传统乡村社会就开始兴起，这是人与自然和谐关系的反映。一方面，在传统时代的农耕社会中，人们依靠自然界中的土地、水、大气等元素得以生产生活；另一方面，人们对自然和谐的追求蕴含在农耕文明的思想之中。农耕文明暗含了大量关于人与自然、人与社会和谐发展的哲学思想，因此成为促进中国乡村社会持续发展的重要因素。[②] 然而在乡村振兴时期，数字乡村治理通过发挥现代技术优势价值，为乡村带来了巨大的经济效益，但同时也出现了众多破坏乡村生态环境的问题。据笔者考察，上述自然生态环境问题的出现源于人们对技术价值观的认知偏差，即只注重短期的科技治理效益，忽视了长远的数字乡村整体性发展规划。例如，数字乡村治理注重应用现代生物技术、化肥培育技术等来提升农业产量的增长，然而这种依靠现代技术的数字化农业尽管带来了规模化、

---

① 李翔、宗祖盼：《数字文化产业：一种乡村经济振兴的产业模式与路径》，《深圳大学学报》（人文社会科学版）2020年第2期。

② 赵霞：《乡村文化的秩序转型与价值重建》，河北人民出版社2013年版。

产业化的效益，但由于农药等化学品的大量应用，乡村面临前所未有的自然生态污染和环境破坏问题，甚至给人们带来了农产品的安全性风险。

第三，数字乡村治理破坏资源要素禀赋。长期以来，为了推动工业化和城市化的快速发展，农村地区的资金、土地、人才等核心发展要素单向流入城市，这直接导致了许多农村不断地走向衰退，集中表现为农村的"空心化"问题。数字乡村战略的提出确实在很大程度上促进了乡村资源的利用，提升了乡村振兴的绩效。但是据笔者调研发现，许多村庄在推进数字乡村战略过程中套用城市改造的逻辑推行所谓的"数字乡村振兴"。这种行为混淆了数字乡村与城市改造的基本概念，给乡村社会带来了巨大的风险。一方面，由于当前我国尚未出台数字乡村建设规划，在数字乡村治理过程中以城市规划理念来开展乡村建设，这势必忽视了乡村的本地文化传承，进而使乡村独特的地域资源被打破。另一方面，为了快速发展数字乡村经济，一味追求乡村现代产业的发展，反而造成更多资源的浪费。① 因此，当前在推进数字乡村治理的过程中，需要遵循乡村发展的客观规律，合理利用乡村资源要素禀赋，从而科学地推动乡村社会的高质量发展。

第四，数字乡村治理破坏乡村道德情感。传统的中国乡村社会是一个注重亲情、道德、伦理的社会，强调人与人之间相互关爱、和谐共融，因而成为维系中国数千年农业文明的核心思想体系和价值观念。② 然而，工业化、城镇化大背景下的当代数字乡村建设使这种底蕴深厚的传统乡村文化道德逐渐被快餐式的城市文化所取代。在乡村地区，微博、微信、QQ 等现代媒介平台的应用在促进乡村社会关系和交往方式改变的同时，也极大地减少了村民群众之间的互动交流。人们面对陌生的环境、不熟悉的面孔和淡薄的人际关系，深刻地感受到情感上的孤独、生存上的无助和生活上的不便。数字乡村治理以技术为中心的思路会导致其对"数字科技必然带来益处"的默认，视数字科技的匮乏为发展的唯一障碍表现出一种技术决定论的倾向。这导致构建在中国传统社会基础上的道德规范和伦理秩序、礼俗习惯等乡村文化价值观不断式微，甚至在所谓的"限制人性思想解放"的口号中走向消亡。

---

① ［美］西奥多·W. 舒尔茨：《改造传统农业》，梁小民译，商务印书馆 1987 年版。
② 沈费伟：《传统乡村文化重构：实现乡村文化振兴的路径选择》，《人文杂志》2020 年第 4 期。

三 数字乡村保持"乡村性"价值策略

2020年，我国数字乡村建设步伐加快推进，浙江、河北、江苏、山东、湖南、广东等22个省份相继出台数字乡村发展政策文件，整体推进数字乡村的高质量发展。尤其是中央网信办连同农业农村部、发改委、工业和信息化部等七部委印发的《关于开展国家数字乡村试点工作的通知》，在地方推荐、专家评审及复核、社会公示基础上，确定117个县（市、区）为首批国家数字乡村试点地区，重点在开展数字乡村整体规划设计、完善新一代信息基础设施、探索乡村数字经济新业态、完善"三农"信息服务体系、完善设施资源整合共享机制、探索数字乡村可持续发展机制等七个方面开展数字乡村治理工作，为全面推进数字乡村建设探索有益经验。可以说，数字乡村发展通过构建数字乡村治理新体系，着力弥合城乡数字鸿沟，成为符合时代发展趋势与我国乡村治理客观规律的必然选择。

数字乡村治理是一场关系到组织建设、体系优化、能力提升、效果评价的系统性工程。从现实层面观察发现，数字乡村治理确实能够为村民群众提供更加多元化、个性化的移动网络服务和应用创新，极大地激发了村民群众参与乡村振兴的激情，从而有助于不断缩小城乡之间的数字鸿沟。但是当前政府在大力推进数字乡村战略的过程中也出现了许多破坏乡村性的问题。基于此，为保护乡村性价值，提升数字乡村治理绩效，政府部门需要在数字乡村治理过程中延续乡村地域历史文化、保护乡村自然生态环境、重塑乡村在地性资源、构建乡村情感共同体，从而真正促进数字乡村战略的价值意义。

（一）延续乡村地域历史文化：提升数字乡村治理绩效的基础

梁漱溟先生认为中国文化以乡村为本，所以中国文化的根就是乡村文化。[①] 当前，乡村文化经过长期的演变发展，逐渐形成了与生产生活实践相适应的道德标准、风俗习惯和社会习俗等。这反映在传统乡村中则表现为每一个村庄都有其独特的文化基因和地方特色。因此，在数字乡村治理过程中必须以延续乡村历史文化为目标，通过将数字乡村战略与乡村本地历史文化相结合，打造留得住乡情、记得住乡愁的文明家园。从乡村性视角出发，通过数字乡村治理延续乡村地域历史文化可以从四个方面推进：一是充分利用互联网、云计算、物联网、区块链等先进数

---

① 梁漱溟：《中国文化要义》，上海人民出版社2011年版。

字技术，致力于开发乡村文化创意产品，打造乡村文化品牌。二是利用微信、微博、数字电视、广播媒体等平台努力宣扬乡土文化价值，切实保护和传承乡村各类非物质文化遗产和民间工艺。三是通过构建数字乡村文化服务平台，创新和拓展乡村文化服务渠道，提升村民群众的文化生活质量，增强村民群众的幸福感。四是通过实施数字乡村战略吸引更多的年轻人参与乡村文化建设工程，为乡村注入更多的人力资源，真正延续乡村地域历史文化，提升数字乡村的乡村性价值。

（二）保护乡村自然生态环境：提升数字乡村治理绩效的关键

当前在推进数字乡村治理的过程中，许多乡村应用现代信息技术追求经济效益，以利润最大化为目标促进乡村发展。实际上，这种数字乡村治理理念尽管在短期内会带来乡村的收益，但是无法为数字乡村提供持续动力。因此，一方面，需要扭转只追求经济效益而忽视乡村环境恶化的观念，明确高质量推进数字乡村战略需要重点关注和保护乡村自然生态环境的观念。另一方面，需要倡导和秉承数字乡村的生态技术创新理念要求，即数字乡村治理需要关注现代技术对人文价值的诉求，深层次反映出人们应该如何促进数字乡村的发展问题。从乡村性的观点来审视，数字乡村治理应以如何保护和提升乡村生态为准则，在数字乡村发展的各个阶段都要与生态环境相协调，体现可持续发展的基本要求。乡村性价值凸显了在推进数字乡村战略过程中人与自然和谐相处的内涵以及"生态效益—经济效益"的发展目标，在数字乡村治理过程中对乡村资源进行科学合理、高效的利用。[1] 通过在数字乡村的生产及消费末端，能够高效率、循环利用各类废弃物，这也是当前"零污染村庄"理念建设的实践能够显著提升数字乡村的发展绩效的原因。

（三）重塑乡村的在地性资源：提升数字乡村治理绩效的核心

按照费孝通的解释，"在地性"是指乡土社会的生活是富于地方性的。[2] 这种在地性特征深刻印证了乡村性的价值。当前推进数字乡村高质量治理需要构建乡村资源应用的在地性机制。数字乡村治理的在地化核心是推进资源要素回流并通过重新发现乡村价值，在原有的基础上进行创造性的改变，从而更好地提升数字乡村的乡村性特征。数字乡村治理

---

[1] 孙育红、张志勇：《生态技术创新：概念界定及路径选择》，《社会科学战线》2011年第8期。
[2] 费孝通：《乡土中国》，北京大学出版社2012年版。

的在地性不是简单的"因地制宜",而是包括发展的在地性、自然景观的在地性、产业的在地性、文化的在地性、人和技术的在地性等诸多方面。数字乡村的在地化发展依旧是重塑乡村性价值,通过改变以往的乡村建设模式,使乡村真正成为发展主体,由自发走向自觉,由输血走向造血,其根本是培育动力机制。[①] 因此,激活和培育乡村内生动力系统和外生动力系统尤为重要。一方面,乡村内生动力系统的核心在于培育新产业体系、新建设主体、新利益机制、新治理模式;另一方面,乡村外生动力系统主要包括新金融体系、新服务平台、新乡土文化、新乡村风貌。通过重塑数字乡村的在地性资源,积极保护乡村风貌,激活乡村经济活力,维护农民的发展权利,真正释放数字乡村的治理绩效和发展价值。

(四)构建乡村情感共同体:提升数字乡村治理绩效的保障

自数字乡村战略提出以来,数字乡村治理就逐渐向乡村社会治理、养老服务、生态保护等领域延伸,可以说数字乡村治理凭借着先进的现代技术效能为乡村振兴提供了强大的动力支撑。然而伴随着数字乡村战略的深入推进,越来越多的乡村地区开始意识到不能简单地将数字乡村理解为现代信息技术在乡村治理中的应用,数字乡村更多的是对乡村社会关系、社会结构的重塑。数字乡村建设尽管强调现代技术的价值,但是更注重应用现代技术提升乡村性价值,从而构建乡村情感共同体。首先,高质量推进数字乡村建设,构建乡村情感共同体,需要强调"道德"在乡村社会中的重要性。区别于城市强调法律的重要性,"重德而不重法"是传统中国乡村社会的重要文化特质。因此,在构建数字乡村治理体系的过程中需要将道德伦理作为约束村民群众日常行为的重要道德规范。其次,高质量推进数字乡村建设,构建乡村情感共同体,需要强调"情谊"的重要性。情谊包含了"和谐""和睦""共生""共存"的乡情价值取向,因此,数字乡村的有效治理需要人们将情谊放在突出位置。最后,高质量推进数字乡村建设,构建乡村情感共同体,还需要强调"教化"的重要性。数字乡村治理需要重视道德和情谊教化在乡村行为规范中的作用和影响力,通过崇尚节俭、简朴、符合自然节律的生活方式,更好地实践数字乡村治理的乡村性内涵。

[①] 沈费伟、刘祖云:《村庄重建的实践逻辑与运作模式——以湖州市荻港村为例》,《南京农业大学学报》(社会科学版)2017年第2期。

第七章　数字乡村治理与社会权益保障

本章主要探讨的是数字乡村治理与老年人参与、数字乡村治理与乡村回流人才动员、数字乡村治理与治理现代化限度三个方面的内容。首先，在数字乡村治理与老年人参与层面，从老年人参与数字乡村的治理框架、老年人参与数字乡村的数字鸿沟、老年人参与数字乡村的制度包容、提升老年人数字包容的策略选择四个方面展开研究。其次，在数字乡村治理与乡村回流人才动员层面，从数字乡村治理中乡村回流人才的形成原因、乡村回流人才促进数字乡村治理机理剖析、乡村回流人才在数字乡村治理的现实困境、乡村回流人才助推数字乡村治理对策建议四个方面展开研究。最后，在数字乡村治理与治理现代化限度层面，从数字乡村治理现代化限度的框架、数字乡村治理现代化的实现逻辑、数字乡村治理现代化限度的表现、实现数字乡村现代化的优化策略四个方面展开研究。

第一节　数字乡村治理与老年人参与

随着脱贫攻坚取得全面胜利，乡村振兴成为我国新发展阶段农村工作的重心。面对第四次工业革命的蓬勃兴起，国家实施数字乡村战略既顺应了数字化潮流，也为乡村振兴注入了创新动能。近年来，政府相关部门先后出台了《数字乡村发展战略纲要》《数字农业农村发展行动计划（2022—2025年）》等政策文件，为推进数字乡村建设提供了重要指导。从实践来看，全国各地正积极探索数字乡村建设新发展模式，数字技术与农业的深度融合有效促进了农业生产经营管理的精细化、高效化和智能化水平;① 农村电子商务、智慧旅游等新业态的快速发展激发了乡村市场的活力;② 乡村信息化平台建设推动了乡村数字化治理体系的进一步完善。③ 另外，数字技术在乡村社会中的广泛应用一方面能够助推农业农村的现代化发展，另一方面也会拉开村民个体之间的差距。由于数字技术本身具有一定的门槛，不同成员获取和运用数字技术的能力存在明显差异。换言之，年轻人作为"网络原住民"成为数字技术应用的主要群体，老年人由于生理和心理等因素的衰退沦为数字弱势群体被排斥在数字社会之外，从而在一定程度上扩大了数字鸿沟。

面对这一问题，2020 年 9 月，政府相关部门发布的《关于推进信息无障碍的指导意见》指出，要着力保障老年人、残疾人、偏远地区居民、文化差异人群等重点群体可以平等方便地获取、使用信息。2020 年 11 月国务院办公厅印发的《关于切实解决老年人运用智能技术困难的实施方案》强调，要建设充分兼顾老年人需求的智慧社会，让老年人享受更优质的智能化服务。尽管国家出台了一系列弥合数字鸿沟的政策，但老年人在数字乡村建设中仍然存在参与动机不够、参与能力不足、参与渠道不多等现实困境。究其原因，数字技术的不均衡发展导致了年轻人与老年人的数字鸿沟，老年人难以平等享受数字红利，从而产生新的社会分化和社会排斥。作为农村社会的重要主体，老年人的积极参与对于数字乡村建设至关重要。脱离老年人这一主体，数字技术容易悬浮于乡村之上，难以真正嵌入乡村社会的实际运转进程中。因此，如何弥合老年人数字鸿沟，让老年人更好地参与数字乡村建设，成为乡村治理关切的一个重要领域。

一 老年人参与数字乡村的治理框架

（一）数字鸿沟的内涵理解

"数字鸿沟"最早由 Lloyd Morrisett 在 20 世纪 80 年代提出，主要指信息富人和信息穷人之间存在的差距，重点关注的是不同社会群体个人

---

① 沈费伟、袁欢：《大数据时代的数字乡村治理：实践逻辑与优化策略》，《农业经济问题》2020 年第 10 期。
② 陈一明：《数字经济与乡村产业融合发展的机制创新》，《农业经济问题》2021 年第 12 期。
③ 丁波：《数字治理：数字乡村下村庄治理新模式》，《西北农林科技大学学报》（社会科学版）2022 年第 2 期。

电脑占有率的差异。① 1990 年，阿尔文·托夫勒在《权力的转移》中从电子鸿沟的视角理解数字鸿沟，认为数字鸿沟就是信息和电子技术的鸿沟，它不存在于地理环境的差异之间，而是存在于发展速度的快慢之间。② 20 世纪 90 年代，学术界主要围绕因信息技术的接入而导致数字鸿沟这一观点进行研究，随着智能设备的日益普及，信息技术的应用和使用逐渐成为导致数字鸿沟的重要因素。2001 年，Attewell 指出，数字鸿沟存在两个层级，第一级数字鸿沟是指有效接入计算机网络的人与不能接入的人之间的差距，第二级数字鸿沟是指信息技术运用能力不同存在的差距。③ 在此基础上，韦路等提出了第三级数字鸿沟，即信息资源和知识获取的差距，更关注如何使社会不同群体更公平地获取数字信息，促进数字融入。④

随着数字鸿沟这一概念的不断丰富，闫慧等在对 1989 年以来的相关研究进行回顾后发现，在城市与农村之间、不同社会群体或阶层之间也存在数字鸿沟。⑤《数字化生存》中曾提及，尽管大众担忧数字技术会加大贫富差距，但最大的差距存在于年轻人和老年人之间。⑥ 显然，当今老年群体相较于"90 后""00 后"等"网络原住民"，在数字技术的接入、使用及知识获取上存在差距，属于典型的数字弱势群体。这种差距主要体现在三个方面：首先，在接入鸿沟方面，受经济社会发展、认知能力等因素的影响，部分老年人对数字技术的接纳程度较低，老年群体使用互联网的比例与青年群体存在巨大差异。其次，在使用鸿沟方面，老年群体相对于年轻人在数字化技术的使用技能和水平上存在差距。随着网络信息基础设施的完善，老年人使用互联网的人数不断增加，使用鸿沟成为老年人数字鸿沟的重要体现。最后，在知识鸿沟方面，由于对信息技

---

① Van Dijk, Jan A. G. M., "Digital Divide Research, Achievements and Shortcomings", Poetic, Vol. 34, No. 5, October 2006, pp. 221-235.

② [美] 阿尔文·托夫勒：《权力的转移》，吴迎春、傅凌译，中信出版社 2006 年版。

③ Attewell P., "The First and Second Digital Divides", Sociology of Education, Vol. 74, No. 3, July 2001, p. 74.

④ 韦路、张明新：《第三道数字鸿沟：互联网上的知识沟》，《新闻与传播研究》2006 年第 4 期。

⑤ 闫慧、孙立立：《1989 年以来国内外数字鸿沟研究回顾：内涵、表现维度及影响因素综述》，《中国图书馆学报》2012 年第 5 期。

⑥ [美] 尼古拉·尼葛洛庞帝：《数字化生存》，胡泳、范海燕译，电子工业出版社 2017 年版。

术接受程度较低以及数字技能的缺乏，部分老年人可获取的数字信息较少，进而导致其在社会参与程度方面与年轻人拉开差距。

(二) 数字鸿沟走向数字包容的框架提出

随着各个领域对数字鸿沟的研究不断深入，数字包容这一概念开始出现并引起了广泛的关注。数字包容通常指确保所有人都能平等地获得和使用数字技术的策略。早在 2000 年 7 月《全球信息社会冲绳宪章》中就提到了包容性原则："任何人、任何地区都应该有机会参与到信息社会中并从中获益，没有人应该被排除在外。"[1] 数字包容的本质在于缩小数字鸿沟，实现社会包容。一方面，数字包容是在数字鸿沟基础上产生的，因而强调对数字技术的接入程度、使用能力和社会参与水平的提升。[2] 数字包容应该使所有人都能够具备获取和使用互联网和数字技术的能力，同时帮助人们掌握应有的数字信息，更好地参与社会活动。另一方面，数字包容与社会包容和社会排斥紧密相关。数字排斥与社会排斥本质上是互相交织的，数字技术的发展给社会带来了新的排斥领域，但也为促进社会包容提供了新的可能性。[3] 政府通过有效发挥数字技术的作用帮助弱势群体融入社会，减少被排斥、被疏远的风险。

面对老年人数字鸿沟的难题，构建数字包容社会是提升老年人社会质量的必然选择。实现数字包容需要进行三个方面的转变：一是组织维度，即从少数人参与的治理向多数人参与的治理转变。以往的数字治理主要由懂技术的专业人才参与治理，而老年人作为弱势群体往往难以真正参与到治理进程中去。数字包容主张多元主体的平等参与，通过激活老年人参与的主体作用，推动政府引导、市场主导和社会参与的协同机制的完善，有助于包容性治理体系和治理格局的形成。二是技术维度，即从较为单一的服务供给向更加智能化的服务供给转变。信息技术是实现包容性数字服务的关键，以往较为单一的服务种类、机械化的服务模式、参差不齐的服务质量都难以满足老年人的真实需求。数字包容强调

---

[1] Kyushu-Okinawa Summit, "Okinawa Charter on Global Information Societ", http://www.mofa.go.jp/policy/economy/summit/2000/documents/charter.html, 2000.

[2] 同慧等:《数字包容研究进展：内涵、影响因素与公共政策》,《图书与情报》2018 年第 3 期。

[3] Leanne T., et al., "Gypsy-Traveller Communities in the United Kingdom and the Netherlands: Socially and Digitally Excluded", Media Culture & Society, Vol. 42, No. 2, November 2018, pp. 637-653.

通过数字技术的适老化设计和改造为老年人提供更加舒适的使用体验。老年人的需求与年轻人存在很大差异，数字包容允许老年人根据自身情况自由选择合适的获取服务的方式，突出服务的个性化、智能化和多样化，使老年人真正享受到技术发展带来的红利。三是行为维度，即从教育参与渠道不足向教育机会的均等化转变。现实中尽管大部分老年人有学习数字技术的意愿，但由于缺乏相应的资源和渠道往往难以真正参与到数字教育中来。数字包容要实现对参与群体的包容，保障老年人继续受教育和培训的权利。无论参与能力高低与否，任何一个老年人都能够依据自身意愿参加数字教育，提升自身数字适应能力，不会因自身社会经济地位和身体情况而被排除在外。

老年人参与数字乡村建设的主要困境之一在于技术应用，因而数字包容框架的提出对解决这一困境具有合理性。数字包容框架和数字乡村建设的契合性主要体现在以下三个方面：一是对象契合。在数字乡村建设中老年人参与不足成为重要问题，而数字包容框架强调治理主体的多元参与，尤其注重老年人等数字弱势群体的发展，因此，二者都是以老年人群体作为重要研究对象。二是过程契合。数字乡村建设注重对乡村数字人才培养和数字应用技术的普及，通过数字赋能加快老年人融入数字乡村建设和发展的过程；而数字包容强调通过对老年人在信息技术的知识、资源、能力等方面进行增权与赋能，实现老年人有效参与社会治理，因此，二者在过程中也存在契合。三是结果契合。数字乡村建设的最终目标在于让包括老年人在内的全体村民能够公平地共享数字技术带来的便利，实现城乡的深度融合；数字包容治理的目的在于实现社会资源的公平合理分配，利益相关者可以共享发展成果，因此，二者在结果层面也具有契合性。

二　老年人参与数字乡村的数字鸿沟

乡村振兴时期提升老年人的参与水平是数字乡村建设的重要方向，但是，当前横跨在城镇和农村之间的数字鸿沟给老年人参与数字乡村建设带来了诸多技术上的困难与挑战，主要表现为基础设施的接入鸿沟、智能设备的使用鸿沟以及能力素养的知识鸿沟（见图7-1）。究其根本可以发现，造成数字乡村鸿沟的深层原因在于技术与治理、行政与自治以及增权与赋能的困境。

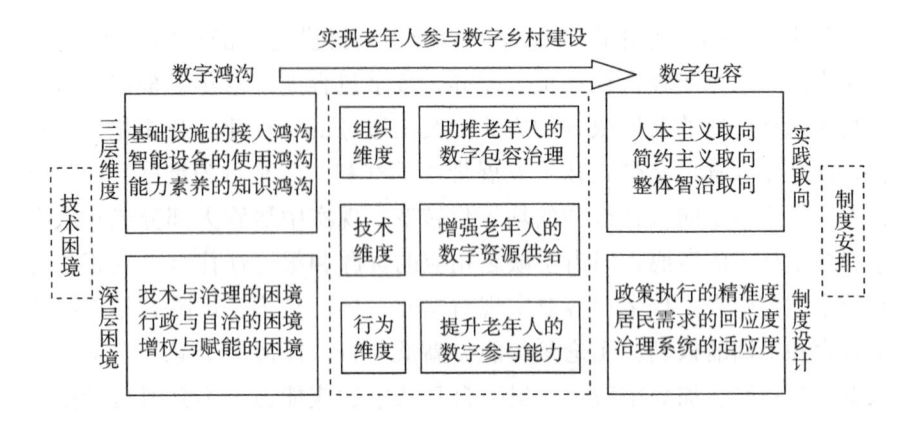

图 7-1　实现老年人从数字鸿沟走向数字包容的分析框架

（一）城乡数字鸿沟的三层维度

第一，基础设施的接入鸿沟。"接入鸿沟"是指城市与农村在数字基础设施的接入和传统基础设施数字化改造等方面存在的数量与质量的差距。一方面，大数据时代以 5G 网络、人工智能、物联网等为代表的新基建成为推动数字乡村发展的重要基石。然而我国长期以来城乡发展不均衡，农村地区的数字基础设施水平普遍滞后于城市。CNNIC 第 52 次报告显示，截至 2023 年 6 月，农村地区网民规模为 3.01 亿人，仅占网民总体的 27.9%；而城镇网民规模为 7.77 亿人，占网民整体的 72.1%。[①] 由此可见，当前农村地区数字基础设施还相对薄弱，尚有部分村民未接入互联网，制约了数字乡村的发展。另一方面，数字乡村利用新一代信息技术推动水利、电力、交通、物流等传统基础设施的数字化改造升级，有助于改善农村居民的生活条件。但当前农村地区与城市地区在基础设施改造方面还存在较大差距。与城市具备的人口集中、交通便利的优越条件相比，我国农村地区地形复杂多样、人口分布较为分散，许多偏远农村开展基础设施数字化改造工作的成本较高、难度较大，村民难以享有与城镇居民同等的便利条件。以物流基础设施为例，城市智慧物流在电商行业的带动下得到快速发展，成为智慧城市建设的有力抓手。而农村地区由于交通不便、村庄分散、技术人才匮乏等问题，除了邮政可以直

---

① 参见《第 52 次〈中国互联网络发展状况统计报告〉》，https://www.hainan.gov.cn/hainan/zxdt/202308/54c66d3bddc841b89b5eae467e4bf8a3.shtml。

达村社，其他快递公司基本止步于乡镇，而未下达至村一级，农村物流网点少，配送效率低，给农民群众的生产生活带来了诸多不便，制约了数字乡村的建设。

第二，智能设备的使用鸿沟。"使用鸿沟"是指城市与农村地区老年群体在使用智能设备方面的差距。一方面，老年人与年轻人在使用智能设备方面存在很大的代沟。由于很多智能手机软硬件的开发者将目标客户更多聚焦于年轻群体，应用设备和功能操作对于老年人来说较为复杂，年轻人可以熟练使用手机并从中获益，而大部分老年人很难运用手机获取信息和参与表达。老年人在智能设备使用技能上的鸿沟将直接影响他们的社会生存状况，致使他们陷入数字贫困之中。另一方面，农村老年人与城市老年人的智能设备使用情况也相差甚远。有数据显示，2015年城市老年人上网比例（9.2%）高于农村老年人（0.5%）8.7个百分点。[1] 老年人使用智能设备很大程度上需依赖年轻子女的指导，但农村大部分年轻人常年在外，老年人因与子女分居而缺少学习途径，在使用手机时遇到的困难得不到及时解决，从而导致农村老年人比城市老年人使用智能设备的频率更低。如果不加以重视对农村老年人的使用技能的提升，将使农村老年人更加边缘化，给数字乡村建设带来不利影响。

第三，能力素养的知识鸿沟。"知识鸿沟"是指城市与农村地区老年群体在获取和运用数字资源的能力素养方面存在差距。一方面，老年人相较于年轻人，他们的身体素质和学习能力都有所衰退，从而会对他们获取新知识的意愿和能力产生一定的影响。面对互联网这一陌生的领域，老年人往往采取的是不会用、不敢用、不愿用的态度，从而使他们无法平等地享有各种数字化服务和数字红利，产生了新的社会排斥。同时，由于数字素养不够，老年人在网络社会辨别信息真伪的能力不足，更容易轻信网络谣言，遭受网络诈骗。据中国社会科学院社会发展战略研究院调查，在被访者中有17.25%的老年人遭遇过网络诈骗，其中医疗保健和理财金融是主要领域。[2] 另一方面，数字素养鸿沟正逐渐成为数字鸿沟的主要矛盾。城市地区的老年人不管在接受教育水平还是收入状况方面

---

[1] 中国老龄科学研究中心：《老龄蓝皮书：中国城乡老年人生活状况调查报告（2018）》，https：//www.ssap.com.cn/c/2018-05-17/1068009.shtml。

[2] 中国社会科学院社会发展战略研究院：《后疫情时代的互联网适老化研究》，https：//new.qq.com/omn/20210926/20210926A02RP000.html。

均高于农村老年人,因而城市老年人对于数字化知识技能更容易理解和掌握,也更愿意主动学习并融入数字生活中。而一些农村老年人受到自身知识水平和经济能力的限制,所能获取的数字资源较少,从而导致数字乡村建设中老年人的参与不足。

(二)数字乡村鸿沟的深层困境

第一,技术与治理的困境。当前在数字乡村建设中,技术与治理的失衡是导致农村老年人无法适应数字化生活、加剧数字鸿沟的主要原因。一是技术引入与乡村治理理念不匹配。在传统乡村社会中,村民往往基于村规民约、宗族制度等内生性规则治理社会,具有较大的自主性。尤其是农村老年人往往习惯于封闭守旧的生活,缺乏数字化思维,不愿意接受新生事物。正如詹姆斯·C.斯科特在《弱者的武器:农民反抗的日常形式》中提到:"当大农场主试图引入联合收割机时,受到当地村民激烈的反抗,整个吉打水稻种植区都设法阻止机器进入农田。尽管最终没能阻碍水稻收割的机械化,但无疑在一定程度上延缓了这一进程。"[1] 因此,当新兴技术引入乡村治理中时,如果没有完善的保障措施,短时间内可能得不到村民的认可,进而阻碍数字乡村的建设。二是技术应用与乡村治理机制不融合。数字化技术只是一种手段,如果没有构建与数字化手段相匹配的线下工作机制,治理的实质并没有发生改变,只会增加治理成本,进而削弱治理效能。[2] 例如,有些乡村看上去使用了先进的数字应用,然而治理背后体现的还是传统的行政能力和管理机制,反而加重了基层的任务负担。三是技术推广与乡村治理目标不一致。在信息化时代,数字技术对于使用者的要求较高,从而使不同信息主体之间的数字鸿沟表现得更加剧烈。现实中在农村地区推广一项数字技术应用时,老年群体往往是被忽略的对象,新技术对老年人具有明显的排斥效应,从而导致他们难以享受到均衡、公平的技术红利,扩大了社会的不平等,最终与服务全体村民的善治目标相背离。

第二,行政与自治的困境。长期以来我国的乡村治理具有"简约治理"的特征,国家行政权力最低延伸到乡镇一级,很多基层事务由村庄

---

[1] [美]詹姆斯·C.斯科特:《弱者的武器:农民反抗的日常形式》,郑广怀、张敏、何江穗译,译林出版社2007年版。

[2] 沈费伟、诸靖文:《数据赋能:数字政府治理的运作机理与创新路径》,《政治学研究》2021年第1期。

自主解决。① 随着国家提出治理体系现代化的目标后，行政力量逐步深入乡村社会中，与村庄自治产生复杂互动。数字乡村建设一方面是国家推进农业农村现代化发展的重点工程，另一方面也是体现村民自治的主要路径。如何实现行政与自治两种力量的平衡成为数字乡村建设面临的主要困境之一。一是政府与村民主体力量的失衡。现实中数字乡村由政府主导推动，政府治理者为了实现政绩和目标，成为乡村实际的主人。村庄内部人员分化，老年人作为弱势群体往往会被乡村社会边缘化。二是行政程序化与乡村特殊性的失衡。数字乡村建设试图构建一种标准化和系统化的治理模式来代替人格化和随意性较强的传统乡村治理模式，但是如果盲目照搬标准模式，忽略乡村社会自身的特殊性和村民社会网络的复杂性，则容易出现治理体制与实际情况不契合的情况，村民无法真正获得数字红利。三是资源投入与村民动员的失衡。在实践中，政府向乡村社会输入数字资源时，需要将自上而下的资源供给与自下而上的治理活动有效结合。通过对村级组织进行一定的监督和约束，倒逼村级组织动员广大村民参与数字乡村建设，使资源可以得到有效运用。② 但如果完全由村庄自主决定数字资源的使用，则容易出现村委会不作为、乱作为的现象，影响村民参与数字乡村建设的主体性。

第三，增权与赋能的困境。激活老年人主体的数字权利和数字能力直接影响着数字乡村建设能否持续推行下去。在实践中，老年人的数字权利和数字能力都存在明显的不足，因此，老年人面临着数字化生存危机。如何实现对老年人的增权与赋能成为数字乡村建设中的又一困境。增权不仅仅是指增加老年人的数字权利，更重要的是激发他们的内在潜力，提升其参与社会活动的积极性和主动性，从而促进个体赋能。赋能是指通过自我提升或外部推动使老年人获得一定的数字技能和能力，赋能反过来也可以推动持续的增权。当前老年人增权与赋能的困境主要体现为四个方面：其一，老年人数字权利缺失。数字化时代老年人本应同其他社会成员一样享有平等的数字红利，但是在数字鸿沟下，老年人的

---

① 桂华：《面对社会重组的乡村治理现代化》，《政治学研究》2018 年第 5 期。
② 郭亮：《从脱贫攻坚到乡村振兴：村级治理的主体性建设研究》，《湖南社会科学》2022 年第 1 期。

权利被数字化技术悄无声息地剥夺，自身利益受到损害。[①] 其二，老年人权利意识模糊。大多数农村老年人对数字权利的认识不足，由于年龄的增长和身体心理状况的下降，老年人的自我效能感较低，他们缺乏参与数字乡村建设的自信心和积极性，一般不会主动争取数字权益。其三，老年人的内在赋能不够。老年人自身学习数字技术的能力较弱，信息化素养不高，导致其难以独自在网络上建言献策、参与互动。其四，老年人外在赋能不强。外部环境为老年人提供参与数字乡村建设的机会和渠道不多，难以满足老年人多样化、个性化的需求。

三 老年人参与数字乡村的制度包容

通过上述数字鸿沟的三层维度和深层困境分析可以发现，老年人参与数字乡村建设主要体现为技术层面的困境。而为了实现从数字鸿沟向数字包容的转变，需要从实践取向与制度安排两个层面展现老年人参与数字乡村建设的制度包容。

（一）数字乡村包容的实践取向

第一，坚持人本主义取向。人本主义取向意味着数字乡村建设中必须注重人民的主体地位，将提升人民和社会的福祉作为根本目标，而不能过度追求"政绩"或"效率"。数字乡村包容在实践中需坚持以民众为中心，使信息技术福利普遍惠及全体民众，特别是老年人数字弱势群体，从而维护全体村民的利益保障和合理诉求。其一，要有尺度地包容。一方面，数字技术不是为少数人服务的，而是为全体人民服务的，数字化的范围必须全面覆盖。另一方面，数字化不是没有限度的，只有尊重和保护好老年人的隐私权和数据安全，老年人才能放心使用数字技术应用。其二，要有效度地包容。数字包容要以村民的实际获得感为前提，以急需改进的领域为重点。如果只是干部"一头热"，而村民不清楚、不认同，那么数字包容的效度将会大打折扣。只有对老年人的诉求管用实用，才是真正的有效包容。其三，要有温度地包容。数字乡村包容要秉持尊老敬老的文化传统，对老年群体的身体和心理健康给予人文关怀，在数字基础设施和公共服务上为老年人提供有温度的服务，让老年人享受到数字技术的便利。

[①] 王张华、张平平：《老年群体数字贫困治理：政府责任与实现策略》，《人口与社会》2022年第1期。

第二,坚持简约主义取向。简约主义取向是指基层政府和村干部在数字包容治理时采取简单化处理的方式,使其在短期内效果最明显。主要表现为三个方面:其一,信息资源集约共享。数字包容提倡打破数据壁垒,实现农村信息数据的整合和共享,从而推动数据的有效利用和传播;同时,提倡构建统一的数字化平台并提供同等的服务,有助于减少部门之间各自为政和"码上加码"的弊端,避免给村民带来困扰。其二,办事流程简单方便。考虑到老年人受到认知水平和理解能力的影响,政府在信息传达的过程中应尽可能采用图片、视频或当面传达等简单易懂的手段,确保老年人理解和掌握信息,同时还可以提升老年人对数字应用的学习兴趣。政府部门的办事流程也应倡导简洁高效,消除复杂的操作,减轻老年人对使用智能设备的担忧,让业务功能尽量做到简单且安全。其三,沟通协调简约高效。老年人在操作过程中遇到不懂的地方,需要政府为老年人设置专门的客服渠道,方便老年人对在使用数字技术时存在的疑问及时得到解答,降低老年人的办事难度,帮助其快速高效地解决问题。

第三,坚持整体智治取向。整体智治取向以智慧治理为基础,强调数字乡村治理体系的整体性、系统化和智能化的统一。一是治理主体的协同。数字乡村治理将政府、企业、社会组织、村民等治理主体有效整合在一起,通过政府部门职能的碎片化整合以及各主体间的互动合作,实现多元主体协同参与社会治理。二是数据开放共享。建立统一的数字平台是实现资源整合、数据互通的关键。通过构建统一的线上平台,形成全域联动"一张图",可以实现数据一网汇集、信息全面流通,推动社会治理智能化变革。提升数字乡村包容注重将线下工作机制与线上政务平台相结合,实现两种模式的互补统一,提升乡村整体智治水平。三是治理主体的协商议事。通过搭建线上协商议事平台,村民可以将自己的诉求与意见反馈到线上平台,对乡村公共事务进行线上协商和线上监督评价,从而有效促进村民参与数字乡村建设,提升村民数字获得感。

(二)数字乡村包容的制度安排

第一,政策执行的精准度。数字乡村包容在制度安排上需要确保政策执行的精准度。首先,政策解读精准。村干部是政策落实的关键环节,村干部对政策的认识、解读和执行将对政策的实际效果产生重要影响。因而要建立健全村干部的培训制度,在政策执行前,对执行人员进行系统培训，确保他们对该政策的目标、价值及实施效果具有足够的认识，这样才能保证政策的精准执行。其次，权责配置精细。一项政策的执行往往需要多部门的密切合作，只有构建精准高效的职责分工体系，才能在面对形势多变的环境时灵活处理，提高政策执行效率。数字乡村包容要求农村领导班子的权责划分要明确，形成各司其职、各负其责的体制机制，这样才能确保数字乡村建设持续稳步推进。最后，政策宣传精确。在政策执行过程中，合理的信息传导机制能够使信息资源及时准确地在政策执行者和目标群体之间传递，从而形成良性互动网络。在数字乡村建设中，畅通执行者与目标群体的沟通反馈渠道，不仅能将政策信息准确地向村民传递，还可以全面获取村民的反馈建议，从而对政策进行及时调整，提升政策执行的精准度。

第二，居民需求的回应度。政府和村民之间的共识是进行社会治理创新的重要基础，而达成共识的前提就是社会治理应该回应乡村社会的治理需求。一是要有效回应老年人多样性需求。伴随着数字化应用场景的不断深化，老年人对日常生活的医疗、养老、文化、旅游、交通、网络购物等领域的数字化需求不断增强。面对农村社会中不同群体对数字乡村参与方式多样化的需求需要及时快速回应，从而保障老年人的切身利益。二是及时回应老年人的动态性需求。老年人参与数字乡村建设是一个长期动态的过程。随着数字化技术不断深入生活，有些老年人可能会改变学习数字技术的意愿，因此需要政府构建数字包容的长效机制，确保老年人能随时参与到数字社会中来。二是精准回应老年人的特殊需求。老年人在数字技术使用过程中存在不少难题，因此需要专门针对老年人群体提供特殊的公共服务。例如，数字技术发展推动在线政务服务平台的建设，给村民办理事务提供更多便利，然而对于一些技术使用困难的老年人来说，传统线下渠道更加方便，因此，为老年人提供自主选择的服务渠道十分必要。

第三，治理系统的适应度。数字乡村包容还需要有适应治理系统的制度安排作为重要支撑。一是放与管相结合。一方面，中央政府在政策目标上具有严格的约束，但是在具体的实践规则方面具有一定的弹性，这样有助于鼓励地方政府自主创新。另一方面，地方政府在贯彻落实中央政策方针的同时，会结合地方特色因地制宜地提出符合本地发展规律的实施方案,从而更好地推进政策落地。① 二是统一筹划与因地制宜相结合。每个地区实施数字乡村建设的切入点不同,应该由地方政府统筹规划数字乡村建设,科学组织数字乡村试点与推广工作,避免项目重复建设。同时,注重保留乡村的本土特色,根据本地区乡村社会治理实际情况,基于因地制宜的实施原则,推进数字乡村科学可持续发展。三是短期与长期相结合。数字乡村建设是一个长期性、系统化的工程,不能只顾短期的效益,而要从长远角度出发强化顶层设计。政府需要坚持"一张蓝图绘到底",做好时间规划,分阶段有序部署推进。

四 提升老年人数字包容的策略选择

数字乡村发展建设离不开老年人的参与,为弥合乡村数字鸿沟,提升老年人的数字包容,未来需要从组织、技术和行为三个维度进行提升。在组织维度,要助推老年人的数字包容治理;在技术维度,要增强老年人的数字资源供给;在行为维度,要提升老年人的数字参与能力。

(一)组织维度:助推老年人的数字包容治理

第一,构建数字乡村包容性治理体系。乡村振兴时期构建老年人参与的数字乡村包容性治理体系,需要坚持民本治理理念,完善老年人数字治理制度设计,提升老年人参与数字乡村治理的能力。首先,在治理理念维度,要坚持以人为本。一方面,基层政府要以增进村民福祉为根本目标,从老年人的安全感和幸福感出发,关怀弱势老年人的数字参与,推进乡村公共服务均等化;另一方面,要加强乡风文明建设,培育尊老爱老文化,促进老年人心理和社会交往健康,形成尊重和包容老年人的友好氛围。其次,在治理结构维度,要构建多元治理主体协同共治的治理结构。数字乡村治理涉及多个参与主体,不同的治理主体可以发挥独特的优势,通过对多方资源的有效整合和协同,形成政府与市场、社会组织、村民个人互联、互通、互补的治理结构,有助于加快构建包容性的乡村治理体系。最后,在治理机制维度,要完善数字包容性治理的责任和监督机制,一方面,通过法律制定和管理规定明确治理责任,规范责任边界;另一方面,注重对村级组织工作的监督,及时发现问题并进行整治,构建完善的监督机制,从而提升老年人参与数字乡村治理的

---

① 石绍成、吴春梅:《适应性治理:政策落地如何因地制宜?——以武陵大卡村的危房改造项目为例》,《中国农村观察》2020年第1期。

绩效。

第二，创新共建共治共享的治理格局。提升老年人数字乡村包容需要创新推进政府引导、市场和社会参与、村民自治的治理格局。一是加强政府引导，充分发挥政府部门的统筹整合作用，在部门、企业、社会分工负责的基础上，优化各方的资源配置，推动数字乡村相关信息数据、系统平台和实践应用共建共享。同时，政府要推行与老年人积极融入互联网社会的相关政策，为老年人创造有利于能力挖掘、资源再开发的平台，让老年人重拾自信心，认识到自己的价值所在，激发他们不断提升自我的数字素养和融入互联网生活的激情。二是加强市场和社会参与程度。企业在数字乡村建设中也应承担起相应的责任，通过加强对老年人专属应用的技术研发与资金投入，为老年人融入数字乡村贡献力量。同时，社会组织也应自发参与数字乡村建设，如老年大学、社区等各类非正式机构可以开设数字教育课程，帮助农村老年人学习数字技能，跟上数字时代发展步伐。三是加强村民参与程度。提升农村老年人数字乡村建设的参与感。结合数字化技术准确有效指导农民生产，让老年人共享数字化经济发展成果，使其自愿参与数字乡村建设，从而保障老年人参与数字乡村治理的权利。

（二）技术维度：增强老年人的数字资源供给

第一，促进适老化技术的服务支撑。老年人参与数字乡村的主要困境在于技术门槛，通过提高适老化技术的服务支撑，可以更好地为老年人提供数字服务供给。一方面，推进城乡网络一体化建设，加快农村信息基础设施的升级换代和全面覆盖；同时，推进乡村通信、物流、医疗、出行交通等基础设施的适老化改造，解决数字技术"最后一公里"难题。另一方面，在公共场所，设置完善的适老化服务引导措施，做到无障碍和一站式服务。对于数字技术有学习意愿的老年人，要耐心指导他们学会使用智能设备；同时，对于参与信息社会意愿不强的老年人也不能忽视他们的需求，而要保留传统服务，设置老年人办事专门通道，允许老年人有自主选择服务方式的机会。

第二，完善现代科学技术评价机制。除了优化数字服务供给，增强老年人融入数字乡村建设还需要完善相应的评价机制，把老年人数字资源服务供给情况作为数字乡村建设考核的重要标准，使针对老年人的数字包容真正落实到每一个考核评价指标中。一是在资源投入维度，将老年人数字资源的资金投入、人力成本、时间成本作为指标。二是在数字资源供给维度，将数字基础设施覆盖率、老年人互联网普及率、老年人使用数字资源类型、老年人数字资源使用频率、老年人数字资源供给质量列入指标。三是在数字资源服务供给维度，将数字资源服务内容、服务回应度、服务频率、服务平台的功能、服务平台性能作为指标。四是将老年人对数字资源服务供给的满意度、参与程度、参与意愿、使用效果作为指标。在此基础上，更好地以现代技术评价机制推动老年群体的数字权益保障，促进数字乡村的高质量发展。

（三）行为维度：提升老年人的数字参与能力

第一，激发老年人的自主学习能力。对老年人而言，提升数字参与能力除了依靠外力赋予，还需要个体的内部驱动。因此，发挥老年人的主体性对于他们参与数字乡村建设至关重要。首先，老年人要积极转变传统思维，克服对科技的焦虑感和畏惧感，积极主动地了解和参与互联网。老年人乐观的心态可以缓解对时代新产物的陌生感，激励他们主动接受新兴的知识，提升基础数字能力。其次，鼓励老年人以发展的眼光看待科技。尽管互联网存在一些不安全的隐患和诱惑，但科技总是在进步和改变生活的，能够时刻感受到数字化技术给生活带来的便捷，提升老年人对数字的认知程度，从而激发其参与数字乡村建设的意愿。最后，要倡导家庭数字反哺。老年人由于害怕网络诈骗，于是对互联网产生畏惧心理。因此，子女要鼓励家中老年人学习数字技术，从而营造良好的数字技术学习氛围，助推数字乡村高质量发展。

第二，健全多元化激励保障制度。提升老年人数字参与能力离不开多元化激励的保障制度。一方面，政府可以通过合理开发老年人力资源，激励老年人参与数字乡村建设，使他们可以积极地应对老龄化问题。在智慧养老方面政府应该提供更多的政策支持，构建完善的智慧养老体系，有效保障老年人的数字包容。在社会服务方面，政府可以综合社会各方力量，整合社会资源，为老年人提供上网机会，提高数字信息接入和使用的公平性。另一方面，要推进专业人才队伍的建设。政府部门可以引导高校、科研院所增设老年人数字包容研究的相关学科，培养专业人才，助推老年人更好地融入数字社会。同时，鼓励企业和社会组织参与老年人数字包容的技术开发和项目运营，助力老年人的数字包容。

第二节　数字乡村治理与乡村回流人才动员

　　中华人民共和国成立初期，为了快速发展经济和实现工业强国的目标，政府制定了一整套偏向城市的发展战略，由此导致农村劳动力、资本、土地等生产要素流向城市，最终人为地造成村庄衰败、城乡发展不均衡的问题。近年来，随着现代化进程的加快、城乡二元结构逐渐被打破、乡村振兴步伐的推进，尤其是数字乡村战略的提出，从农村走出去的农民工、大学生、退役士兵等人员返乡创业的越来越多。据有关部门统计，2020年全国各类返乡入乡创业创新人员达到1010万人，同比增长19%。[①] 另外，国家统计局数据显示，2011—2016年，我国外出农民工增速逐年下滑，也印证了农民工回流的趋势。面对越来越多的进城务工人员从城市返回乡村，著名经济学家厉以宁提出，中国正处在一个剧烈变化的时代，旧的人口红利虽逐渐消失，但是以乡村回流人才为主体的新的人口红利在不断产生并壮大。[②] 这种人口红利是以农村的形式呈现的，因而伴随着大批以农民工群体为主的乡村人才返回乡村，势必给当前数字乡村建设带来巨大的发展潜力和现实影响，有利于推动我国乡村社会的振兴发展。

　　数字乡村建设时期的乡村回流人才由于是一种新的社会现象，学术界对其研究还相对较少。从研究成果来看，学术界密切关注和重点研究乡村回流人才与乡村振兴议题。通过梳理现有文献发现，其研究主要集中在三个方面。其一，乡村回流人才的概念与类型。尽管目前国内学者对乡村回流人才的界定见仁见智，尚未达成统一，但其特征大致为经济上有优势、事业有成、具有政治抱负、常年在村外、对村庄的变化和发展具有较大影响等。关于乡村回流人才的类型，项辉等认为，可以分为政治型、经济型以及社会型三类。[③] 贺雪峰则认为，乡村回流人才可划分

[①] 李慧：《打通返乡创业堵点　让"领头雁"扎根广袤大地》，《光明日报》2021年3月17日第10版。

[②] 厉以宁：《中国正在悄悄地进行一场人力资本革命》，《中国经济周刊》2016年第48期。

[③] 项辉、周俊麟：《乡村精英格局的历史演变及现状——"土地制度—国家控制力"因素之分析》，《中共浙江省委党校学报》2001年第5期。

传统型和现代型两类。① 其二，乡村回流人才与村庄政治运作。谢秋运在综合考察了乡村回流人才自身所具有的"现代性"特征、国家宏观政策牵引以及村民价值观念转化等因素后，提出乡村回流人才重新返回农村生产工作的现象具有必然性。② 在此基础上，林修果等从乡村回流人才与村庄政治的研究视角出发，对乡村回流人才参与村政的利弊得失进行剖析，认为乡村回流人才的出现有利于加快原有乡村治理模式向法理型治理模式转型。③ 其三，乡村回流人才与乡村经济发展。周怡认为，乡村回流人才返村能够有效地利用业缘、地缘等关系带动其他村民共同回村投资创业，从而加快由"民工潮"转向"创业潮"。④ 对此，叶兴庆认为，乡村回流人才是乡村振兴的主力军，能够更好地凭借自身的资源带动乡村整体性发展，成为弥补乡村振兴主体缺位的重要抓手。⑤ 此外，当前有关乡村回流人才与乡村振兴的研究还涉及乡村回流人才与乡村道德重构⑥、农村劳动力结构⑦、新型城镇化建设⑧等内容。

总体而言，现有研究虽覆盖主题较广泛，尽管部门研究也关注到了乡村回流人才对于数字乡村建设的重要作用和影响方式。⑨ 但是已有研究成果还停留在对主题的浅层次把握状态，只看到了乡村回流人才作为整体对数字乡村建设的影响，忽视了如何影响以及有何现实困境等深层次的问题。此外，在研究过程中由于缺少理论关怀，大多数研究还仅仅停留于描述现状的程度，未曾深入地剖析乡村回流人才助推数字乡村建设

---

① 贺雪峰：《村庄精英与社区记忆：理解村庄性质的二维框架》，《社会科学辑刊》2000年第4期。
② 谢秋运：《走上乡村政治前台的"城归"精英》，《社会》2004年第2期。
③ 林修果、谢秋运：《"城归"精英与村庄政治》，《福建师范大学学报》（哲学社会科学版）2004年第3期。
④ 周怡：《寻求整合的分化：权力关系的独特作用——来自H村的一项经验研究》，《社会学研究》2006年第5期。
⑤ 叶兴庆：《农业供给侧改革呼唤更多"城归"》，《人民日报》2016年12月19日第5版。
⑥ 周志成、张颖：《加强精英人才思想道德素质教育的思考》，《思想教育研究》2015年第12期。
⑦ 姚上海：《新农村视野下中国农村劳动力城镇转移流动行为研究》，《中南民族大学学报》（人文社会科学版）2008年第2期。
⑧ 丁开杰：《新型城镇化背景下的精英流动——如何打破"呆不下的城市、回不去的农村"困境》，《探索与争鸣》2015年第10期。
⑨ 沈费伟、叶温馨：《城归青年乡土适应性的现实困境与应对策略——基于多案例的实证分析》，《杭州师范大学学报》（社会科学版）2021年第5期。

的发生机理议题。现阶段出现的乡村人才回流现象在一定程度上打破了人才从农村流向城市的单一惯性，初步显现出城乡人才双向流动所引发的生产要素重组优化，不仅为乡村振兴带来了人力资本，而且为数字乡村建设带来了资源和动力。

一　数字乡村治理中乡村回流人才的形成原因

数字乡村建设时代城归现象的出现并不是偶然因素使然，而是有着深刻的政治经济因素。据笔者考察发现，政府政策引导、制度变革助推、新型村镇建设推进、互联网技术发展、乡土情结激发等都是乡村回流人才返乡的重要原因。

第一，政府政策引导。面对乡村回流人才返乡现象的出现，近年来政府部门陆续出台一系列支持政策鼓励乡村回流人才返乡生产生活。2015年以来，中央出台《关于大力推进大众创业万众创新若干政策措施的意见》《关于支持农民工等人员返乡创业的意见》等多项文件，并将实施《鼓励农民工等人员返乡创业三年行动计划纲要（2015—2017年）》。2017年的中央一号文件和《政府工作报告》将支持返乡下乡人员创业创新摆到重要位置，明确提出健全农村"双创"促进机制，培养更多新型职业农民，支持农民工返乡创业。2019年《数字乡村发展战略纲要》指出，实施新型职业农民培育工程，为农民提供在线培训服务，培养造就一支爱农业、懂技术、善经营的新型职业农民队伍。各地政府也都在主动适应这一趋势，"请老乡、回故乡、建家乡"已成一种共识。许多地区开辟"绿色通道"，吸引乡村回流人才返乡创新创业。可以说，政府对乡村回流人才寄予厚望，将掀起新一轮乡村回流人才返乡的新浪潮，为数字乡村建设供给人才力量。

第二，制度变革助推。数字乡村建设时代的乡村回流人才返乡现象并非指农民工的简单返乡，而是我国农村土地确权制度、农村产权制度以及新一轮户籍制度改革等多种制度变革助推的结果。首先，从2009年开始试点实施的新一轮农地确权是在既往土地赋权改革成果的基础上，从技术上将每一宗土地的权利义务明晰地界定给每个权利主体，赋予了农民更加正式、更加清晰和更加完整的土地承包经营权。由此土地资源具备了向更有效率的人群流转集中的条件，这为数字乡村建设对土地的大量需求奠定了基础。其次，随着农村产权制度改革的逐步推进和土地产权交易所的规范运行，农村产权交易逐渐符合法律程序，为更多资本进入数字乡村建设领域提供了空间。最后，新一轮户籍制度中对农业与非农业户口的淡化与取消，消除了广大农民群体长期以来担心的无法平等享受城市社保、医疗、教育等方面公共服务的心理，助推了乡村回流人才建设数字乡村的热情和信心。

第三，新型村镇建设推进。乡村回流人才的出现也源于当前我国乡村振兴战略实施所取得的成就和大城市发展存在的问题两个方面推拉作用的结果。一方面，伴随着美丽乡村发展、特色村镇转型、乡村振兴战略实施以及数字乡村建设的推进，农村中的集体经济发展、基础设施建设、传统文化弘扬、村民自治推进等都取得了很好的成就，由此农村的机遇越来越多，活力越来越大，条件越来越好，客观上吸引广大乡村回流人才返乡创业与生活。另一方面，由于近年来大城市粗放式发展模式的引导和赶超式战略的牵引，导致许多城市出现了"城市病"，具体表现为城市交通拥堵、空气污染、房价飞涨等，广大乡村回流人才在城市生活的成本和压力越来越大，因此，许多乡村回流人才迫切想要逃离城市，选择返乡创业生活，这些都为当前数字乡村建设提供了很好的发展机遇。

第四，互联网技术发展。互联网技术的更新换代促进了电商企业的蓬勃发展，不管是否生活在城市，广大农民工群体都可以经营生产，因而也促进了乡村回流人才返乡创业的热情。尤其是近年来，国家大力推行数字乡村战略，为广大农村地区进行技术赋能，通过兴建电商孵化园、农业发展园、创业产业园等，进一步为乡村回流人才返乡提供所必需的物力、人力、财力和技术支撑。乡村回流人才也凭借着自身在城市中积累的知识、人脉、技术等资源，通过简短的岗前培训，胜任农村电子商务工作，有效地提高了自身的生活水平。在当前以现代农业科技和"互联网+"为引领，创业的技术、市场壁垒不断被突破的背景下，互联网技术实现了城市与农村的无缝衔接，助推了乡村回流人才的返乡动力。

第五，乡土情结激发。数字乡村建设时代乡村回流人才返乡创业更多来自对回归农村家园的情感渴望，他们对农村故乡有着浓厚的感情，只要有条件、有机会都愿意返乡工作生活。这种乡土情结的萌发不是当前才有的产物，而是长期存在于中国的乡土社会之中，有效地连接着乡村回流人才与乡土社会的亲密关系。历史上的朝廷官员到了退休年纪，都会选择告老还乡、荣归故里，由此"在朝则美政，在下位则美俗"

成为不变的哲理。① 即使生活在城市,也会由于思念家乡或顾念亲人,奔走在城市与乡村之间。这种天然的情感激励着一代一代群体返乡,而且乡村回流人才更加了解和熟悉农村的现实情况,能够很好地在数字乡村建设领域开展工作,进而真正提升乡村发展的内源动力和自我发展能力。

二 乡村回流人才促进数字乡村治理机理剖析

从资源动员理论的资源动员、成员动员、框架动员三个维度出发,分析乡村振兴时期乡村回流人才整合村庄资源,从而助推数字乡村建设的发生机理。其中,资源动员和成员动员为数字乡村建设的成功实现提供了基础,框架动员是数字乡村建设目标实现的动力源泉。

(一) 村庄资源动员与数字乡村建设方式

资源动员理论提出,社会运动的倡导者需要具备强烈的资源意识,同时借助社会网络和意识形态等价值观念激励公众参与实践。数字乡村建设过程的实质是应用现代信息技术手段实现对乡村资源的科学利用,进而促进乡村振兴可持续发展,因而有效进行资源动员是提升数字乡村建设实效性的关键。乡村回流人才携带着在城市打拼中积累的资本、技术、现代化经营管理理念和产业运作经验回乡,通过开发现代农业项目、经营乡村旅游、返乡创新创业等方式,强化资源动员意识,提升资源动员能力,提高数字乡村建设的绩效。

一是开发农业项目。乡村回流人才大多摒弃了以往单家独户耕作的传统思维,采取开发现代农业项目,比如休闲农业、有机农业、民宿经济等,从而提升经营活动的整体收益。据相关部门统计,当前乡村回流人才参与的高效农业项目至少占据一半以上,尤其是在特色农业开发方面,超过60%的乡村回流人才承担了数字乡村建设中的农业项目。② 譬如,广东省茂名市高坑村"80后"张茛凡原本是一名城市快递员,他在掌握了生鲜物流的运输流程后返回农村,创办了微果水果专业合作社和微果网。如今,张茛凡的工作团队已经发展到20多人,他们一方面在村委会的支持下开发当地的水果农业项目,另一方面通过直播带货的方式将水果运输到全国各地,从而为乡村赢得了更多的集体收益。

---

① 沈费伟、刘祖云:《精英培育、秩序重构与乡村复兴》,《人文杂志》2017年第3期。
② 冯璐:《"城归族"返乡创业遭遇隐形屏障》,《经济参考报》2015年10月9日第11版。

二是经营乡村旅游。村庄旅游资源是旅游品牌的核心吸引力,在数字乡村建设过程中充分挖掘村庄的旅游资源,能够持续提升乡村的吸引力和乡村振兴的生命力。① 生态旅游村庄建设是合理有效利用村庄资源、变生态环境优势为经济发展强势、促进数字乡村经济发展的一条新路子。譬如,曾在广东珠海等地从事印刷业的邓先记回到自己的家乡欧家村后,发动当地村民将传统的耕田打造成了田园综合体景观,并且通过开设乡村旅游网站,将欧家村梯田的照片传输至网站上,吸引了众多的旅游者前来参观,不少旅行团还将欧家村作为乡村必游线路推荐,从而极大地增加了村民的收益,助推了乡村振兴的成效。

三是兴办电商创客。数字乡村建设时期我国农村电子商务快速发展,农村"电商创客"应运而生。农民运用互联网、移动端等先进技术手段,开展产品的宣传、销售、支付等,不仅深化了"互联网+三农"的发展模式,还有利于促进农村经济发展、推动乡村回流人才就业多元化和保障农村社会稳定和谐。② 农业农村部统计数据显示,乡村回流人才返乡后80%的人群会借助互联网技术从事产业融合项目。同时,54%的人群会直接通过电商平台获取信息或者营销产品。③ 可以说,乡村回流人才返乡创办电商创客,为数字乡村建设注入了科技活力,有效地促进了乡村社会的繁荣发展。

(二)乡村回流人才动员与数字乡村建设作用

资源动员理论遵从理性经济人逻辑,将人的需要作为出发点。因此,在数字乡村建设过程中,需要综合运用物质资源、精神资源、文化资源和制度资源等,通过个人的自我动员、集体行动的内部动员以及对外部资源的动员,将广大民众,尤其是村民群体吸引到数字乡村建设的队伍中来,有效发挥好乡村回流人才对于乡村振兴的作用。

一是优化乡村治理结构。乡村回流人才的适时返乡,势必会打破现有村庄中的权力格局,充实乡村人才队伍,进而优化数字乡村治理结构的格局。据有关报道,目前已有不少地方的乡村回流人才在返乡后成为

---

① 罗明义:《发展乡村旅游与社会主义新农村建设》,《经济问题探索》2006年第10期。
② 郑雪:《农村"电商创客"群体创业现状及培育对策研究——基于嘉兴"淘宝村"的实证分析》,《西部经济管理论坛》2017年第1期。
③ 朱慧勇:《农村"双创"应重视"城归"力量》,《农村·农业·农民》(A版)2016年第2期。

推动数字乡村经济快速发展的主导者、促进数字乡村政治进步的领导者、弘扬数字乡村传统文化的传播者。并且返乡的乡村回流人才和数字乡村建设中的传统人才组成的乡贤参事会极大地促进了数字乡村建设领域重大事务的科学决策,有利于乡村社会的稳定发展。譬如,在江西井冈山南麓的黄坳乡洪石村,乡村回流人才黄小华返乡后担任了村支书,不仅充实了村干部队伍的人力资本优势,而且他积极带领村庄开展经济活动、民主建设和文化工作,实现了乡村社会的良善治理。

二是推动农村经济转型。相较于本土人才来说,乡村回流人才常年在外工作,更具有市场头脑,并且他们与外部建立起多种重要的人脉关系,可以通过内外资源运作使数字乡村建设获得更好的经济收益。不管是开发现代农业项目,还是经营乡村旅游,抑或是兴办电商创客,他们都可以凭借致富经验和营销能力,盘活村庄的经济资源,推动数字乡村经济的转型升级。譬如,乡村回流人才丁建刚在深圳市海明达表业有限公司经过拼搏,掌握了专门技术,从一名普通员工升为公司的业务主管。2005年1月,丁建刚带着打拼赚来的钱回到家乡,投资兴办了顺发表带厂,为村庄经济的转型注入了活力。

三是有效解决社会问题。长期以来,随着多数青壮年劳动力外出打工,只留下以妇女、孩子和老人为主体的所谓"386199部队",这直接导致了村庄人口的"空心化"和家庭的"空巢化"现象。① 一方面,降低了传统家庭的自防能力,助长了犯罪分子的作案动机;另一方面,许多农村青少年由于缺少父母管教和正确引导,容易走上违法犯罪道路。而乡村振兴战略的实施,助推越来越多的乡村回流人才适时返乡,通过重塑家庭结构,营造和谐家庭氛围,不仅能够避免夫妻长期分居、离婚等现象,也缓解了农村留守儿童、留守空巢老人的问题,真正从根源上化解当前我国乡村社会的公共危机,也为数字乡村建设提供了宝贵的人力资源和人才基础。

(三)主题框架动员与数字乡村建设目标

资源动员理论的核心是依据价值文化构建主题框架,从而达到有效实现资源动员、促进社会发展的目标。因此,在数字乡村建设过程中,应当通过框架整合方式,使不同对象或群体能形成共同的理论思想和价

---

① 沈费伟:《社会技术分层视野的村庄复兴》,《重庆社会科学》2016年第8期。

值共识，拥有共同情感和凝聚力，从而致力于乡村振兴事业的发展。乡村回流人才不管以何种方式从事乡村振兴工作，其目的都是实现乡村振兴的总体目标。区别以往的"城市支持农村、工业反哺农业、城市居民帮扶贫困农民"的发展观，数字乡村建设强调挖掘和彰显乡村自身发展的潜力，注重在更基层、更广阔的乡村一端发力，通过重振村庄组织活力、复兴村庄产业实力、重塑村庄文化魅力、再造村庄环境美化，最终提升和实现农民的生存和发展状态，激发数字乡村内生发展的可持续活力。

总之，伴随着城市化与市场化的深入推进，数字乡村建设需要在内部资源重组与外部要素流动的双重系统力量支持下实现乡村的振兴目标，通过扭转和纠正过往的"城市中心主义"，使其回归"乡村自身主体性"的合理定位，高度重视村庄发展在城镇化进程中的重要作用，最终重新唤醒乡村社会的全面发展与繁荣。[①] 而乡村回流人才将日益成为数字乡村建设过程中的主力军，通过持续推动乡村社会与产业发展、自然环境与生态文化的协调，为乡村振兴注入生机活力。可以预见，乡村回流人才为新时代的数字乡村建设和乡村振兴发展提供了契机，并在一定程度上为中国乡村治理现代化实现提供了实践依据。

三 乡村回流人才在数字乡村治理中的现实困境

现阶段，尽管在乡村回流人才的资源动员与集体行动努力下，农村地区呈现出了一定程度的振兴之势，数字乡村建设也得到了很好的发展推进。但是由于乡村回流人才普遍处于回乡发展的起步阶段，政府层面、生产要素层面、市场层面以及乡村回流人才自身层面的问题，极大地影响了数字乡村建设的现实绩效。

第一，从政府层面剖析乡村回流人才助推数字乡村建设的现实困境，主要包括政策配套不健全、组织管理不充分和园区规划不科学。首先，当前政府虽然在数字乡村建设领域制定了一些针对乡村回流人才返乡创业的优惠政策，但这些政策由于比较分散和粗犷，尚不能很好地对乡村回流人才起到扶持作用。在中央政策的具体落实过程中，许多地方政府由于没有做好相应的政策配套体系，因而在实践中许多政策规章不能落

[①] 沈费伟、刘祖云：《村庄重建的实践逻辑与运作模式——以湖州市荻港村为例》，《南京农业大学学报》（社会科学版）2017年第2期。

到实处，发挥不了真正的效益。其次，目前在数字乡村建设领域尚未有一个真正的机构对乡村回流人才的生产生活进行指导。即使有些地方设立了投资促进局，对乡村回流人才创业园进行指导，但由于工作人员与职能业务不对称，从而极大地影响了数字乡村的建设成效。最后，部分地区的数字乡村建设体系布局与当地实际情况不吻合，存在规划不科学的问题。通过调研发现，部分地区建设的数字乡村产业园数量多，但是利用率不高，许多处于空置的状态。究其原因，政府部门更多是出于上级考核需要进行建设，而没有真正考虑到乡村发展的真实需求，进而影响了乡村回流人才的返乡创业热情。

第二，从生产要素制约的层面剖析乡村回流人才助推数字乡村建设的现实困境，主要包括资金短缺、招收工人困难和管理人才短缺。首先，资金短缺是影响乡村回流人才助推数字乡村建设的最大难题。国家发改委有关调查显示，乡村回流人才返乡创业缺乏必要的资金支持，面临自有资金少、金融支持少、贷款门槛高、融资成本高等问题。[①] 在许多地区，尽管在数字乡村建设领域也有政府补贴和贷款政策，但是需要有本市户籍的国家公职人员及其他具有稳定收入的个人提供担保，这在无形之中给乡村回流人才设置了一道隐形障碍。与此同时，由于农业投入周期长、收益慢，即使有着资本积累的乡村回流人才，也面临着后期资金保障不足的困境。其次，乡村回流人才返乡创业过程中存在着用工不足、招工难的问题。一方面是由于乡村回流人才创办的企业大多待遇较低，对村民缺乏吸引力，另一方面是由于企业的用工需求与村民的工作能力不匹配，进而出现了招工难的问题。最后，多数乡村回流人才创办的企业内部管理混乱，财务不健全，再加上缺少乡村职业经理人，无法运行生产项目，直接制约了数字乡村的发展绩效。

第三，从市场层面出发剖析乡村回流人才助推数字乡村建设的现实困境，主要体现为乡村回流人才缺乏市场经济规则意识、一些大企业垄断村庄市场以及产业结构欠合理。首先，乡村回流人才缺乏市场经济规则意识。社会主义市场经济的最大特征是优胜劣汰和竞争机制，但由于乡村回流人才缺乏市场经济规则意识，许多生产出来的产品无法获得顾客青睐，进而导致其在数字乡村建设中创业失败。其次，一些大企业垄

[①] 赵建：《制度激励，让"城归"留得住富起来》，《河北日报》2017年5月5日第6版。

断乡村市场。根据调研发现，一些地方垄断性企业对当地市场的控制使乡村回流人才在交易、融资中与大企业缺乏谈判的实力，无法与大企业竞争，只能剑走偏锋，在夹缝中求新求异，结果阻碍了自身企业的健康发展。最后，数字乡村建设的产业结构欠合理。从当前乡村回流人才创业园入驻的企业来看，大都以服装、食品、餐饮等服务业为主，企业规模小，没有自主品牌。产业结构的不合理致使企业发展壮大举步维艰，难以真正发挥促进数字乡村建设成效、实现乡村振兴的有效作用。

第四，从乡村回流人才自身层面出发剖析乡村回流人才助推数字乡村建设的现实困境，可以归结为创业经验不足、对政策认知不足和技术落后问题。首先，乡村回流人才大多缺乏创业的经验，缺少防范风险的意识，经常出现亏本的危险。现实中许多乡村回流创业者心态浮躁，没有想好商业发展模式就盲目投资，结果只能使自己陷入困境。其次，乡村回流人才对数字乡村建设的支持政策认知不足。尽管大部分地区针对乡村回流人才出台了优惠补助政策，但是由于双方信息沟通不畅，导致创业者无法申请创业贷款，进而阻碍了乡村回流人才的创业之路。最后，乡村回流人才尽管在城市积累了一定的技术和知识，但是受其文化教育等综合因素的影响，他们识别市场走向的能力、资源获取能力、经营管理能力都很有限。在项目设计和运营上，许多乡村回流人才缺乏必要的技术，很大程度上存在机械模仿、照搬照抄的行为，未能根据自身需求和市场情况及时调整运营策略。在管理模式上，大部分乡村回流人才还处于"作坊式"封闭运行的模式，没有应用现代化的先进科技和网络技术，这也影响了乡村回流人才振兴数字乡村的发展潜力。

四 乡村回流人才助推数字乡村治理对策建议

上述乡村回流人才在数字乡村建设过程中面临的挑战与问题，是当前影响乡村回流人才创业创新、扎根数字乡村建设的主要因素。如果上述困境无法克服，将无法取得乡村回流人才助推数字乡村建设的绩效。因此，当前迫切需要采取相应措施，明确政府部门支持是前提、生产要素完备是关键、市场机制健全是保障、乡村回流人才自身发展是基础，通过提升乡村回流人才在数字乡村建设中的治理能力，最终促进乡村振兴的实现。

（一）政府部门支持是乡村回流人才助推数字乡村建设的前提要求

乡村回流人才返乡现象作为数字乡村建设时代出现的新现象，对于促进乡村振兴和助推数字乡村建设都具有重要的作用，因此，政府在思想观念上应给予支持和鼓励。在此基础上，应通过密切掌握乡村回流人才的现状，了解其存在的困境，制定出切实可行的政策。首先，针对目前中央政府出台的数字乡村建设政策无法落地的情形，相关部门应该围绕市场准入、土地使用、资金扶持、融资担保、税收奖励、就业服务、证照办理等相关内容，制定切实可行的实施细则，使配套政策形成一个完整的体系。其次，通过简政放权、优化审批，为乡村回流人才设立"绿色通道"。通过入股、合作、租赁等方式，缓解乡村回流人才用地用房难题。再次，政府部门应积极致力于建设各类农业产业园区、农业科技园区、农产品加工园区等，坚持市场化的运作方式，为乡村回流人才在数字乡村建设领域提供更好的创业平台和信息服务。最后，各级政府应积极采取乡情召唤、政策扶持引导等有效措施，让越来越多在外务工的人才选择回家乡工作。通过营造良好的创业环境，切实改善农村网络通信、道路交通等基础设施条件，激发乡村回流人才的创业积极性，降低他们创业的风险和成本。

（二）生产要素完备是乡村回流人才助推数字乡村建设的关键抓手

当前，资金短缺、招收工人困难和管理人才短缺等生产要素制约着乡村回流人才进行数字乡村建设实践活动的绩效。因此，需要将完善生产要素作为乡村回流人才助推数字乡村建设的关键抓手，具体包括三个方面的内容。其一，完善融资渠道，化解资金供给不足的缺陷。政府应通过探索设立乡村回流人才专项贷款、特色农产品开发贷款等返乡创业信贷产品，及时为乡村回流人才提供资金支持。同时，出台乡村回流人才贷款担保专项政策，消除乡村回流人才的贷款屏障，切实解决乡村回流人才在数字乡村建设过程中面临的创业资金不足的问题。其二，建立多层次的培训机制，解决招工难问题。一方面，切实加强村民群体的文化素质，通过邀请专家培训、专业机构讲解等方式，增强数字乡村中村民群体服务城归企业的知识技能；另一方面，加强创办企业的乡村回流人才的培训，提供必要的劳动保障，切实化解返乡创业遭遇的"招工难"困境。其三，针对乡村回流人才创业所需的知识技能，结合不同数字乡村地区的特色资源，为乡村回流人才提供学习机会和培训补贴，帮助他们更好地提升发展能力，为数字乡村建设奠定人才基础。

（三）市场机制健全是乡村回流人才助推数字乡村建设的保障机制

针对乡村回流人才缺乏市场经济规则意识、一些大企业垄断村庄市场和产业结构欠合理的问题，健全市场机制是乡村回流人才助推数字乡村建设的保障机制。首先，针对乡村回流人才缺乏市场经济规则意识的问题，政府应定期邀请农业专家讲解政策、技术以及市场趋势，降低乡村回流人才返乡创业的市场风险。乡村回流人才根据市场需求，生产出更适合市场的农产品，提供更精准的服务。其次，鼓励乡村回流人才充分挖掘和利用当地资源优势，顺应市场需求，推动当地新业态发展和产业升级。支持乡村回流人才创办的企业加强产业合作，优势互补，尽可能形成产业链式的发展规模，以此获得数字乡村建设共享发展的收益。最后，要规范和惩罚农村中某些垄断行业的不正当竞争行为，给予乡村回流创业者一个公平竞争、平等发展的机会。通过引导乡村回流人才应用现代信息设备主动了解农业市场发展态势，提升其在数字乡村市场竞争中的优势价值。另外，要大力发展农村电商、文化创意、养生养老等生产性、生活性服务业和各类新产业、新业态、新模式，最终促进数字乡村的可持续发展。

（四）乡村回流人才自身发展是助推数字乡村建设的核心目标

乡村回流人才要克服创业经验不足、创业心态不佳、对政策认知不足、技术落后等问题，关键还是要自己主动学习，包括掌握必要的法律和政策知识，提高自身的能力、技能以及沟通表达的能力等。首先，政府应提升数字乡村治理平台的"温度"，围绕乡村回流人才高频事项和应用场景，建立友好型的数字治理公共平台，从而便于乡村回流人才更好地融入数字乡村建设。例如，配备专职工作人员或者志愿者进行指导；引入公益社团对乡村回流人才进行智能生活全媒体培训等，从而提升乡村回流人才参与数字乡村建设的能力。其次，打造村社在线社群，通过举办乡情恳谈会、老乡联谊会、创业典型推介会等形式，在招商引资过程中组织返乡创办企业的典型人物现身说法，激发其他人强烈的返乡创业热情，提高全社会对返乡创业的认识，吸引更多的乡村回流人才返回农村，真正激发乡村振兴的内在活力。最后，为了提升数字乡村建设的绩效，吸引外界的关注和支持，乡村回流人才必须投入大量的个人资源，包括精力、时间和金钱等，从而促进自身的发展，最终促进乡村振兴的绩效提升和数字乡村建设的发展。

第三节　数字乡村治理与治理现代化限度

近年来，国家倡导数字化改革，现代信息技术开始加快向乡村社会延伸，由此数字乡村成为破解乡村振兴实践难题的创新策略。2019 年中共中央、国务院出台《数字乡村发展战略纲要》，规范了数字乡村治理的政务体系设计和基础设施建设。2020 年国家又陆续出台了《2020 年数字乡村发展工作要点》《关于开展国家数字乡村试点工作的通知》等文件，提出推进数字乡村治理能力现代化目标，并公布了 117 个国家数字乡村试点名单。2023 年，中央一号文件提出深入实施数字乡村发展行动，推动数字化应用场景研发推广。在国家的号召下，浙江、河北、江苏、山东、湖南、广东等 22 个省份有序推进数字乡村的建设工作，探索规划设计、设施建设、政策机制、信息服务等发展因素。《中国数字乡村发展报告（2020 年）》显示，数字乡村在益农信息服务（42.4 万个新建的运营益农信息社为农民提供公益服务 1.1 亿人次）、基础设施建设（农村宽带接入用户达到 1.39 亿户，比上年年末净增 488 万户）、巩固扶贫成果（频道企业助力 600 余个国家级贫困县销售各类农产品约 200 亿元）等方面发挥了重要作用。然而数字技术虽为数字乡村带来了发展红利，但也存在虚假数据、算法漏洞和道德伦理等技术风险，极易造成数字乡村治理的"信息形式主义""智能官僚主义"。[①] 因而在全国各地大力开展数字乡村建设的热潮下，必须审慎思考数字技术在数字乡村治理中的边界问题，从而更高质量地实现数字乡村建设目标。

数字乡村不是智慧城市的复制版，而是农业农村发展的新模式，符合"产业兴旺、生态宜居、乡风文明、治理有效、生活富裕"的总要求。自数字乡村发展战略提出以来，学者开始对数字乡村的农业生产、生态发展、文化振兴和服务供给等领域展开了研究，推动了数字乡村现代化治理的进程。数字乡村治理现代化是国家治理现代化在乡村社会的延伸和体现，从数字乡村治理现代化限度来看，李庆召等指出农民再组织化

[①] 胡卫卫等：《技术赋能何以变成技术负能？——"智能官僚主义"的生成及消解》，《电子政务》2021 年第 4 期。

在村级治理创新中的限度表现为明显的组织依附性和复杂的组织关系;[1]陈潭指出数字乡村赋能的限度泛指数据主权、数据安全和数据垄断等风险。[2] 黄徐强等指出，数字乡村治理限度泛指一系列风险或问题，例如，数字治理的微小疏忽会限定其对村民协商的驱动效果，进而导致数字乡村治理的法治化、科学性和包容性的不足。[3] 不仅如此，对国家信息能力建设的侧重还可能会限制村民个体隐私保护、乡村社会活力发挥以及乡村治理效能。[4] 综上所述，本书认为，所谓数字乡村治理现代化限度，指的是由于数字乡村治理的结构和功能不相契合所产生的张力，制约了信息技术赋能政府、市场、村民和社会组织等主体开展数字乡村治理工作，进而阻碍了数字治理绩效的提升。

现阶段，学者认为之所以会出现上述数字乡村治理现代化限度，其原因是出现了数字恶性循环、数字鸿沟、数字排斥和数字歧视等一系列问题，是由数字乡村治理的技术、主体、规划等因素的不合理应用导致的。其一，从技术治理视角出发，学者认为，完善智能基础设施建设和网络服务供给，有助于弥合乡村地区出现的"数字鸿沟"。[5] 但是，技术应用不当也会带来政治风险、分化风险、决策风险和信任风险。其二，从人本主义视角出发，学者认为，目前数字乡村治理更多地关注村民对信息的"生产—接入—支付—使用"的数字应用能力的提升，没有达到真正增强乡村人口的数字素养目标，因而无法从根本上避免数字乡村治理陷入"表面数字化"陷阱。[6] 其三，从空间治理视角出发，学者认为，数字乡村治理中的项目实施规划可以推动乡村物质空间和非物质空间的

---

[1] 李庆召、马华：《价值与限度：农民再组织化与村级治理组织体系再造——基于广东省梅州市 F 村基层治理改革的思考》，《社会主义研究》2017 年第 2 期。

[2] 陈潭：《国家治理的大数据赋能：向度与限度》，《中南大学学报》（社会科学版）2021 年第 5 期。

[3] 黄徐强、张勇杰：《技术治理驱动的社区协商：效果及其限度——以第一批"全国社区治理和服务创新实验区"为例》，《中国行政管理》2020 年第 8 期。

[4] 阚天舒、吕俊延：《智能时代下技术革新与政府治理的范式变革——计算式治理的效度与限度》，《中国行政管理》2021 年第 2 期。

[5] Ruopu L., et al., "Challenges and Opportunities for Coping with the Smart Divide in Rural America", *Annals of the American Association of Geographers*, Vol. 110, No. 2, January 2020, pp. 559-570.

[6] Vaishar A., Stastna M., "Smart Village and Sustainability. Southern Moravia Case Study", *European Countryside*, Vol. 11, No. 4, December 2019, pp. 651-660.

有机配置。① 但是，由于构建的"物质—权属—组织"的乡村空间治理体系不完善，数字乡村空间利用率无法提高。

综上所述，数字乡村治理议题研究虽已得到学术界的高度关注，但是有关数字乡村治理限度的研究还不够丰富。从研究数量来看，截至2023年9月15日，在中国知网期刊检索中选定"核心期刊"和"CSSCI"，以"数字乡村治理"为主题的搜索结果仅有198条，而关于"数字乡村治理限度"议题的论文仅有5篇，几乎处于空白状态。从研究观点来看，大多数研究以探讨技术对乡村治理的积极影响为主，认为数字乡村治理是指应用数字技术赋能或赋权的方式，推动乡村治理达到统筹集约目标的过程。② 从研究内容来看，现有研究多聚焦于数字乡村的经验做法，并以此阐述数字乡村在生产、生活、生态领域的振兴策略，缺少对数字乡村治理限度的反思性研究。为了实现上述研究目标，从治理现代化的视角出发，对数字乡村治理现代化的限度进行深入剖析，并在此基础上提出优化策略。

一 数字乡村治理现代化限度的框架

现代化理论最早于20世纪60年代开始流行于西方社会科学研究。"现代化"（Modernization）意为"成为现代的"（To Make Modern），反映了从传统农业社会向现代工业社会转变的历史过程，亦指完成现代化过程的工业化国家的发展状态。③ 面对19世纪欧洲国家出现的现代性问题，埃米尔·涂尔干率先站在人文层面将社会问题归结为"社会失范"，倡导通过社会分工推动社会关系的"有机团结"，从而实现社会现代化。④ 而马克斯·韦伯则从科学视角出发，提出具有"职业化、科学化、理性化"特征的官僚制策略，从而奠定了行政现代化的基础。在继承韦伯的观点的基础上，塔尔科特·帕森斯将社会行动作为研究的落脚点，指出现代社会呈现出"普遍性、专一性、自治性、情感中立性、个人倾向"等特

---

① Atieno L. V., Moturi C. A., "Implementation of Digital Village Projects in Developing Countries-Case of Kenya", *Current Journal of Applied Science and Technology*, Vol. 4, No. 5, January 2014, pp. 793-807.
② 沈费伟、陈晓玲：《保持乡村性：实现数字乡村治理特色的理论阐述》，《电子政务》2021年第3期。
③ 罗荣渠：《现代化新论：中国的现代化之路》，华东师范大学出版社2012年版。
④ ［法］埃米尔·涂尔干：《社会分工论》，渠东译，生活·读书·新知三联书店2000年版。

征。① 沿着结构功能的分析途径，S. N. 艾森斯塔特对现代化理论进行了深入探索，强调社会有机体不断进行的分化整合可以重塑社会结构弹性，强化社会从传统变迁到现代的能力。② 但在政治参与水平尚低的情况下，高强度的社会动员和社会分化会造成政治体系超负荷运转，由此带来的社会不稳定性制约了现代化进程。③ 为破解由于国家经营失败产生的"国家构建"困境，探索符合现代化社会发展的治理模式，亟须推进国家治理体系和治理能力现代化。

作为继工业现代化、农业现代化、国防现代化和科学技术现代化之后的"第五个现代化"，治理现代化的本质是实现人与社会关系的现代化。在治理现代化的推进过程中，由于治理主体、治理过程、治理结构、治理程度出现问题，产生了外源性、扭曲性、支配性、破坏性的现代化。其一，治理主体由权威垄断，专家、资本和技术掌握着决策制定权，基层群众意见很难被决策者吸纳，带来了支配性的现代化。其二，治理过程过度关注外部环境的提升，强调引进人工智能技术、购进现代基础设备，忽略了对民众行为、组织结构等进行内部改变，产生了外源性的现代化。其三，治理结构出现公平与效率失衡，资本拥有者对效率的追求破坏了公平的社会秩序，带来了扭曲性的现代化。其四，治理程度超出了合理区间，技术的过度发展是对传统的舍弃，丧失了持续发展的动力，形成了破坏性的现代化。因此，为消解治理现代化的外源性、扭曲性、支配性和破坏性，需要规范和消除数字乡村的治理限度。在策略方面，首先设置"以人为本"的最低限度，保护最弱势底层公民的权益；在此之上通过技术手段提升治理主体的治理能力，优化治理工作的机制流程；同时，注意扩大社会公共服务的覆盖面和普及度，保障所有公民享有相对公平的服务；着重防范伦理道德风险，确保技术应用的相对可控性和可接受性。

数字技术虽促进了乡村治理的智能高效，但仍需着力防控数字乡村治理现代化的负面影响。首先，破解数字乡村的外源性现代化，因地制

---

① ［美］D. P. 约翰逊：《社会学理论》，南开大学社会学系译，国际文化出版公司1988年版。
② ［以］S. N. 艾森斯塔特：《现代化：抗拒与变迁》，张旅平等译，中国人民大学出版社1998年版。
③ ［美］塞缪尔·P. 亨廷顿：《变化社会中的政治秩序》，王冠华等译，上海人民出版社2008年版。

宜保障数字乡村治理的适应性。"输血式"的资源供给虽然在短时间推动了乡村地区的发展，但长期来看阻碍了乡村内生力量的壮大，因而治理主体应注重挖掘乡村内部的产业、人才、文化等资源要素。其次，破解数字乡村的扭曲性现代化，适配技术保障数字乡村治理的匹配度。现代信息技术的"下乡"虽提升了村民的整体收益，但信息不对称问题产生了高昂的数字乡村治理成本。这就需要向乡镇政府下放治理权力，提高乡村公共服务的精准度。再次，破解数字乡村的支配性现代化，重塑制度保障数字乡村治理的有效性。政府官员和技术专家从事乡村治理工作虽提升了治理的专业性，但缺乏农民意愿的治理策略往往很难在乡村有效推行。治理主体应当充分吸纳村民个体和村庄集体组织的意见，提升乡村治理决策的科学水平。最后，破解数字乡村的破坏性现代化，回归乡土保障数字乡村治理的价值性。政府部门以往的效率至上行为逻辑虽打造出整齐划一的乡村社会，但却淹没了乡村的乡土性特质，因此，数字乡村治理现代化需要保障村民权益。

综上所述，治理现代化理论之所以能够成为数字乡村治理的研究视角，是因为数字乡村治理就是要构建出符合未来发展的现代化乡村。具体而言，其一，治理现代化是一种与传统治理相对的概念，旨在变革和超越传统治理方式。数字乡村治理不同于传统乡村治理，其显著特征是借助数字技术推进乡村社会的高质量发展。其二，治理现代化是为了应对社会治理难题，破解治理体系和治理能力滞后于社会发展的困境。而化解数字乡村的治理限度也是为了解决数字技术在乡村治理中的问题，明确数字技术在乡村治理中的应用边界。其三，治理现代化是为了建立起与现代社会相适应的善治体系，而克服数字乡村的治理限度是为了满足村民的基本需求，推进乡村社会的高质量发展。基于此，本书从治理现代化视角出发，研究克服数字乡村治理限度的议题，其中数字乡村治理的底层维护是保护村民合法权益，技术赋能是防范技术风险威胁，服务共享是供给普惠性公共服务，伦理保障是尊重乡村道德传统。根据以上分析，构建数字乡村治理现代化分析框架（见图7-2），有利于维护乡村的传统风貌，消解数字乡村的治理限度，从而加快实现数字乡村治理现代化的目标。

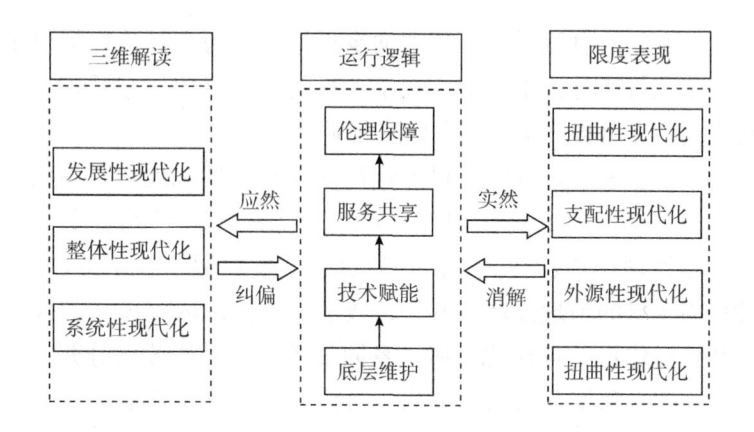

图 7-2　数字乡村治理现代化分析框架

二　数字乡村治理现代化的实现逻辑

当前，数字乡村治理已成为当代乡村治理的主流模式，政策文件也早已对数字乡村治理进行了概念界定。但由于乡村是历史发展、道德文化和情感价值的重要载体，因此，本书从历史维度、现实依据和理论层面理解数字乡村治理现代化的概念。在此基础上，进一步对数字乡村治理现代化"底层维护—技术赋能—服务共享—伦理保障"运行逻辑进行探讨，有助于保护的村民的合法权益、严防技术风险威胁、提供普惠性公共服务和尊重乡村道德传统，真正实现数字乡村治理现代化目标。

（一）数字乡村治理现代化的三维理解

从历史维度来看，数字乡村治理体现为发展性现代化。数字乡村治理从来不是静止的，而是一个动态发展的过程。由于数字技术具有生产力效应，乡村治理的时代、方法和空间都发生了改变，加速了传统乡村治理模式向数字乡村治理模式的转型。其一，数字乡村治理的发展性现代化强调时代变迁。由于传统乡村的治理方式已经不能解决当前问题，亟须发展数字时代下的乡村治理模式。数字技术赋予传统乡村技术治理的能力，数字乡村治理便是适应大数据时代创新现代乡村发展的模式。其二，数字乡村治理的发展性现代化强调方法变革。数字乡村治理意在借助数字技术打破传统路径依赖，变革乡村的治理结构和治理方式。新一代信息技术提供了乡村发展的新平台，提高了乡村产业、人才、文化、生态和组织水平。其三，数字乡村治理的发展性现代化强调空间变化。

数字技术特有的信息流带动了资源向乡村流动，为乡村治理提供了资源优势。数字乡村通过技术赋能连接了乡村的边缘群体，有效扩大了乡村的治理空间，显著提升了数字乡村治理绩效。

从现实维度来看，数字乡村治理体现为整体性现代化。当代乡村社会已是一个风险社会，单个村庄难以解决复杂的风险事件。数字乡村治理作为乡村治理的创新模式，恰是通过强调发挥数字技术的联通功能，整体性提高乡村的治理效率。其一，数字乡村治理的整体性现代化是均衡城市和乡村建设的现代化。城与乡同等重要，不能截然分开，应当有机结合在一起。数字乡村治理致力于打破城乡不均衡发展的现状，通过将数字技术下沉到乡村地区，提升乡村的基础设施水平和资源要素存量，最终缓和发达地区的"虹吸效应"。其二，数字乡村治理的整体性现代化是均衡硬件和软件建设的现代化。在完善农业农村智能基础设施的基础上，政府利用数字技术促进了基层组织的"自治、法治、德治"的融合发展，促进了基层政府治理从"被动"转为"主动"，强化了防范化解乡村重大风险的治理体系优势。其三，数字乡村治理的整体性现代化是均衡服务供给和服务需求的现代化。由于村民需求呈现出多元化、差异化特征，单一化的服务供给并不能满足村民需求。数字技术通过捕捉不同地区农民的需求，有助于政府精准把握村民需求，并向重点领域提供公共服务。

从理论维度来看，数字乡村治理体现为系统性现代化。社会分工的作用在于维持社会的均衡，提高工作效率和专业程度。但也正是行政权力分工、专业分工和区域分工的存在，乡村治理呈现出碎片化的形态。数字技术则通过发挥信息优势，推动了乡村治理的整合式系统性发展。其一，数字乡村治理的系统性现代化旨在弥合"层级间"的信息鸿沟。政府行政权力的上下分层导致了信息分化，底端乡村信息难以流向上层政府。数字技术推动了科层结构的扁平化发展，保障了上级政府对乡村信息的精准掌握。其二，数字乡村治理的系统性现代化旨在连接"部门间"的信息孤岛。职能部门的模块划分导致乡村信息分块，单一模块信息难以满足村民的多元化需求。数字技术破解了各职能部门的分散管理问题，推动了不同功能模块的共享发展，满足了村民的多元化需求。其三，数字乡村治理的系统性现代化旨在沟通"区域间"的"信息烟囱"。乡村地理位置上的分散分布导致了信息分散、生态污染、社会舆情等跨界性问题难以得到最优化处理。通过算力基础设施的建立构建全国性的乡村信息数据库,为不同辖区政府在数字乡村领域提供了沟通交流的载体。

(二)数字乡村治理现代化的运作逻辑

第一,通过底层维护保护村民合法权益。社会正义的实现应当遵循差异性原则,使社会中处境最不利的成员获得最大的利益。因此,实现数字乡村治理现代化同样需要考虑底层权益,着力解决与村民直接相关的现实问题,保护最弱势的底层村民的权益。其一,保护村民参与村庄管理的政治权益。通过赋予村民参与决策制定执行的全过程的能力,让村民能够借助技术力量影响乡村的建设方向,实现"权力性参与"。[1] 例如,上海塘湾村探索建立的"社区通"网上工作系统,形成了城乡社区参与人员由少到多、由老到少、由上而下的议事协商模式。其二,保护村民生产经营的经济权益。借助云计算等技术创新打造乡村产业数字管理平台,形成"技术+产业"的发展模式,实现乡村产业的智能化升级。例如,广西石井村重点推进茉莉花全产业链信息化建设,打造"数字茉莉"大数据平台,以数字赋能带动农业增效和农民增收。其三,保护村民享有文化教育的社会权益。着力推进乡村学校的网络教学环境建设,引进专业人才进行线上授课和远程指导,畅通专业力量进入乡村教育的渠道。例如,云南寻甸县采取"智慧空中课堂"的上课模式,引进华东师范大学等师资力量,为雷锋希望小学的学生提供优质的基础教育。

第二,通过技术赋能严防乡村治理风险。新增长理论认为,技术是经济增长的内生变量,这充分说明了数字技术在乡村治理中的重要价值。但在数字化浪潮下,仍需严防技术支付沟、技术认知沟及技术结果沟的威胁,缩小技术拥有者和匮乏者的差距。其一,严防技术支付沟的威胁。数字技术的发展水平受村民收入水平的制约,数字乡村治理通过完善乡村产业经营链为支付更先进的数字技术提供经济支撑。例如,重庆普陀村通过完善集"养殖—贩运—屠宰"于一体的生猪产业链,提升了村民的产业经营收益,保障了容易管、容易养、容易卖、容易贷四大平台的运营维护资金。其二,严防技术认知沟的威胁。由于绝大多数村民的教

---

[1] Arnstein S. R., "A Ladder of Citizen Participation", *Journal of the American Institute of Planners*, Vol. 35, No. 4, July 1969, pp. 216–224.

育水平较低，无法借助数字技术获取有效信息，开展技术培训有助于提高村民认知和应用技术的能力。例如，江苏海头镇积极使用连云港市上线的"苏货新农人APP"，参与"E起致富"苏货直播新农人培育行动和益直播电商培训班。其三，严防技术结果沟的威胁。由于信息检索、处理、分析、应用能力的差异形成的数字鸿沟，打造覆盖社会各个领域的平台能够减少这种影响，为数字技术的应用及结果提供保障。例如，江苏丰县打造数字农牧场管理平台，精准掌握本地区畜牧和作物生长的数据，推动形成畜牧和作物的最优化管理策略。

第三，通过服务共享供给普惠公共服务。政府在公共物品供给中无论个人是否愿意购买，都能惠及每个人。数字乡村提供的公共服务理应覆盖每位村民，从而提升乡村社会的集体收益。其一，构建普惠性农村养老服务体系。数字乡村建设过程中为老年人提供包容性服务，让他们在即使不完全掌握智能技术的情况下也能感受到社会对他们的关爱，从而缓解"数字歧视"问题。例如，重庆长虹村采用了以智慧养老为重点的智慧民政系统，打造了"区—镇—村"互联互通的智慧养老服务体系。其二，构建普惠性农村金融服务。借助金融服务的信贷投放力度大、农户覆盖广、融资成本低、风险管理总体严格到位等特点，推动乡村公共服务的质量、规模和效益的全面发展。例如，中国农业银行福建分行将全面落实总行与省政府签署的金融战略合作协议，未来五年将新增乡村振兴领域贷款投放3500亿元以上。其三，构建普惠性农村医疗服务。通过互联网聚合全国名医和村医结对帮扶，构建远程诊疗系统助力乡村医疗建设，让村民都能够享受先进的医疗资源。例如，中国平安集团积极响应党和政府的号召，利用"平安好医生"持续落实"村医工程"，研发出"村医版APP"，提升健康致富的积极效益。

第四，通过伦理保障尊重乡村道德传统。数字乡村治理现代化不是用数字技术重新塑造乡村模型，而是借技术之力发扬乡村的道德传统，更好地处理好人与人、文化、自然之间的关系。在尊重文化伦理、人情伦理和生态伦理的前提下，实现数字乡村的治理现代化。其一，在人与文化层面，尊重乡村的文化伦理。数字乡村在迈向治理现代化的过程中，数字技术有助于扩大传统文化、惯例、价值以及习俗在现代数字乡村中的积极影响。例如，新华社和酷雷曼借助VR技术全景记录了潭头村致富新气象，全景一经推出点击率就超过了140万，乡村文化在数字技术的力量支持下得到了保存和传播。其二，在人与人层面，尊重乡村的人情伦理。新媒体、网络平台等技术工具克服了人际沟通的时空限制，形成了村民互动交流的载体，构建出网络上守望相助的样态。例如，广西大部分乡村借助数字技术帮助村民在网络平台加强交流，从而加强了村民之间以及村民与村干部之间的融洽关系。其三，在人与自然层面，尊重乡村的生态伦理。乡村污染防控和检测的智能化发展推动形成了乡村环境管理的生态数据库，促进了乡村生产体系和村民生活方式的生态转型。例如，广东中堂镇通过招引互赢新能源智能装备等优质生态企业，强化了乡村村民的环境保护意识，塑造了数字乡村的生态治理理念。

三 数字乡村治理现代化限度的表现

数字乡村治理现代化的目标是通过规范数字技术在乡村场域的应用限度，实现乡村振兴目标。然而由于数字乡村治理中存在简约治理与复杂治理的矛盾、工具理性与价值理性的张力、技术安排与制度安排的困境以及权力意志与民本意志的冲突，在实现治理现代化目标的过程中往往出现目标偏离，进而造成数字乡村治理现代化呈现外源性、扭曲性、支配性和破坏性等问题。

（一）数字乡村治理现代化限度的表现形式

第一，外源性现代化。数字乡村治理过程中外部力量嵌入容易限制乡村本土的自主性，忽视甚至破坏地方人文、生态等非经济因素，导致地方在乡村发展过程中深陷主体迷失与作用异化的困境。[1] 其一，"政府专家"垄断了数字乡村治理权力。现实中政府机构、企业人才等成为数字乡村的治理主体，然而部分主体缺乏带动当地村民的参与热情，这很容易造成数字乡村治理结果与村民意愿的偏离。例如，四川陶坝村采取的"为村"工程虽强化了村干部线上治村的能力，提高了村庄问题的处理率，但忽略了"断网"村民的参与权。其二，"数据治理"影响了数字乡村治理秩序。数字乡村治理应用现代技术将农村的各类事项简化为数据，极大地提升了乡村事务的治理速度，但往往会淹没乡村的文化内涵。例如，贵州虽建设了传统村落数字博物馆，但由于工作人员简单地将乡村历史文化照搬到屏幕上，难以激发受众了解传统文化的兴趣。其三，

---

[1] Margarian A., "A Constructive Critique of the Endogenous Development Approach in the European Support of Rural Areas", *Growth and Change*, Vol. 44, No. 1, March 2013, pp. 1-29.

"效益导向"忽略了数字乡村治理环境。数字乡村引进的产业项目短期内虽取得了一定的经济效应,但项目是否满足村民需求还有待考察。例如,河南潘牛村的土地承包者没有利用好被流转的耕地和基本农田,借发展休闲观光名义违规占地、盖房、建养殖场,有违数字乡村的建设初衷。

第二,扭曲性现代化。作为一种公平的正义,社会价值的分配应合乎每一个人的利益,①但由于权力、机会及规则公平的欠缺,家庭农场、合作社、农业企业等新型农业经营主体的出现会导致数字乡村建设中小农户的边缘化问题扩大。其一,小农户的生存空间逐渐缩小。农村土地是小农户进行农业生产的基础条件,农业生产的规模化经营导致许多小农户失去了土地的经营权,成为农业剩余劳动力。例如,河南岗坡村的快繁中心通过发展数字农业,实现了工厂化育苗目标,但这也导致了部分原有育苗村民失去农业工作。其二,小农户的发展空间逐渐低迷。由于小农户的生产多是分散的,面对市场中存在的大量需求,小农户多会因供给不足难以融入大市场。例如,江苏沙集村借助电子商务畅通了农产品的销售渠道,但小农户的作坊式生产难以适应现代市场经济的发展。其三,小农户的获利空间不断缩小。小农户作为资源禀赋的弱势群体,随着生产原料成本、交易成本等经营成本的增加,往往处于投入高、收入低的经营困境。例如,浙江五四村成立的中草药种植合作社只关注了本社成员的种植需求,分散的小农户在原料采购、产品销售等环节处于劣势。

第三,支配性现代化。解决农民问题首先要改善国家、集体与农民之间的关系,增强农民的社会政治地位,保障农民的合法权益。②然而,政府和外来技术专家掌握着数字乡村治理的话语权,作为乡村主体的农民对权利的诉求只是弱者的呼喊。其一,村民自治组织发挥的作用不明显。作为数字乡村治理主体的村民都是理性的经济人,村民自治组织开展的集体行动往往难以反映村民的真实意愿。而实践中即使克服了集体行动困境,村民自治组织也缺乏与政府机构开展博弈的整体实力。例如,目前许多省份都是委派科技指导员开展自上而下的调研以了解数字乡村

---

① [美]约翰·罗尔斯:《正义论》(修订版),何怀宏、何包钢、廖中白译,中国社会科学出版社 2009 年版。
② 沈费伟:《数字乡村的内生发展模式:实践逻辑、运作机理与优化策略》,《电子政务》2021 年第 10 期。

的情况，村民自治组织缺乏与政府主动沟通的能力。其二，村民表达意愿的权利得不到充分保障。数字技术实现了村庄信息的整合，上级政府可以掌握更多的数字乡村治理信息，而村民却处于信息劣势，无法保障自身的数字权利。例如，山东西李村通过2个数字大屏和42个监控点能够实时监控村里的每个角落，但大屏幕多是对村风村貌等内容的展示，缺少对与村民利益相关信息的公开。其三，村民参与数字乡村治理的意愿不高。村民群众参与数字乡村治理首先是出于经济利益的考虑，如果经济回报率较低，会导致许多村民不愿意参与数字乡村治理的全过程。例如，浙江钟埭街道乡村采取积分兑换日用品的方式吸引村民，但村民觉得受益不多，没有参与环境整治、垃圾分类等村庄治理过程。

第四，破坏性现代化。在数字技术广泛应用的背景下，采用数字城市的治理思维进行乡村治理极易破坏乡村的乡土性，造成乡村文化记忆、传统伦理以及乡村精神的遗失。其一，乡村的自然景观受到威胁。数字乡村的建设一味地追求城市的高楼大厦，通过"复制粘贴"的形式建设农村的道路、广场、商铺、物业等基础设施，不仅没有方便村民的生产、生活，而且会导致乡村风貌神韵遭到破坏。例如，福建湘桥村作为具有贡元第、进士第等古建筑的历史文化古村，却修建了现代化大广场，破坏了村落的文化氛围。其二，乡村的文化景观受到威胁。一些村庄为了在短期内提高经济水平，过度追求数字技术的覆盖度，忽略了乡村文化遗产的传承和发扬。例如，浙江顺家路边村积极搭建了农特产电商平台，形成了"实体经济+电子商务+现代物流+金融服务"的产业发展模式，但忽视了传统文化的数字化培育。其三，乡村的社会景观受到威胁。为快速推动数字乡村发展，政府会不计成本地投资建设乡村产业，缺乏对产业经营的长期考虑，由此产生的繁荣乡村反而会逐渐走向衰落。例如，陕西龙头村在打造乡村旅游时只营造了美丽人文景观，而忽视了乡村产业的可持续发展，导致了乡村旅游产业的失败。

(二) 数字乡村治理现代化限度的原因剖析

第一，简约治理与复杂治理的矛盾。数字乡村治理现代化过程中出现的问题本身是模糊而复杂的，然而应用简单化的现代技术通过数字、符号和指标处理问题势必造成信息丢失、扭曲和偏离，致使乡村治理更加低效。其一，数据采集不全面。借助数字技术收集的乡村信息具有局限性，不能囊括乡村社会的全部群体。少数农村老年人由于缺乏使用互联网的能力，往往会排除在乡村数字治理之外，这种"数字歧视"带来的数字鸿沟以及社会行为的不确定导致了数据收集的不完整。其二，算法运行不完美。算法运行的设计、训练和使用的全过程都可能产生算法歧视，难以明确算法歧视出现的具体阶段。同时，受算法不可解释性的影响，人、数据和机器自我学习都是算法歧视产生的原因，这导致数字乡村治理难以明确监督者和责任承担者。其三，数字代表性不强。简单的数字运算不能清晰地呈现复杂问题。由于数字乡村治理实践中涉及村民生产生活等各项功能，每个方面需要不同的计算标准，单一的效率标准与乡村生活实践的冲突，诸如"数字留痕"的出现，造成了数字乡村治理的形式主义。

第二，工具理性与价值理性的张力。在大数据时代，数字技术解决了传统乡村治理的决策滞后问题，为决策者的科学决策提供了信息便利。但技术本身会不断衍生出新问题，具体表现为老问题需要新技术解决，而新技术会引起新问题，新问题的解决又要诉诸更新的技术。[①] 其一，数字乡村的技术治理目的不准确。数字技术在嵌入数字乡村治理过程中过度强调技术本位，技术手段往往会不断地被复制使用。这不仅抑制了技术的创新发展，同时还使数字乡村治理偏离了村民的需求。其二，数字乡村治理的主体不明确。村民本应是数字乡村治理的主体，数字技术是治理工具。但数字技术工具通过将乡村虚化成一整套数字指标，将无法计算的人转换成可计算的数据，致使村民主体转化成数字技术下被计算的客体。其三，数字乡村治理的权力不均衡。在数字技术背景下，技术凭借分析、筛选、处理等模式催生了隐性权力，表面上村民平等地享有参与乡村治理的权力，但实际上村民处于技术监视下的"全景敞视监狱"中。上述问题的出现，都可以归结为数字乡村治理技术的工具理性与价值理性出现的张力而引发的后果。

第三，技术安排与制度安排的困境。一般而言，经济发展很大程度上是技术和制度协同演化的结果，且隐藏在技术后面的制度安排、组织基础和治理结构是促进数字乡村治理现代化的关键。然而，当前数字乡村治理更关注先进技术的应用，忽视了现代化的组织制度的配套建设。其一，数字乡村治理的制度设计不先进。技术在乡村治理中广泛应用，

---

① [美]布莱恩·阿瑟：《技术的本质：技术是什么，它是如何进化的》，曹东溟、王健译，浙江人民出版社2014年版。

但是没有相应的制度保障。制度是一个社会的游戏规则，更规范地说，它们是决定人们的相互关系而人为设计的一些制约。然而，数字乡村治理制度保障滞后于技术实体，缺乏技术使用的范围、技术设备的安装标准、数据的存储安全规定等制度。其二，数字乡村治理的组织体系不灵活。技术强调信息传播的快速有效，但科层制的层层上报特征制约了信息传播速度。村民可以通过互联网、大数据等现代信息技术方式接触到信息，新兴的网络化组织正逐步重塑原有的组织体系。其三，数字乡村治理的治理结构不多元。技术嵌入乡村社会旨在将乡村治理权力回归村民，倡导村民等多元主体的协调联动。由于较低的文化水平限制，村民难以真正参与乡村治理，致使现实中普遍存在以政府为主导的乡村治理结构。

第四，权力意志与民本意志的冲突。政府希望通过技术治理来实现数字乡村治理现代化的中立目标，然而，国家在实施技术治理过程中往往会发生异化，产生政府与公民间的利益之争。其一，政府部门的知情权与公民信息隐私权的矛盾。信息不对称是导致数字乡村治理低效的重要原因，这就要求政府利用信息技术收集并挖掘乡村内部潜在的可用信息，构建出以乡村内部事务为主的数据库。但政府在采集和使用村民信息时出现的"未告知"行为反而造成了政府的知情权对公民隐私权的侵犯。其二，政府顶层设计和乡村实际状况之间存在矛盾。现实中我国农村地区互联网普及率为59.2%，不少偏远地区的农村缺少数字化治理的基本条件。[1] 但政府部门在进行政策设计的时候，往往针对普遍性的村庄进行规划，缺少从分类治理的角度进行方案制定。其三，公共利益与个人利益间的矛盾。政府官员代表政府部门时以满足村民需求为目标，追求数字乡村治理的实效。但政府官员也是理性的经济人，极有可能为了实现自身的利益而做出损害村民权益的错误决策。现实中诸如各类"数字平台"的建设仅仅是为了政绩需要，并没有投入实际的运行过程中，最终造成公共资源的浪费。

四　实现数字乡村现代化的优化策略

数字乡村治理现代化遵循数据驱动、内生发展的理念，不仅有利于

---

[1] 中国互联网络信息中心：《第48次〈中国互联网络发展状况统计报告〉》，https://www.cnnic.net.cn/n4/2022/0401/c88-1132.html。

发挥数字技术的乘数效应，破解乡村发展瓶颈，而且能够以乡土文化为核心激发带动乡村振兴。为进一步发挥数字乡村的优势，推进乡村振兴绩效，未来需要契合乡村空间场域、合理划分技术类型、重塑组织制度结构、回应村民切实需求，从而更好地推进数字乡村现代化发展的目标。

（一）契合乡村空间场域，增强数字乡村的治理适应性

政府最早是将数字技术应用在智慧城市建设，但乡村和城市在经济发展、历史文化等方面具有完全不同的特征。因而，数字乡村治理需要契合乡村的物理空间、精神空间和社会空间。其一，契合乡村的物理空间，注重保护数字乡村自然景观。数字乡村建筑的"拆、建、改"应当按照原有乡村格局，拆掉与村容村貌不符的建筑，增加可以凸显地方性的建筑，进而构建出自然景观与现代建筑融合的有机体。其二，契合乡村的精神空间，复兴再造数字乡村传统文化。历史文化元素是数字乡村建设的基础性工作，没有传统文化积淀的现代化难以得到可持续发展。数字乡村在广泛引进新一代信息技术时需尊重"乡村圈文化"，借助数字技术媒介将乡土文化推向社会，建设与农民愿景相吻合的现代化数字乡村精神空间。其三，契合乡村的社会空间，重新塑造数字乡村社会关系。为避免传统乡村差序格局的影响，需要发挥数字技术的联通功能。数字乡村治理要注意推动设计者驻村观察获取地方知识，激励村民了解乡村治理内容，拓展信息的流动范围，从而更好地增强数字乡村的治理适应性。

（二）合理划分技术类型，提高数字乡村的治理匹配度

随着以大数据、人工智能、区块链等数字技术的不断突破与广泛渗透，数字技术开始全面嵌入乡村治理、城市治理等领域并开始向农业生产、农民生活及乡村治理等领域渗透（在政府的数字化改革过程中，现代技术。[1] 然而在数字乡村治理现代化场域中，由于数字乡村治理需要进行规划设计，空间技术恰是从空间层面对技术治理的延伸，这是进一步区别于城市现代技术的应用模式。其一，运用高新技术改善数字乡村基础设施。硬件设施是开展数字乡村治理的基础载体，因此，必须专门配置与数字乡村相契合的人力、物力和财力等基础设施建设。这就需要遵

---

[1] 张国胜等：《数字赋能乡村治理的逻辑：从技术能力到制度容量》，《农村经济》2023年第7期。

循农有、农用、农享的原则，分别提升数字乡村治理现代化过程中生产、生活、生态三类乡村基础设施的信息化水平。其二，运用经营技术完善数字乡村组织体系。数字乡村治理需要发挥技术的价值作用，扶持建立农村互助组织，尤其是着力开展针对老人、文盲等信息匮乏者的技术减负工作，推动数字乡村治理的包容性发展。其三，运用空间技术优化数字乡村空间布局。数字乡村治理不能仅考虑纯粹的视觉秩序，而应考虑村庄的基础条件和发展潜力，契合数字乡村的"三生"格局，分类型制定数字乡村的发展方案。

（三）重塑组织制度结构，促进数字乡村的治理有效性

在数字乡村治理现代化的过程中，政府部门、市场企业和村民群众都具有各自的治理资源和治理边界，单独一方都不能成为治理主体，有机发挥三者优势的"三元治理"模式才是推进数字乡村治理现代化的必然选择。其一，激发村干部参与数字乡村治理的动力。村干部作为数字乡村治理的执行者，经济性或社会性收益是其开展行动的两大动力。出于社会性收益考虑，政府部门应该激励乡村人才担任村干部；出于经济性收益考虑，国家财政应适当增加村干部的工资。其二，发挥市场参与数字乡村治理的效率。由于市场在要素配置、效率提升等方面具有决定性作用，可以通过向乡村下沉先进的技术企业推动乡村经济的数字化发展。在此基础上，不断完善数字乡村治理要素的产权制度，激发利益相关者的参与兴趣。其三，保障村民参与数字乡村治理的能动性。通过构建数字乡村治理有效性的村务公开制度，保障村民的知情权。完善数字乡村治理有效性的民主决策制度，保障村民的决策权。健全数字乡村治理有效性的评价监督制度，保障村民的监督权。

（四）回应村民切实需求，发挥数字乡村的治理价值性

罗伯特·B. 登哈特指出，公共组织通过反映服务对象的需求促进公共服务水平的提升。[①] 按照要素组合方式，村民群体包括传统型村民、离乡型村民、离土型村民、内源式新型村民、外源式新型村民五类，提高数字乡村治理的精准度需分而治之，从而有效回应村民切实需求。其一，满足传统型农民的农业生产需求。传统型农民居住在农村，从事的是农

---

① ［美］罗伯特·丹哈特：《公共组织理论》（第2版），项龙、刘俊生译，华夏出版社2002年版。

业活动。而数字乡村则需要通过提升智慧农业系统水平和培养智慧农业人才来提升乡村治理现代化水平。其二，满足离土型农民的精神寄托需求。所谓离土型村民，指的是放弃农村土地去城镇居住和工作。由于离土型农民主要表现出地域流动的特征，因而"乡愁"是他们和农村最大的联系。数字乡村治理恰好可以通过举办"留住乡愁"主题活动，实现人才回流。其三，满足离乡型农民的职业发展需求。离乡型农民是依旧保留农民身份，但从事非农业活动的人群。在数字乡村治理过程中，政府部门可以通过公开从业数据促进劳动力和社会资本的合理配置，举办线上培训课程、专家远程指导提高农民的从业水平。其四，满足新型农民的转型升级需求。无论是内源式新型村民还是外源式新型村民，强调的都是外部资本的促进作用。数字乡村治理可以通过加速信息技术下乡，切实回应村民切实需求，从而提高村民的劳动生产效益，最终发挥数字乡村的治理价值。

第八章　总结与展望

大数据时代释放了大量技术红利，也为我国数字乡村治理提供了新的发展契机。数字乡村战略是国家积极应对数字时代浪潮的选择，也是国家运用技术手段推动乡村振兴、弥合现代化进程中城市与农村割裂状态的积极尝试。本书将数字乡村治理置于乡村治理现代化发展进程中，探讨数字乡村治理作为乡村振兴的发展战略路径，重点分析了数字乡村治理的理论基础、数字乡村治理与经济提质增效、数字乡村治理与政治秩序重构、数字乡村治理与文化传承发展、数字乡村治理与生态环境美化、数字乡村治理与乡村人才培育等内容，形成了适应数字化社会发展要求的数字乡村发展体系。

当前从乡村的地方性和复杂性、独特性与多样性出发，由于全国各地的乡村类型不同，数字乡村治理的试点开展也会有差异。因此，需要顺应乡村发展规律和演变趋势，根据不同类型乡村的发展现状、区位条件、资源禀赋等，分类推进数字乡村治理，从而提升乡村振兴绩效。对此，2019年《数字乡村发展战略纲要》提出，当前数字乡村治理要按照统筹规划、整合共享、集聚提升的原则，促进特色保护类村庄发掘独特资源，建设互联网特色乡村；引导集聚提升类村庄全面深化网络信息技术应用，培育乡村新业态；推动城郊融合类村庄发展数字经济，不断满足城乡居民消费需求；加快搬迁撤并类村庄完善网络设施和信息服务，避免形成新的"数字鸿沟"。

总体而言，数字技术在融入乡村治理过程中，既能更好地保存和延续乡村本土文化，实现文化符号的传承，又能够基于互联网技术思维实现对传统乡村事业的综合服务和管理的智慧化，促进经济社会效益的整体发展和秩序的稳定和谐。总体而言，它能够为农村的经济、文化、社会、生态文明和基层治理等各领域带来新气象，更能为农民的生产和生活带来诸多方便。尽管数字乡村有着上述治理优势，但在现代信息技术嵌入乡村的过程中也面临着一系列问题,包括依旧沿袭传统乡村管理理念,倡导政府权威管控,外生资源驱动以及数字技术的封闭分割应用。为了解决数字乡村治理的现实困境,更好地释放信息技术的治理效能,未来需要探索出相应的促进数字乡村治理绩效的优化策略。

一 理念转变:从传统乡村管理到数字乡村治理

传统乡村管理秉承行政主导、封闭保守、碎片分割三大理念,其特点是短期的运动式治理。首先,政府的行政主导理念使乡村处于"强政府—弱社会"的模式。其次,传统乡村管理的封闭保守理念使村民不愿意接受新模式,逐渐丧失主体意识。法国学者孟德拉斯也曾表明,传统社会农民具有顺从、守旧,在新事物面前表现出犹豫不决的特点。[①] 最后,乡村管理中的碎片分割理念使乡村整体效益降低。现实中各部门信息零散杂乱,乡村社会的资源要素难以实现优化重组,最终导致原有的平衡机制被打破。[②] 由此可见,传统乡村管理理念已不能成为乡村振兴时期提升数字乡村治理绩效的思想指导,当前亟须重构数字乡村治理理念来引导乡村新发展。

数字乡村治理的理念主要包括数字服务、开放共享以及整体协同,其特点是长期的常规化治理。第一,数字服务的理念引导政府更加重视乡村数字治理服务需求的回应。通过信息技术加强政府与社会互动,努力构建"强政府—强社会"的动态模式,从而促使政府为乡村提供更持续稳定的常规化服务。第二,开放共享的理念促进村民接受新技术主动参与村庄治理。通过现代信息技术获取新信息,村民能够积极融入村庄发展建设的议程,主动提出意见建议,从而推动乡村社会稳定繁荣。第三,整体协同的理念推动乡村整合治理要素达到优化治理结构的目标。通过在乡村构建"一站式平台",提供"一张网服务",解决村民办事的"最后一公里"难题。简言之,数字乡村治理需要贯彻上述三大理念,最终实现传统乡村管理理念向数字乡村治理理念转型。

二 结构优化:从政府权威管控到社会网络构建

萨拉蒙曾谈道:"乡村公共问题的解决需要依靠协作关系,远远不能

---

① [法] H. 孟德拉斯:《农民的终结》,李培林译,中国社会科学出版社 1991 年版。
② 李辉:《"运动式治理"缘何长期存在?——一个本源性问题》,《行政论坛》2017 年第 5 期。

只依靠政府本身"。[①] 但是以往乡村治理基本由政府包揽管控，形成了"政府中心—社会边缘"的权威管控结构。一方面，政府权威性的主导造成了资源浪费、配置失衡和后劲不足等问题。例如，政府经常将资源过分供给到乡村经济领域，造成产能过剩，却忽视了乡村基础设施构建等公共服务领域，引发乡村社会发展失衡。另一方面，政府权威管控的治理结构必然导致其他治理主体边缘化，使其在面对错综复杂的乡村问题时，往往因信息不足、力量单薄而难以实现有效治理。尤其是伴随着新经济市场的不断拓展和乡村社会的持续发育，政府应当将一部分公共事务交给乡村自治组织等其他主体去完成，从而形成政府、市场、社会等各类组织多元化的发展格局。

数字乡村治理是一个持续结构化的进程，改变了政府权威管控的局面，进行了乡村的再结构化。首先，信息技术为乡村社会内部自我管理提供平台。村民通过建立微信、钉钉等线上聊天群，随时沟通交流，进行互相监督，从而有助于防范社会风险。其次，信息技术深刻改变了政府与社会之间的关系。现代信息技术成为乡村社会发声的"扩音器"，村民通过网络成为自媒体，真正将切实需求传递给政府，促使其实现配置性资源和权威性资源的统一。最后，信息技术有助于加强城市与乡村的联系。从结构化角度看，信息技术嵌入乡村导致了乡村原本被绝对支配的资源得以重新利用并投入生产，同时由于技术带来的便利，城市的各种先进资源也能够及时补给乡村。而这些都得益于信息技术打破时空联系，促进城乡流动，在潜移默化中重塑了新型城乡社会网络的构建。

三 动力转换：从外生资源驱动到内生需求发展

现阶段数字乡村治理的动力主要依赖政策帮扶、资金注入、人才下乡等一系列输血式的外生资源驱动，这些资源要素驱动以及投资驱动的外生条件只能带来短暂的效益。现实中村民也许能从外界获得暂时的资源补给，但如若失去政府的优惠政策、资金的循环周转与人才的外来援助，没有掌握内生发展能力的村民便会面临困境。相对而言，内生需求动力则注重激发乡村系统的自我发展能力，通过利用现代信息技术优势打破原有动力机制的运作障碍，激发村庄真正的内生需求，帮助村庄真

[①] ［美］莱斯特·M. 萨拉蒙等：《新政府治理与公共行为的工具：对中国的启示》，《中国行政管理》2009 年第 11 期。

正具备自适应能力与学习能力。① 因此,数字乡村治理的动力机制需要从外生资源驱动转向内生需求发展。只有将外在的资源要素驱动转换为内在的技术创新驱动,建立有利于技术引进、消化、吸收和改进的激励机制,才能使乡村得到实质性的长远发展。②

现代技术推动数字乡村内生需求发展可以从经济发展、社会资本以及集体行动能力三个方面来进行。首先,数字乡村建设需要建立电商兴农、"互联网+旅游"等经济发展新模式。村民可以充分利用技术资源与外界沟通,寻找市场发展服务产业,推动经济新增长。其次,信息技术通过加强村民群体线上交流重建乡村社会资本。奥斯特罗姆曾指出:"社会资本是关于互动模式的共享知识、理解、规则、规范和期望,个人组成的网络群体能够利用这种模式来完成经常性活动,从而增强乡村的社会资本。"③ 最后,信息技术为村民应对乡村突发危机,从而快速采取集体行动提供预警信号。通过运用现代信息技术对有关数据进行统合分析,能够对问题的发展动向做出精准预测,从而有利于村民防范突发风险,及时采取集体行动,最终维系数字乡村社会秩序稳定。

四 治理创新:从封闭分割应用到数字参与赋能

长期以来我国实行城市优先发展体制,使城乡差距越来越大,逐渐形成城乡二元机制的利益分割。首先,乡村内部治理体系封闭保守,乡村社区之间边界清晰。村民多被束缚在村庄内部,与城市缺乏互动交流,不仅无法学习先进的治理技术,而且拘泥于乡村传统的治理机制与模式,最终导致整个乡村治理体系的恶性循环。其次,乡村内部社会结构分割松散,处于横向缺乏联系,纵向限于上下级联系的"蜂窝状"模式。乡村社会封闭分割的治理现状与现代社会的高速发展格格不入,成为乡村社会转型的重要障碍。解决治理困境,开放治理体系,提升治理绩效,成为乡村治理新的突破点。而数字技术的参与为数字乡村治理路径提供契机,在实际的在地化应用中发挥着"赋能"与"再造"的作用。

数字乡村治理应当注重城乡融合机制下的数字赋能,这主要可以从

---

① 沈费伟:《赋权理论视角下乡村振兴的机理与治理逻辑——基于英国乡村振兴的实践考察》,《世界农业》2018年第11期。
② 吴敬琏:《中国经济增长模式抉择》(第4版),上海远东出版社2013年版。
③ [美]埃莉诺·奥斯特罗姆、龙虎:《社会资本:流行的狂热抑或基本的概念?》,《经济社会体制比较》2003年第2期。

治理技术、治理机制、治理模式和治理体系四个方面着手。第一，要通过信息技术促进治理技术创新，实现从信息化普及到数字化应用。依托互联网技术嵌入乡村经济、政治、社会等各领域，推动技术数字化应用。第二，要通过信息技术促进治理机制创新，实现基于数据的业务和服务流程再造。通过运用数字技术完善城乡信息一体化系统，做到"技术多跑路，村民少跑腿"。第三，要通过信息技术促进治理模式创新，实现从单向治理到共建共治共享。采用"技术+""数字+"等新手段，将政府、市场、社会等多主体凝聚起来，构建一个共建共治共享的乡村社会治理共同体。第四，要通过信息技术促进治理体系创新，实现构筑数字乡村治理的开放创新体系。从注重信息公开到人人参与监督，从注重多元共治到开放创新共享，数字乡村治理体系在现代信息技术的帮助下不断升级优化。

综上所述，数字乡村建设正以一种工程化的态势席卷中国乡村，运用数字技术的确可以推动乡村全方位的发展，弥合现代化进程中城市与农村的割裂状态，实现城乡统筹发展。但同时也会对乡村发展界限带来挑战，乡村所蕴含的"乡土性"也正在不断消解。因此，在数字乡村治理过程中如何使"乡村所蕴含的传统和历史在更新中延续和传承"是我们需要进一步思考的问题。譬如，进一步考虑不同类型的乡村应该具体采取怎样的数字化发展路径实现乡村成功转型；乡村数字化转型之后如何运用数字技术保持并发展自身的乡村性价值；面对技术升级引起的新的城乡对立统一格局，应如何进一步协调城乡关系……这些都是未来需要引起更多乡村治理领域学者研究的重要议题。

除此之外，还需要我们思考在乡村振兴时期应当如何合理驾驭现代技术，而非被技术所限。韦伯·比克曾说过："社会团体给予技术特别的意义，而组织是否以及如何使用某项技术，则取决于他们的需求以及依靠环境变化而采用的措施。"[1] 对于现代信息技术可能对乡村和谐发展带来的隐性危害，我们该采取怎样的对策来规避？数字乡村治理的边界该如何界定？数字技术治理下的乡村是否仍保留其乡村性？乡村是否还是乡村，抑或早已失去本真？这些都是未来聚焦数字乡村治理可供继续探索与研究的方向。

---

[1] Bijker W., Hughes T., *Social Construction of Technological System: New Directions in the Social and History of Technology*, Cambridge: MIT Press, 1989, p.405.

主要参考文献

一 中文文献

（一）著作

《马克思恩格斯选集》（第二卷），人民出版社2012年版。

习近平：《高举中国特色社会主义伟大旗帜　为全面建设社会主义现代化国家而团结奋斗——在中国共产党第二十次全国代表大会上的报告》，人民出版社2022年版。

丁水木、张绪山：《社会角色论》，上海社会科学院出版社1992年版。

费孝通：《乡土中国　生育制度》，北京大学出版社1998年版。

费孝通：《乡土中国　生育制度　乡土重建》，商务印书馆2011年版。

贺雪峰：《组织起来：取消农业税后农村基层组织建设研究》，山东人民出版社2012年版。

梁漱溟：《中国文化要义》，上海人民出版社2011年版。

刘秀峰：《农村文化礼堂：从公共空间到社区营造》，浙江工商大学出版社2016年版。

钱穆：《中国文化史导论》（修订本），商务印书馆1994年版。

涂平荣：《当代中国农村经济伦理问题研究》，中国社会科学出版社2015年版。

吴敬琏：《中国经济增长模式抉择》（第4版），上海远东出版社2013年版。

奚从清：《角色论——个人与社会的互动》，浙江大学出版社2010年版。

徐勇：《国家化、农民性与乡村整合》，江苏人民出版社2019年版。

徐勇：《中国农村村民自治》，华中师范大学出版社1997年版。

于海：《西方社会思想史》，复旦大学出版社1993年版。

于建嵘：《岳村政治：转型期中国乡村政治结构的变迁》，商务印书馆 2001 年版。

章太炎：《章太炎生平与学术自述》，江苏人民出版社 1999 年版。

赵鼎新：《社会与政治运动讲义》，社会科学文献出版社 2006 年版。

赵霞：《乡村文化的秩序转型与价值重建》，河北人民出版社 2013 年版。

周晓虹：《西方社会学历史与体系》（第一卷），上海人民出版社 2002 年版。

（二）期刊

柏良泽：《"公共服务"界说》，《中国行政管理》2008 年第 2 期。

包巧英、黄立志：《试论社会主义市场经济对农村社会的影响》，《重庆科技学院学报》（社会科学版）2010 年第 17 期。

鲍静、贾开：《数字治理体系和治理能力现代化研究：原则、框架与要素》，《政治学研究》2019 年第 3 期。

蔡善柱：《试论旅游品牌开发》，《安徽师范大学学报》（自然科学版）2004 年第 3 期。

曹海林：《乡村社会变迁中的村落公共空间——以苏北窑村为例考察村庄秩序重构的一项经验研究》，《中国农村观察》2005 年第 6 期。

曹伟等：《城市精明增长与土地利用研究进展》，《城市问题》2012 年第 12 期。

陈锋：《分利秩序与基层治理内卷化 资源输入背景下的乡村治理逻辑》，《社会》2015 年第 3 期。

陈锋：《治术变革与治道重建：资源流变背景下乡村治理困境及出路》，《学海》2017 年第 4 期。

陈洪生：《传统乡村治理的历史视阈：政府主导与乡村社会力量的对垒》，《江西师范大学学报》（哲学社会科学版）2006 年第 3 期。

陈锦晓：《论乡村文化的整合与构建》，《学习论坛》2011 年第 6 期。

陈良玉：《农村信息化现状及趋势研究》，《农业经济问题》2004 年第 10 期。

陈良玉：《我国农村专业技术协会发展研究》，《中国农村科技》2007 年第 11 期。

陈璐等：《新型农业经营主体推动农村三产融合发展的增收效应分

析》,《学习与探索》2019 年第 3 期。

陈明、刘义强:《交互式群治理:互联网时代农村治理模式研究》,《农业经济问题》2019 年第 2 期。

陈少威、贾开:《数字化转型背景下中国环境治理研究:理论基础的反思与创新》,《电子政务》2020 年第 10 期。

陈剩勇、何锦华:《可持续发展与服务型政府的建构——以浙江省为例》,《浙江社会科学》2005 年第 6 期。

陈剩勇、李继刚:《后金融危机时代的政府与市场:角色定位与治理边界——对当前中国经济和社会问题的观察与思考》,《学术界》2010 年第 5 期。

陈霜叶、孟浏今、张海燕:《大数据时代的教育政策证据:以证据为本理念对中国教育治理现代化与决策科学化的启示》,《全球教育展望》2014 年第 2 期。

陈潭:《国家治理的大数据赋能:向度与限度》,《中南大学学报》(社会科学版)2021 年第 5 期。

陈潭:《数字时代城乡融合发展的着力点与新路径》,《人民论坛·学术前沿》2021 年第 2 期。

陈潭、王鹏:《信息鸿沟与数字乡村建设的实践症候》,《电子政务》2020 年第 12 期。

陈涛、李华胤:《"箱式治理":自治、法治与德治的作用边界与实践效应——以湖北省京山市乡村振兴探索为例》,《探索》2019 年第 5 期。

陈伟东、张大维:《社区事务分类治理:体制环境与流程再造》,《社会主义研究》2009 年第 1 期。

陈文超等:《农民工返乡创业的影响因素分析》,《中国人口科学》2014 年第 2 期。

陈信等:《基层公共文化服务可持续发展模式研究——以浙江农村文化礼堂为例》,《山东图书馆学刊》2021 年第 1 期。

陈一明:《数字经济与乡村产业融合发展的机制创新》,《农业经济问题》2021 年第 12 期。

陈映芳:《"农民工":制度安排与身份认同》,《社会学研究》2005 年第 3 期。

陈远星、陈明明:《有限政府与有效政府:权力、责任与逻辑》,《学海》2021 年第 5 期。

崔凯、冯献：《数字乡村建设视角下乡村数字经济指标体系设计研究》，《农业现代化研究》2020 年第 6 期。

邓红等：《农村教育信息化发展的问题与策略研究》，《西北成人教育学院学报》2018 年第 5 期。

邓维杰：《精准扶贫的难点、对策与路径选择》，《农村经济》2014 年第 6 期。

丁波：《数字治理：数字乡村下村庄治理新模式》，《西北农林科技大学学报》（社会科学版）2022 年第 2 期。

丁开杰：《新型城镇化背景下的精英流动——如何打破"呆不下的城市、回不去的农村"困境》，《探索与争鸣》2015 年第 10 期。

董磊明：《农村公共品供给中的内生性机制分析》，《中国农业大学学报》（社会科学版）2015 年第 5 期。

董运生、张立瑶：《内生性与外生性：数字乡村社会秩序的疏离与重构》，《学海》2018 年第 4 期。

杜姣：《重塑治理责任：理解乡村技术治理的一个新视角——基于 12345 政府服务热线乡村实践的考察与反思》，《探索》2021 年第 1 期。

杜鹏：《乡村治理结构的调控机制与优化路径》，《中国农村观察》2019 年第 4 期。

杜焱强等：《政府和社会资本合作会成为中国农村环境治理的新模式吗？——基于全国若干案例的现实检验》，《中国农村经济》2018 年第 12 期。

杜玉珍：《我国乡村伦理道德的历史演变》，《理论月刊》2010 年第 9 期。

杜玉珍：《重建乡村和谐之基——伦理道德》，《前沿》2009 年第 7 期。

段敏静等：《教育系统的范式转变——对话国际教学设计专家 Charles M. Reigeluth 教授》，《中国电化教育》2009 年第 5 期。

方堃等：《基于整体性治理的数字乡村公共服务体系研究》，《电子政务》2019 年第 11 期。

费维照、胡宗兵：《有限政府论：早期资产阶级的政府观念与政制设定》，《政治学研究》1998 年第 1 期。

冯永刚、董海霞：《环境教育：英国道德教育的重要途径》，《外国教育研究》2010年第3期。

符峰华：《联合国号召打造零污染地球》，《生态经济》2018年第2期。

高榕蔚、董红：《数字赋能农村人居环境治理的社会基础与实践逻辑》，《西北农林科技大学学报》（社会科学版）2023年第1期。

高小康：《非物质文化遗产与乡土文化复兴》，《人文杂志》2010年第5期。

谷显明：《乡村伦理的颓败与救赎——世纪之交乡土小说中的伦理叙事》，《求索》2016年第6期。

关振国、吴丹玉：《以协商方式提升乡村治理能力探讨》，《学术交流》2020年第12期。

桂华：《面对社会重组的乡村治理现代化》，《政治学研究》2018年第5期。

郭桂玲：《农村非政府组织介入农村环境污染治理问题探析》，《学习论坛》2015年第12期。

郭红东、陈潇玮：《建设"数字乡村"助推乡村振兴》，《杭州》（周刊）2018年第47期。

郭亮：《从脱贫攻坚到乡村振兴：村级治理的主体性建设研究》，《湖南社会科学》2022年第1期。

郭亮：《家国关系：理解近代以来中国基层治理变迁的一个视角》，《学术月刊》2021年第5期。

郭美荣、李瑾：《数字乡村发展的实践与探索——基于北京的调研》，《中国农学通报》2021年第8期。

郭翔等：《"返乡创客"瞄上了农业新"蓝海"》，《农村·农业·农民》（A版）2015年第8期。

国洁、罗晓：《哪些"不均衡问题"制约生态文明建设》，《人民论坛》2018年第36期。

韩长赋：《科学把握农业农村发展新形势》，《求是》2013年第7期。

韩春梅等：《农村基层治理的技术契合与创新进路》，《重庆大学学报》（社会科学版）2023年第1期。

韩鹏云、刘祖云：《农村公共品供给制度：变迁、博弈及路径创新——基于利益相关者理论的分析范式》,《上海行政学院学报》2012 年第 3 期。

韩炜、赵一夫:《乡村振兴背景下大城市边缘区乡村空间治理机制与模式研究》,《地理科学》2023 年第 8 期。

韩兆柱、马文娟:《数字治理理论研究综述》,《甘肃行政学院学报》2016 年第 1 期。

郝亚飞、李紫烨:《中国古代家风建设及当代启示》,《河北大学学报》(哲学社会科学版) 2015 年第 1 期。

何力迈等:《共建村民们的精神家园——绍兴县乡村记忆基地成为重要文化场所》,《中国档案》2012 年第 6 期。

何翔舟、杨佳华:《区块链经济机理与乡村振兴战略》,《安徽行政学院学报》2020 年第 2 期。

贺雪峰:《保护养育乡村精英的土壤》,《农村工作通讯》2014 年第 17 期。

贺雪峰:《村庄精英与社区记忆:理解村庄性质的二维框架》,《社会科学辑刊》2000 年第 4 期。

贺雪峰:《论社会关联与乡村治理》,《国家行政学院学报》2001 年第 3 期。

贺雪峰:《论乡村社会的秩序均衡》,《云南社会科学》1999 年第 3 期。

贺雪峰:《乡村建设重在文化建设》,《小城镇建设》2005 年第 10 期。

贺雪峰、仝志辉:《论村庄社会关联——兼论村庄秩序的社会基础》,《中国社会科学》2002 年第 3 期。

胡泊:《培育新型农业经营主体的现实困扰与对策措施》,《中州学刊》2015 年第 3 期。

胡桂芳等:《新主体有何"新期盼"——安徽省新型农业经营主体发展情况调查》,《农村工作通讯》2018 年第 1 期。

胡红霞、包雯娟:《乡村振兴战略中的治理有效》,《重庆社会科学》2018 年第 10 期。

胡静林:《加大财政扶贫投入力度 支持打赢脱贫攻坚战》,《行政管理改革》2016 年第 8 期。

胡卫卫、于水：《场域、权力与技术：农村政治生态优化的三重维度》，《河南社会科学》2019 年第 11 期。

胡卫卫等：《技术赋能何以变成技术负能？——"智能官僚主义"的生成及消解》，《电子政务》2021 年第 4 期。

胡仙芝：《公众参与制度化：社会治理创新的突破点》，《人民论坛》2014 年第 S1 期。

胡溢轩、童志锋：《环境协同共治模式何以可能：制度、技术与参与——以农村垃圾治理的"安吉模式"为例》，《中央民族大学学报》（哲学社会科学版）2020 年第 3 期。

华章琳：《生态环境公共产品供给中的政府角色及其模式优化》，《甘肃社会科学》2016 年第 2 期。

黄桂平、李素若：《新农村建设中生态环境问题与工作思路》，《湖北农业科学》2006 年第 6 期。

黄璜：《数据计算与治理变革：对政府计算的研究与基于计算的政府研究》，《电子政务》2020 年第 1 期。

黄辉祥、刘宁：《村民自治的治理功能提升：自治组织培育与自治体系构建》，《当代世界与社会主义》2010 年第 3 期。

黄建新：《农民工返乡创业行动研究——结构化理论的视角》，《华中农业大学学报》（社会科学版）2008 年第 5 期。

黄巨臣：《农村教育"技术治理"精细化：表现、局限及其应对——基于协同治理理论的视角》，《湖南师范大学教育科学学报》2018 年第 4 期。

黄清燕、白凯：《陕西袁家村跨地方的乡村性生产与呈现》，《地理研究》2020 年第 4 期。

黄徐强、张勇杰：《技术治理驱动的社区协商：效果及其限度——以第一批"全国社区治理和服务创新实验区"为例》，《中国行政管理》2020 年第 8 期。

黄震方、黄睿：《城镇化与旅游发展背景下的乡村文化研究：学术争鸣与研究方向》，《地理研究》2018 年第 2 期。

季中扬：《乡村文化与现代性》，《江苏社会科学》2012 年第 3 期。

简泽等：《市场竞争的创造性、破坏性与技术升级》，《中国工业经济》2017 年第 5 期。

江剑平等：《新时代以增强农村内生发展能力为核心的乡村振兴逻辑》，《财经科学》2020年第9期。

金江峰：《村级组织的"规范主义"运作及其后果分析——基于技术治理背景下的考察》，《长白学刊》2020年第3期。

金卫东：《智慧旅游与旅游公共服务体系建设》，《旅游学刊》2012年第2期。

孔祥智、卢洋啸：《建设生态宜居美丽乡村的五大模式及对策建议——来自5省20村调研的启示》，《经济纵横》2019年第1期。

赖晨野：《现代国家建构、农村民主与社会自治——以农村社会组织建构为基点的分析》，《社会主义研究》2010年第3期。

蓝寿荣等：《农村环境污染中农民维权难问题的治理对策》，《长江大学学报》（社会科学版）2014年第3期。

李春勇、魏来：《中国乡村治安治理结构变迁及其逻辑》，《中国人民公安大学学报》（社会科学版）2022年第3期。

李红波、张小林：《乡村性研究综述与展望》，《人文地理》2015年第1期。

李辉：《"运动式治理"缘何长期存在？——一个本源性问题》，《行政论坛》2017年第5期。

李建设：《精英主义评析》，《国外理论动态》2008年第7期。

李金祥：《创新农业科技 驱动精准扶贫》，《农村工作通讯》2016年第8期。

李利文：《乡村综合整治中的数字监管：以D村经验为例》，《电子政务》2020年第12期。

李笼彦、胡增文：《从"碎片化"到"无缝隙"：一种农村公共服务治理范式的转换分析》，《内蒙古农业大学学报》（社会科学版）2012年第1期。

李明建：《晏阳初平民教育思想对农村道德建设的资源意义》，《道德与文明》2014年第5期。

李娜、刘建平：《乡村空间治理的现实逻辑、困境及路径探索》，《规划师》2021年第24期。

李宁：《乡村自治发展进程中农民自组织能力提升问题的探索》，《学术界》2012年第11期。

李强：《影响中国城乡流动人口的推力与拉力因素分析》，《中国社会科学》2003年第1期。

李庆召、马华：《价值与限度：农民再组织化与村级治理组织体系再造——基于广东省梅州市F村基层治理改革的思考》，《社会主义研究》2017年第2期。

李胜蓝、江立华：《基于角色理论的驻村"第一书记"扶贫实践困境分析》，《中国特色社会主义研究》2018年第6期。

李松：《城镇化进程中乡村文化的保护与变迁》，《民俗研究》2014年第1期。

李文嘉、李蕊：《新型农村集体经济发展的现状、问题及对策》，《人民论坛》2023年第15期。

李翔、宗祖盼：《数字文化产业：一种乡村经济振兴的产业模式与路径》，《深圳大学学报》（人文社会科学版）2020年第2期。

李项峰：《环境规制的范式及其政治经济学分析》，《暨南学报》（哲学社会科学版）2007年第2期。

李毅等：《"数字鸿沟"视角下的网络远程教育公平性检视与问题对策——免师硕士生的性别、民族、学习方式对网络学习成效的影响》，《远程教育杂志》2015年第4期。

李元珍：《基层政府组织结构的整体性调适及其逻辑——基于浙江T镇的经验分析》，《求索》2021年第5期。

[加] 梁鹤年：《精明增长》，《城市规划》2005年第10期。

梁敬东：《我国新农村信息化建设现状、内涵与技术对策》，《南京农业大学学报》（社会科学版）2006年第3期。

梁茜：《社会主义核心价值体系引导下的乡村文化价值重建》，《武汉理工大学学报》（社会科学版）2014年第3期。

林萍：《利益相关者理论综述》，《闽江学院学报》2009年第1期。

林仁翔：《信息化浪潮下云服务和大数据蓄势待发》，《互联网天地》2017年第1期。

林曦：《弗里曼利益相关者理论评述》，《商业研究》2010年第8期。

林修果、谢秋运：《"城归"精英与村庄政治》，《福建师范大学学报》（哲学社会科学版）2004年第3期。

刘海龙：《从无序蔓延到精明增长——美国"城市增长边界"概念述

评》，《城市问题》2005年第3期。

刘海启：《加快数字农业建设 为农业农村现代化增添新动能》，《中国农业资源与区划》2017年第12期。

刘军林、范云峰：《智慧旅游的构成、价值与发展趋势》，《重庆社会科学》2011年第10期。

刘路军、樊志民：《中国乡村精英转换对乡村社会秩序的影响》，《甘肃社会科学》2015年第2期。

刘露霞：《河南种粮大户的现状、困惑与期盼——基于150户种粮大户的问卷调查》，《中国粮食经济》2013年第10期。

刘明：《农业产业化：理论依据与可持续发展分析》，《生产力研究》2015年第5期。

刘宁：《村民自治组织体系的建构：组织培育与体系重构——论村民自治组织体系的生长逻辑、发展限度与建构路径》，《晋阳学刊》2013年第4期。

刘宁、黄辉祥：《组织维稳与集体失范：农村社会组织角色冲突分析》，《东南学术》2015年第3期。

刘涛、王震：《中国乡村治理中"国家—社会"的研究路径——新时期国家介入乡村治理的必要性分析》，《中国农村观察》2007年第5期。

刘铁芳：《重新确立乡村教育的根本目标》，《探索与争鸣》2008年第5期。

刘伟：《大数据思维视阈下的高等教育治理变革》，《内蒙古社会科学》（汉文版）2017年第1期。

刘颖等：《乡村精英人才外流的社会影响与对策》，《学术交流》2010年第11期。

刘雨：《重建乡村文化：培育乡村教育的精神之根》，《教育科学论坛》2011年第7期。

刘志阳、李斌：《乡村振兴战略视野下的农民工返乡创业——基于"千村调查"的证据》，《福建论坛》（人文社会科学版）2019年第3期。

刘祖云、姜姝：《"城归"：乡村振兴中"人的回归"》，《农业经济问题》2019年第2期。

刘祖云、孔德斌：《乡村软治理：一个新的学术命题》，《华中师范大学学报》（人文社会科学版）2013年第3期。

卢晓：《推动农业产业化 实现农民增收》，《人民论坛》2019 年第 12 期。

陆汉文：《落实精准扶贫战略的可行途径》，《国家治理》2015 年第 38 期。

路丙辉：《热议"家风"现象的伦理审思》，《道德与文明》2014 年第 6 期。

吕宾、俞睿：《城镇化进程中乡村文化内生性建设》，《学习论坛》2016 年第 5 期。

吕程平：《支持力量、技术选择与创业周期：大学生村官创业分析》，《中国青年研究》2017 年第 6 期。

吕德文：《治理技术如何适配国家机器——技术治理的运用场景及其限度》，《探索与争鸣》2019 年第 6 期。

吕方：《再造乡土团结：农村社会组织发展与"新公共性"》，《南开学报》（哲学社会科学版）2013 年第 3 期。

吕普生：《数字乡村与信息赋能》，《中国高校社会科学》2020 年第 2 期。

栾淳钰、王勤瑶：《家庭・家教・家风关系及启示论》，《贵州社会科学》2016 年第 6 期。

罗大蒙、任中平：《村庄次组织的培育与村民自治的成长》，《阅江学刊》2010 年第 4 期。

罗明义：《发展乡村旅游与社会主义新农村建设》，《经济问题探索》2006 年第 10 期。

罗兴佐、刘书文：《市场失灵与政府缺位——农田水利的双重困境》，《中国农村水利水电》2005 年第 6 期。

毛薇、王贤：《数字乡村建设背景下的农村信息服务模式及策略研究》，《情报科学》2019 年第 11 期。

梅方权：《农业信息化带动农业现代化的战略分析》，《中国农村经济》2001 年第 12 期。

门理想、王丛虎：《"互联网+基层治理"：基层整体性治理的数字化实现路径》，《电子政务》2019 年第 4 期。

莫筱筱、明亮：《台湾社区营造的经验及启示》，《城市发展研究》2016 年第 1 期。

宁可：《述"社邑"》，《北京师范学院学报》（社会科学版）1985年第1期。

牛耀红：《建构乡村内生秩序的数字"社区公共领域"——一个西部乡村的移动互联网实践》，《新闻与传播研究》2018年第4期。

欧阳静：《基层治理中的策略主义》，《地方治理研究》2016年第3期。

欧阳雪梅：《振兴乡村文化面临的挑战及实践路径》，《毛泽东邓小平理论研究》2018年第5期。

潘劲平、王艺璇：《技术的社会嵌入：农产品淘宝村形成机制研究——基于W村的实证分析》，《西南大学学报》（社会科学版）2020年第1期。

彭超：《数字乡村战略推进的逻辑》，《人民论坛》2019年第33期。

乔法容、张博：《当代中国农村集体主义道德的新元素新维度——以制度变迁下的农村农民合作社新型主体为背景》，《伦理学研究》2014年第6期。

乔世东：《社会资源动员研究》，《上海交通大学学报》（哲学社会科学版）2009年第5期。

乔耀章：《村民自治再定位》，《江苏社会科学》1999年第6期。

秦晖：《传统中华帝国的乡村基层控制：汉唐间的乡村组织》，《中国乡村研究》2003年第1期。

曲甜、黄蔓雯：《数字时代乡村产业振兴的多主体协同机制研究——以B市P区"互联网+大桃"项目为例》，《电子政务》2022年第1期。

渠敬东等：《从总体支配到技术治理——基于中国30年改革经验的社会学分析》，《中国社会科学》2009年第6期。

阙天舒、吕俊延：《智能时代下技术革新与政府治理的范式变革——计算式治理的效度与限度》，《中国行政管理》2021年第2期。

任瀚：《智慧旅游定位论析》，《生态经济》2013年第4期。

申平华：《不良家风：社会精神文明的毒瘤》，《道德与文明》1992年第3期。

申云、李京蓉：《我国农村居民生活富裕评价指标体系研究——基于全面建成小康社会的视角》，《调研世界》2020年第1期。

沈妉：《城乡一体化进程中乡村文化的困境与重构》，《理论与改革》

2013 年第 4 期。

沈费伟：《传承家风家训：乡村伦理重建的一个理论解释》，《学习论坛》2019 年第 9 期。

沈费伟：《传统国家乡村治理的历史脉络与运作逻辑》，《华南农业大学学报》（社会科学版）2017 年第 1 期。

沈费伟：《传统乡村文化重构：实现乡村文化振兴的路径选择》，《人文杂志》2020 年第 4 期。

沈费伟：《赋权理论视角下乡村振兴的机理与治理逻辑——基于英国乡村振兴的实践考察》，《世界农业》2018 年第 11 期。

沈费伟：《基础教育、资源配置与公共服务均等化实证研究——以浙江省 5 个地、市小学为例》，《宁波大学学报》（教育科学版）2011 年第 4 期。

沈费伟：《技术能否实现治理——精准扶贫视域下技术治理热的冷思考》，《中国农业大学学报》（社会科学版）2018 年第 5 期。

沈费伟：《教育信息化：实现农村教育精准扶贫的战略选择》，《中国电化教育》2018 年第 12 期。

沈费伟：《卡尔·曼海姆视野中的社会技术思想研究——读〈重建时代的人与社会——现代社会结构研究〉》，《公共管理评论》2017 年第 1 期。

沈费伟：《农村环境参与式治理的实现路径考察——基于浙北荻港村的个案研究》，《农业经济问题》2019 年第 8 期。

沈费伟：《社会技术分层视野的村庄复兴》，《重庆社会科学》2016 年第 8 期。

沈费伟：《数字乡村韧性治理的建构逻辑与创新路径》，《求实》2021 年第 5 期。

沈费伟：《乡村技术赋能：实现乡村有效治理的策略选择》，《南京农业大学学报》（社会科学版）2020 年第 2 期。

沈费伟：《乡村社会的振兴机理：基于治理结构视角的研究》，《观察与思考》2020 年第 10 期。

沈费伟：《乡村秩序重构：实现乡村振兴的策略选择》，《学术交流》2020 年第 7 期。

沈费伟：《新型农业经营主体的培育逻辑、发展困境与路径指向》，

《山西农业大学学报》（社会科学版）2020年第3期。

沈费伟、陈晓玲：《技术如何重构乡村——乡村技术治理的实现路径考察》，《学术界》2021年第2期。

沈费伟、刘祖云：《村庄重建的实践逻辑与运作模式——以湖州市荻港村为例》，《南京农业大学学报》（社会科学版）2017年第2期。

沈费伟、刘祖云：《发达国家乡村治理的典型模式与经验借鉴》，《农业经济问题》2016年第9期。

沈费伟、刘祖云：《海外"乡村复兴"研究——脉络走向与理论反思》，《人文地理》2018年第1期。

沈费伟、刘祖云：《合作治理：实现生态环境善治的路径选择》，《中州学刊》2016年第8期。

沈费伟、刘祖云：《精英培育、秩序重构与乡村复兴》，《人文杂志》2017年第3期。

沈费伟、刘祖云：《农村环境善治的逻辑重塑——基于利益相关者理论的分析》，《中国人口·资源与环境》2016年第5期。

沈费伟、刘祖云：《政府在乡村治理中的角色分析——基于有限政府的视角》，《长白学刊》2016年第3期。

沈费伟、刘祖云：《中国乡村治理研究：进路与反思》，《领导科学》2015年第35期。

沈费伟、叶温馨：《城归青年乡土适应性的现实困境与应对策略——基于多案例的实证分析》，《杭州师范大学学报》（社会科学版）2021年第5期。

沈费伟、叶温馨：《基层政府数字治理的运作逻辑、现实困境与优化策略——基于"农事通""社区通""龙游通"数字治理平台的考察》，《管理学刊》2020年第6期。

沈费伟、叶温馨：《数字乡村建设：实现高质量乡村振兴的策略选择》，《南京农业大学学报》（社会科学版）2021年第5期。

沈费伟、袁欢：《大数据时代的数字乡村治理：实践逻辑与优化策略》，《农业经济问题》2020年第10期。

沈费伟、袁洁：《农村教育"技术治理"的构建：制约因素与路径选择》，《杭州师范大学学报》（社会科学版）2020年第3期。

沈费伟、诸靖文：《乡村"技术治理"的运行逻辑与绩效提升研究》，

《电子政务》2020年第5期。

沈费伟等：《农村文化复兴的三维共建模式研究——基于浙江省荻港村的实践考察》，《广西社会科学》2017年第6期。

沈轩：《传承文脉 传播文明——全省农村文化礼堂建设综述》，《今日浙江》2013年第15期。

沈延生：《村政的兴衰与重建》，《战略与管理》1998年第6期。

师曾志等：《"重新部落化"——新媒介赋权下的数字乡村建设》，《新闻与写作》2019年第9期。

石大建、李向平：《资源动员理论及其研究维度》，《广西师范大学学报》（哲学社会科学版）2009年第6期。

石绍成、吴春梅：《适应性治理：政策落地如何因地制宜？——以武陵大卡村的危房改造项目为例》，《中国农村观察》2020年第1期。

宋惠芳：《非零非博弈：城乡环境治理一体化研究》，《广西社会科学》2020年第3期。

苏倍庆：《基于公共交通导向发展的城市设计——以长沙湘江滨水区为例》，《城市发展研究》2013年第11期。

苏岚岚、彭艳玲：《数字化教育、数字素养与农民数字生活》，《华南农业大学学报》（社会科学版）2021年第3期。

苏杨：《浙江经验："三生统筹"理念下的农村环境综合整治》，《环境保护》2006年第4期。

苏运勋：《乡村网络公共空间与基层治理转型——以江西省赣州市C县村务微信群为例》，《中共福建省委党校（福建行政学院）学报》2021年第1期。

孙晓：《利益相关者理论综述》，《经济研究导刊》2009年第2期。

孙旭友：《"互联网+"垃圾分类的乡村实践——浙江省X镇个案研究》，《南京工业大学学报》（社会科学版）2020年第2期。

孙育红、张志勇：《生态技术创新：概念界定及路径选择》，《社会科学战线》2011年第8期。

谭林、陈岚：《乡村空间重构与土地利用转型耦合机制及路径分析》，《自然资源学报》2022年第7期。

檀学文：《贫困村的内生发展研究——皖北辛村精准扶贫考察》，《中国农村经济》2018年第11期。

唐兴军、李定国：《文化嵌入：新时代乡风文明建设的价值取向与现实路径》，《求实》2019年第2期。

唐永林等：《智慧旅游专业人才培养方案研究》，《长春师范大学学报》2015年第6期。

田旭明：《家正国清：优良家风家规的伦理价值及其实现路径》，《学习论坛》2015年第1期。

同春芬、张浩：《"互联网+"精准扶贫：贫困治理的新模式》，《世界农业》2016年第8期。

汪锦军：《农村公共事务治理——政府、村组织和社会组织的角色》，《浙江学刊》2008年第5期。

汪三贵、郭子豪：《论中国的精准扶贫》，《贵州社会科学》2015年第5期。

汪三贵、刘未：《"六个精准"是精准扶贫的本质要求——习近平精准扶贫系列论述探析》，《毛泽东邓小平理论研究》2016年第1期。

汪三贵等：《人力资本和社会资本对返乡农民工创业的影响》，《农业技术经济》2010年第12期。

王春光：《新生代农村流动人口的社会认同与城乡融合的关系》，《社会学研究》2001年第3期。

王斐斐：《对利益相关者理论的思考》，《理论月刊》2007年第8期。

王国胜：《现代化过程中的乡村文化变迁探微》，《理论探索》2006年第5期。

王海娟：《项目制与农村公共品供给"最后一公里"难题》，《华中农业大学学报》（社会科学版）2015年第4期。

王久波：《辽宁省数字乡村建设现状、做法及面临的若干困境》，《农业经济》2019年第9期。

王乐君等：《构建新型农业经营主体与小农户利益联结机制》，《中国农业大学学报》（社会科学版）2019年第2期。

王丽：《公共治理视域下乡村公共精神的缺失与重构》，《行政论坛》2012年第4期。

王露璐：《伦理视角下中国乡村社会变迁中的"礼"与"法"》，《中国社会科学》2015年第7期。

王身余：《从"影响"、"参与"到"共同治理"——利益相关者理论发展的历史跨越及其启示》,《湘潭大学学报》(哲学社会科学版) 2008 年第 6 期。

王胜等:《数字乡村建设:作用机理、现实挑战与实施策略》,《改革》2021 年第 4 期。

王曙光:《论新型农民合作组织与农村经济转型》,《北京大学学报》(哲学社会科学版) 2010 年第 3 期。

王雯:《"十四五"时期加快数字乡村发展的思路和政策建议》,《中国发展观察》2020 年第 Z8 期。

王晓娜:《乡村治理秩序:历史梳理与现代构建》,《中共福建省委党校学报》2017 年第 12 期。

王雨磊:《数字下乡:农村精准扶贫中的技术治理》,《社会学研究》2016 年第 6 期。

王张华、张平平:《老年群体数字贫困治理:政府责任与实现策略》,《人口与社会》2022 年第 1 期。

王志刚、黄棋:《内生式发展模式的演进过程——一个跨学科的研究述评》,《教学与研究》2009 年第 3 期。

韦路、张明新:《第三道数字鸿沟:互联网上的知识沟》,《新闻与传播研究》2006 年第 4 期。

吴朝晖:《四元社会交互运行,亟须深化数字治理战略布局》,《浙江大学学报》(人文社会科学版) 2020 年第 2 期。

吴惟予、肖萍:《契约管理:中国农村环境治理的有效模式》,《农村经济》2015 年第 4 期。

奚明洋:《社会主义核心价值观语境下优良家风的重要性及培育路径研究》,《开封教育学院学报》2016 年第 10 期。

夏显力等:《农业高质量发展:数字赋能与实现路径》,《中国农村经济》2019 年第 12 期。

项辉、周俊麟:《乡村精英格局的历史演变及现状——"土地制度—国家控制力"因素之分析》,《中共浙江省委党校学报》2001 年第 5 期。

项继权:《中国农村社区及共同体的转型与重建》,《华中师范大学学报》(人文社会科学版) 2009 年第 3 期。

肖萍、朱国华:《农村环境污染治理模式的选择与治理体系的构建》,《南昌大学学报》(人文社会科学版) 2014 年第 4 期。

肖唐镖：《基层治理亟待走向系统性改革》，《国家行政学院学报》2015 年第 4 期。

肖唐镖、幸珍宁：《江西农村宗族情况考察》，《社会学研究》1997 年第 4 期。

谢晖：《论法律秩序》，《山东大学学报》（哲学社会科学版）2001 年第 4 期。

谢秋运：《走上乡村政治前台的"城归"精英》，《社会》2004 年第 2 期。

谢童伟、施雨婷：《中国农村教育贫困研究的进展与趋势》，《清华大学教育研究》2019 年第 4 期。

徐俊：《当代优秀家风的时代内涵与培育路径》，《学习论坛》2015 年第 9 期。

徐倩：《包容性治理：社会治理的新思路》，《江苏社会科学》2015 年第 4 期。

徐琴：《"微交往"与"微自治"：现代乡村社会治理的空间延展及其效应》，《华中农业大学学报》（社会科学版）2020 年第 3 期。

徐铜柱：《资源与秩序双重维度下的村干部腐败及其治理研究》，《社会主义研究》2020 年第 1 期。

徐勇：《村民自治的深化：权利保障与社区重建——新世纪以来中国村民自治发展的走向》，《学习与探索》2005 年第 4 期。

徐勇：《国家整合与社会主义新农村建设》，《社会主义研究》2006 年第 1 期。

徐勇：《县政、乡派、村治：乡村治理的结构性转换》，《江苏社会科学》2002 年第 2 期。

徐勇：《现代国家的建构与村民自治的成长——对中国村民自治发生与发展的一种阐释》，《学习与探索》2006 年第 6 期。

许传新：《新生代农民工的身份认同及影响因素分析》，《学术探索》2007 年第 3 期。

薛勇民、张建辉：《环境正义的局限与生态正义的超越及其实现》，《自然辩证法研究》2015 年第 12 期。

闫惠惠、郝书翠：《背离与共建：现代性视阈下乡村文化的危机与重建》，《湖北大学学报》（哲学社会科学版）2016 年第 1 期。

闫慧、孙立立：《1989 年以来国内外数字鸿沟研究回顾：内涵、表现维度及影响因素综述》，《中国图书馆学报》2012 年第 5 期。

闫慧等：《数字包容研究进展：内涵、影响因素与公共政策》，《图书与情报》2018 年第 3 期。

杨方琦：《全国教育科学规划教育技术类立项课题的统计与分析》，《现代教育技术》2013 年第 7 期。

杨华：《农村基层治理事务与治理现代化：一个分析框架》，《求索》2020 年第 6 期。

杨华等：《多维视野中的乡村振兴（笔谈）》，《西北民族研究》2020 年第 2 期。

杨明、郑晨光：《区块链在精准扶贫脱贫中应用研究》，《云南民族大学学报》（哲学社会科学版）2020 年第 2 期。

杨秀丽：《乡村振兴战略下返乡农民工创新创业生态系统构建》，《经济体制改革》2019 年第 4 期。

杨雪冬：《全球化、风险社会与复合治理》，《马克思主义与现实》2004 年第 4 期。

姚上海：《新农村视野下中国农村劳动力城镇转移流动行为研究》，《中南民族大学学报》（人文社会科学版）2008 年第 2 期。

叶托等：《碎片化政府：理论分析与中国实际》，《中共宁波市委党校学报》2011 年第 2 期。

叶小青等：《名人文化旅游品牌的建设与发展——以浙江遂昌汤显祖文化为例》，《丽水学院学报》2009 年第 6 期。

易兰、陈恩伦：《大数据思维下的农村教育治理变革》，《内蒙古社会科学》（汉文版）2017 年第 4 期。

于建嵘：《村治发展的基本愿景》，《同舟共济》2015 年第 2 期。

于水、陈春：《乡村治理结构中的村民自治组织：冲突、困顿与对策——以江苏若干行政村为例》，《农村经济》2011 年第 9 期。

郁建兴、任杰：《中国基层社会治理中的自治、法治与德治》，《学术月刊》2018 年第 12 期。

贠杰：《有限政府论：思想渊源与现实诉求》，《政治学研究》2005 年第 1 期。

袁方、史清华：《从返乡到创业——互联网接入对农民工决策影响的实证分析》,《南方经济》2019 年第 10 期。

袁金辉:《中国乡村治理 60 年: 回顾与展望》,《国家行政学院学报》2009 年第 5 期。

袁野等:《农村信息化服务模式研究——以云南省"数字乡村"为例》,《北京邮电大学学报》(社会科学版) 2014 年第 1 期。

曾亿武等:《中国数字乡村建设若干问题刍议》,《中国农村经济》2021 年第 4 期。

占令:《乡村治理方式的现代化转型: 由礼治"嵌入"法治》,《领导科学》2016 年第 27 期。

张丙宣:《地方政府的选择性治理: 制度基础与优化机制》,《公共管理与政策评论》2014 年第 4 期。

张成福:《电子化政府: 发展及其前景》,《中国人民大学学报》2000 年第 3 期。

张成岗等:《信息技术、数字鸿沟与社会公正——新技术风险的社会治理》,《中国科技论坛》2018 年第 5 期。

张诚:《韧性治理: 农村环境治理的方向与路径》,《现代经济探讨》2021 年第 4 期。

张国胜等:《数字赋能乡村治理的逻辑: 从技术能力到制度容量》,《农村经济》2023 年第 7 期。

张国献:《农村教育精准扶贫的共享困境与化解路径》,《理论学刊》2018 年第 4 期。

张洪春:《"资源动员"理论及其对思想政治教育的启示》,《黑河学刊》2012 年第 5 期。

张环宙等:《内生式发展模式研究综述》,《浙江大学学报》(人文社会科学版) 2007 年第 2 期。

张军扩等:《高质量发展的目标要求和战略路径》,《管理世界》2019 年第 7 期。

张凌云等:《智慧旅游的基本概念与理论体系》,《旅游学刊》2012 年第 5 期。

张伟平、王继新:《信息化助力农村地区义务教育均衡发展: 问题、模式及建议——基于全国 8 省 20 县(区)的调查》,《开放教育研究》2018 年第 1 期。

张文明、章志敏：《资源·参与·认同：乡村振兴的内生发展逻辑与路径选择》，《社会科学》2018年第11期。

张雯：《美国的"精明增长"发展计划》，《现代城市研究》2001年第5期。

张晓军、齐海丽：《新农村建设中农村民间组织的角色探讨》，《学会》2008年第2期。

张新明、黄学敏：《信息技术、教育信息化及其发展对策》，《电化教育研究》2001年第10期。

张新文、詹国辉：《乡村建设、社会质量与政府角色》，《南京农业大学学报》（社会科学版）2017年第5期。

张秀梅：《社会保育：一个乡村秩序建设的新思路》，《浙江社会科学》2016年第9期。

张扬金：《村治实现方式视域下的能人治村类型与现实选择》，《学海》2017年第4期。

张扬金、于兰华：《农村民主监督制度的损耗与补益——政治知识与政治道德的视角》，《伦理学研究》2014年第1期。

张照新、赵海：《新型农业经营主体的困境摆脱及其体制机制创新》，《改革》2013年第2期。

张中文：《我国乡村文化传统的形成、解构与现代复兴问题》，《理论导刊》2010年第1期。

张忠德：《美、日、韩农业和农村信息化建设的经验及启示》，《科技管理研究》2009年第10期。

章政等：《上海市农业循环经济体系的建立与发展模式》，《农业经济问题》2006年第4期。

章志敏、张文明：《农村内生发展研究的理论转向、命题与挑战》，《江汉学术》2021年第2期。

赵呈领等：《农村中小学现代远程教育工程资源建设与开发的策略研究》，《中国远程教育》2007年第6期。

赵海霞等：《转型期的资源与环境管理：基于市场—政府—社会三角制衡的分析》，《长江流域资源与环境》2009年第3期。

赵敬丹、李志明：《从基于经验到基于数据——大数据时代乡村治理的现代化转型》，《中共中央党校（国家行政学院）学报》2020年第

1 期。

赵民、李仁熙：《韩国、日本乡村发展考察——城乡关系、困境和政策应对及其对中国的启示》，《小城镇建设》2018 年第 4 期。

赵霞：《传统乡村文化的秩序危机与价值重建》，《中国农村观察》2011 年第 3 期。

赵祥云：《嵌入性视角下新型农业经营主体的适应性调适》，《西北农林科技大学学报》（社会科学版）2019 年第 6 期。

赵秀玲：《乡村互联网治理的兴起与制度变迁》，《河南大学学报》（社会科学版）2019 年第 2 期。

赵玉祥、金晓秋：《中国传统乡村文化的形成析要》，《行政论坛》2000 年第 6 期。

赵早：《乡村治理模式转型与数字乡村治理体系构建》，《领导科学》2020 年第 14 期。

郑风田、李明：《新农村建设视角下中国基层县乡村治理结构》，《中国人民大学学报》2006 年第 5 期。

郑雪：《农村"电商创客"群体创业现状及培育对策研究——基于嘉兴"淘宝村"的实证分析》，《西部经济管理论坛》2017 年第 1 期。

钟涨宝、狄金华：《社会转型与农村社会管理机制创新》，《华中农业大学学报》（社会科学版）2011 年第 2 期。

周晶晶、朱力：《新政策环境下的农村微观治理结构转型》，《甘肃社会科学》2020 年第 3 期。

周利敏、原伟麒：《迈向韧性城市的灾害治理——基于多案例研究》，《经济社会体制比较》2017 年第 5 期。

周庆智：《乡村贫困及其治理：农民权利缺失的经验分析》，《学术月刊》2020 年第 8 期。

周怡：《寻求整合的分化：权力关系的独特作用——来自 H 村的一项经验研究》，《社会学研究》2006 年第 5 期。

周志成、张颖：《加强精英人才思想道德素质教育的思考》，《思想教育研究》2015 年第 12 期。

周紫玲：《中小城市市民公共精神培育研究》，《人民论坛》2015 年第 5 期。

朱红根、康兰媛：《农民工创业动机及对创业绩效影响的实证分析——基于江西省 15 个县市的 438 个返乡创业农民工样本》,《南京农业大学学报》(社会科学版) 2013 年第 5 期。

朱慧勇:《农村"双创"应重视"城归"力量》,《农村·农业·农民》(A 版) 2016 年第 2 期。

朱力等:《"半主动性适应"与"建构型适应"——新生代农民工的城市适应模型》,《甘肃行政学院学报》2010 年第 4 期。

朱启臻:《乡村振兴背景下的乡村产业——产业兴旺的一种社会学解释》,《中国农业大学学报》(社会科学版) 2018 年第 3 期。

朱政:《国家权力视野下的乡村治理与基层法治——鄂西 L 县网格化管理创新调查》,《中国农业大学学报》(社会科学版) 2015 年第 6 期。

诸大建、刘冬华:《管理城市成长:精明增长理论及对中国的启示》,《同济大学学报》(社会科学版) 2006 年第 4 期。

佐斌、艾传国:《群体认同、自尊和心理疾病污名的关系》,《应用心理学》2011 年第 4 期。

(三) 报纸

冯璐:《"城归族"返乡创业遇隐形屏障》,《经济参考报》2015 年 10 月 9 日第 11 版。

郭轩宇:《中国乡村社会"自治"的变迁》,《光明日报》2012 年 12 月 15 日第 7 版。

黄祖辉:《转变政府职能与改善乡村治理》,《浙江日报》2014 年 5 月 21 日第 10 版。

蒋雨彤:《农民渔民果农当主角 "浙""村晚"用什么打动人》,《中国青年报》2023 年 2 月 8 日第 4 版。

孙山、黄硕:《促进返乡就业 62.6%受访青年建议完善基础设施建设》,《中国青年报》2019 年 8 月 1 日第 8 版。

徐旭初、吴彬:《推进数字乡村与乡村振兴全面对接》,《中国社会科学报》2021 年 1 月 19 日第 8 版。

叶铁伟:《智慧旅游:旅游业的第二次革命(上)》,《中国旅游报》2011 年 5 月 25 日第 11 版。

叶兴庆:《农业供给侧改革呼唤更多"城归"》,《人民日报》2016 年 12 月 19 日第 5 版。

张聪:《农村环境治理市场何时打开?》,《中国环境报》2014 年 7 月

29日第10版。

赵锋：《政府越位 农民受累》，《新华每日电讯》2003年12月2日第4版。

赵建：《制度激励，河北让"城归"留得住富起来》，《河北日报》2017年5月5日第6版。

周东飞：《建设数字乡村重在提升农民获得感》，《北京青年报》2019年5月23日第A2版。

（四）中译本

［美］阿尔文·托夫勒：《权力的转移》，吴迎春、傅凌译，中信出版社2006年版。

［美］艾伦·G·约翰逊：《见树又见林：社会学与生活》，喻东、金梓译，中国人民大学出版社2008年版。

［英］安东尼·吉登斯：《民族—国家与暴力》，胡宗泽、赵力涛译，生活·读书·新知三联书店1998年版。

［美］布莱恩·阿瑟：《技术的本质：技术是什么，它是如何进化的》，曹东溟、王健译，浙江人民出版社2014年版。

［美］冯·贝塔朗菲：《一般系统论：基础、发展和应用》，林康义等译，清华大学出版社1987年版。

［美］弗朗西斯·福山：《大断裂：人类本性与社会秩序的重建》，唐磊译，广西师范大学出版社2015年版。

［美］盖瑞·J·米勒：《管理困境——科层的政治经济学》，王勇等译，上海人民出版社2002年版。

［法］H.孟德拉斯：《农民的终结》，李培林译，中国社会科学出版社1991年版。

［英］赫伯特·斯宾塞：《社会静力学》，张雄武译，商务印书馆2017年版。

［法］亨利·列斐伏尔：《空间与政治》（第二版），李春译，上海人民出版社2015年版。

［美］怀特：《文化科学——人和文明的研究》，曹锦清等译，浙江人民出版社1988年版。

［德］卡尔·曼海姆：《重建时代的人与社会——现代社会结构研究》，张旅平译，译林出版社2011年版。

［美］卡罗尔·佩特曼：《参与和民主理论》，陈尧译，上海人民出版社 2006 年版。

［奥］路德维希·冯·米塞斯：《社会主义：经济学与社会学的分析》，王建民、冯克利、崔树义译，商务印书馆 2018 年版。

［美］罗伯特·D·帕特南：《使民主运转起来：现代意大利的公民传统》，王列、赖海榕译，江西人民出版社 2001 年版。

［美］罗伯特·丹哈特：《公共组织理论》（第 2 版），项龙、刘俊生译，华夏出版社 2002 年版。

［美］曼纽尔·卡斯特：《网络社会的崛起》，夏铸九等译，社会科学文献出版社 2001 年版。

［法］孟德斯鸠：《论法的精神》（上卷），许明龙译，商务印书馆 2009 年版。

［美］尼古拉·尼葛洛庞帝：《数字化生存》，胡泳、范海燕译，电子工业出版社 2017 年版。

［瑞士］皮亚杰：《发生认识论原理》，王宪钿等译，商务印书馆 2017 年版。

［美］乔·萨托利：《民主新论》，冯克利、阎克文译，东方出版社 1998 年版。

［以］S. N. 艾森斯塔特：《现代化：抗拒与变迁》，张旅平等译，中国人民大学出版社 1998 年版。

［美］塞缪尔·P. 亨廷顿：《变化社会中的政治秩序》，王冠华等译，上海人民出版社 2008 年版。

［美］特里·S. 索尔德、［美］阿曼多·卡伯内尔编：《理性增长——形式与后果》，丁成日、冯娟译，商务印书馆 2007 年版。

［美］西奥多·W. 舒尔茨：《改造传统农业》，梁小民译，商务印书馆 1987 年版。

［美］约翰·罗尔斯：《正义论》（修订版），何怀宏、何包钢、廖申白译，中国社会科学出版社 2009 年版。

［美］珍妮特·V. 登哈特、［美］罗伯特·B. 登哈特：《新公共服务：服务，而不是掌舵》，丁煌译，中国人民大学出版社 2010 年版。

二 英文文献

Ansell C., Gash A., "Collaborative Governance in Theory and Practice", *Journal of Public Administration Research and Theory*, Vol. 18, No. 4, October 2008, pp. 543-571.

Arnstein S. R. , "A Ladder of Citizen Participation", *Journal of the American Institute of Planners*, Vol. 35, No. 4, July 1969, pp. 216-224.

Atieno L. V. , Moturi C. A. , "Implementation of Digital Village Projects in Developing Countries-Case of Kenya", *Current Journal of Applied Science and Technology*, Vol. 4, No. 5, January 2014, pp. 793-807.

Behan K. , et al. , "Smart Growth Strategies, Transportation and Urban Sprawl: Simulated Futures for Hamilton, Ontario", *Canadian Geographer*, Vol. 52, No. 3, August 2008, pp. 291-308.

Bijker W. , Hughes T. , *Social Construction of Technological System: New Directions in the Social and History of Technology*, Cambridge: MIT Press, 1989, p. 405.

Cloke P. , Edwards G. , "Rurality in England and Wales 1981: A Replication of the 1971 Index", *Journal of Rural Studies*, Vol. 20, No. 4, August 1986, pp. 289-306.

Cutter S. L. , Burto C. G. , Emrich C. T. , "Disaster Resilience Indicators for Bench Marking Baseline Conditions", *Journal of Homeland Security and Emergency Management*, Vol. 7, No. 1, January 2010, pp. 1-22.

Dillahunt T. , Wang Z. , Teasley S. D. , "Democratizing Higher Education: Exploring MOOC Use among Those Who Can Not Afford a Formal Education", *The International Review of Research in Open and Distributed Learning*, Vol. 15, No. 5, November 2014, pp. 177-196.

Durand C. P. , et al. , "A Systematic Review of Built Environment Factors Related to Physical Activity and Obesity Risk: Implications for Smart Growth Urban Planning", *Obesity Reviews*, Vol. 12, No. 5, 2011, pp. 173-182.

Emerson K. , Nabatchi T. , Balogh S. , "An Integrative Framework for Collaborative Governance", *Journal of Public Administration Research and Theory*, Vol. 22, No. 1, January 2012, pp. 1-29.

Fedderke J. , de Kadt R. , Luiz J. , "Economic Growth and Social Capital: a Critical Reflection", *Theory and Society*, Vol. 28, No. 5, October 1999, pp. 709-745.

Folke C., et al., "Resilience Thinking: Integrating Resilience, Adaptability and Transformability", *Ecology and Society*, Vol. 15, No. 4, December 2010, p. 20.

Ghisellini P., et al., "A Review on Circular Economy: the Expected Transition to A Balanced Interplay of Environmental and Economic Systems", *Journal of Cleaner Production*, Vol. 114, No. 15, February 2016, pp. 11-32.

Hardy C., Phillips N., "Strategies of Engagement: Lessons from The Critical Examination of Collaboration and Conflict in An Interorganizational Domain", *Organization Science*, Vol. 9, No. 2, April 1998, pp. 217-230.

Hoffman, *Frame Analysis*, New York: Harper & Row Published, 1974.

Jean O., *State and Peasant in Contemporary China: The Political Economy of Village Government*, California: University of California Press, 1989, pp. 99-126.

Magis K., "Community Resilience: An Indicator of Social Sustainability", *Society and Natural Resources*, Vol. 23, No. 5, April 2010, pp. 401-416.

Marsden T., et al., *Rural Restructuring: Global Processes and Their Responses*, London: David Fulton Publishers Ltd., 1990, pp. 43-44.

Meijer A., et al., "Governing the Smart City: A Review of The Literature on Smart Urban Governance", *International Review of Administrative Science*, Vol. 82, No. 2, June 2016, pp. 392-408.

Nahlik M. J., Chester M. V., "Transit-oriented Smart Growth can Reduce Life-cycle Environmental Impacts and Household Costs in Los Angeles", *Transport Policy*, Vol. 35, No. 10, September 2014, pp. 21-30.

Nee V., "A Theory of Market Transition from Redistribution to Market in State Socialism", *Amercian Socilogical Review*, Vol. 54, No. 5, October 1989, pp. 663-681.

Nelson D. R., "Adaptation to Environmental Change: Contributions of A Resilience Framework", *Annual Review of Environment and Resources*, Vol. 31, No. 1, November 2007, pp. 395-419.

Patrick D., *Digital Era Governance: IT Corporations, the State, and E-Government*, Oxford: Oxford University Press, 2006, pp. 227-229.

Philip K., *Marketing Moves: A New Approach to Profits, Growth and Renewal, Harvard: Harvard Business School Publishing Corporation, 2002.

Rahim M. A. , "A Measure of Styles of Handling Interpersonal Conflict", Academy of Management Journal, Vol. 26, No. 2, June 1983, pp. 368-376.

Rasche A. , "Collaborative Governance 2.0", Corporate Governance: International Journal of Business in Society, Vol. 10, No. 4, September 2010, pp. 500-511.

Resnik, David B. , "Urban Sprawl, Smart Growth, and Deliberative Democracy", American Journal of Public Health, Vol. 100, No. 2, October 2010, pp. 1852-1856.

Robert, Putnam, Making, Democracy: Civic Traditions in Modern Italy, Princeton, NJ: Princeton University Press, 1993.

Rose A. , "Economic Resilience to Disasters: Toward A Consistent and Comprehensive Formulation", In D. Paton & D. Johnston, eds. , Disaster Resilience: An Integrated Approach, 2004.

Rosemary O. , et al. , "Introduction to the Symposium on Collaborative Public Management", Public Administration Review, Vol. 66, No. 1, 2006, pp. 6-10.

Ruopu L. , et al. , "Challenges and Opportunities for Coping with the Smart Divide in Rural America", Annals of the American Association of Geographers, Vol. 110, No. 2, January 2020, pp. 559-570.

Schreier M. , Qualitative Content Analysis in Practice, London: Sage Publications Ltds, 2012, pp. 38-41.

Snow D. A. , et al. , "Frame Alignment Processes, Mobilization, and Movement Participation", American Sociological Review, Vol. 51, No. 4, August 1986, pp. 464-481.

Timmerman P. , "Vulnerability, Resilience and the Collapse of Society: A Review of Models and Possible Climatic", Institute For Environmental Studies, University Of Toronto, 1981.

Vaishar A. , Stastna M. , "Smart Village and Sustainability. Southern Moravia Case Study", European Countryside, Vol. 11, No. 4, December 2019, pp. 651-660.

Walker B. , et al. , "Resilience, Adaptability and Transformability in

Social-Ecological Systems", *Ecology and Society*, Vol. 9, No. 2, September 2004, pp. 158-166.

Woods M., *Rural Geography: Processes, Responses and Experiences in Rural Restructuring*, London: Sage, 2005.

Woods M., "Performing Rurality and Practising Rural Geography", *Progress in Human Geography*, Vol. 34, No. 6, February 2010, pp. 835-846.

Zadek S., "Global Collaborative Governance: There Is No Alternative", *Corporate Governance: The International Journal of Business in Society*, Vol. 8, No. 4, August 2008, pp. 374-383.

后 记

时间定格在 2024 年，这一年距离我 2018 年 6 月完成博士毕业论文答辩恰好是 6 年的时间。6 年对于我来说不长也不短，这段时间我在杭州师范大学工作，经历了学院由政治与社会学院向公共管理学院的历史转型以及和新成立的公共管理学院一起成长进步。这段时间我从一位应届博士毕业生转型为一位教学科研型教师，用我的专业知识和满腹激情指导学生两次获得浙江省"挑战杯"大学生课外学术作品竞赛特等奖和金奖。这段时间我也顺利完成了浙江大学公共管理学院和杭州国际城市学研究中心的博士后研究工作，更加熟悉掌握公共管理学科的前沿知识。这段时间我除了投身于学术研究，也带着各种思考和诸多疑问走向了浙江大地，足迹遍布浙江省 11 个地级市 90 个县的 800 余个村庄。更重要的是，这段时间我扎根在作为共同富裕示范区和数字乡村引领区的浙江大地上书写着"数字乡村"主题学术文章，让我对数字治理产生了新的认知与领悟。这段时间我专攻于数字乡村前沿领域研究，在学术界也逐渐留下了一些观点性思考。其间，有许多知名高校博士研究生和青年教师与我联系，加我为好友，和我深度交流，激励着我的学术激情与研究兴趣，让我真正地体会到"有朋自远方来、不亦乐乎"的真谛。

我是国内较早从事"数字乡村"专题研究的学者之一。早在 2018 年中央一号文件提出实施数字乡村战略开始，我就围绕"数字乡村"议题展开研究。尤其是 2019 年 5 月中共中央办公厅、国务院办公厅印发的《数字乡村发展战略纲要》提出，数字乡村是伴随网络化、信息化和数字化在农业农村经济社会发展中的应用以及农民现代信息技能的提高而内生的农业农村现代化发展和转型进程，既是乡村振兴的战略方向，也是建设数字中国的重要内容。由此，数字乡村战略在中国大地上开始大规模地实施推广。这也为我的学术研究赢来了宝贵的时代契机和广阔的创作空间。2023 年 2 月，中央网信办、农业农村部和浙江省正式签署了共建数字乡村引领区合作备忘录，浙江省成为目前全国唯一的数字乡村引领区。2023年3月，浙江率先制定实施《数字乡村建设规范》省级地方标准。2023年5月，在首批117个国家数字乡村试点终期评估中，浙江的四个国家级试点——湖州德清县、嘉兴平湖县、杭州临安区、宁波慈溪市，分列全国第一、第五、第十、第十一位。据中央网信办和农业农村部指导发布的《中国数字乡村发展报告（2022年）》显示，截至2021年，全国数字乡村发展总体水平已达到39.1%，其中，浙江省数字乡村发展水平达68.3%，连续四年蝉联全国第一位。由此可见，在浙江省开展数字乡村研究有着先天优势和后发潜力，这也是驱使我国长期关注这一选题的重要原因。

学术的道路是艰辛的，但也是幸福的。这一路走来，我要感谢的人太多，正是因为他们的理解、支持、鼓励、帮助和包容，才使我在自己喜欢的领域开展学术研究。

首先，我要感谢我的导师。不论是硕士生导师陈剩勇教授，还是博士生导师刘祖云教授以及博士后合作导师曹正汉教授，每一位导师严谨的治学风格、踏实勤奋的研究态度以及肯于专研的学术品格，都值得我敬佩和学习。可以说，我学术研究取得的各项成绩，都离不开这几位恩师的栽培与指导。正是在他们的深刻影响下，我才慢慢地走上了学术道路，也才逐渐开启了数字乡村议题研究的学术生涯。在此感谢我的导师们，我会继续在这条康庄大道上阔步前行。

其次，我要感谢编辑老师。他们的认真编辑、思路启发以及学术指导，极大地帮助了我的学术作品得以刊登，才使我的一些数字乡村想法得以让更多的学界朋友看到听到。他们分别是《政治学研究》的王炳权老师、林立公老师，《农业经济问题》的吕新业老师，《电子政务》的张建辉老师、宋文好老师，《人文杂志》的秦开凤老师，《中州学刊》的郑琼老师，《学术界》的刘姝媛老师，《东南学术》的童传轩老师，《管理学刊》的张跃胜老师，《治理研究》的徐东涛老师，《河南社会科学》的王秀芳老师，《西安交通大学学报（社科版）》的高原老师，《南京农业大学学报（社科版）》的宋雪飞老师，《天津行政学院学报》的贾双跃老师，《杭州师范大学学报（社科版）》的蒋金珅老师等。还有太多的编辑老师需要感谢，在此表达我诚挚的谢意，我将继续努力写作，期待未来有更多高质量的论文能得到编辑老师们的指导。

再次，我要感谢我的同事领导和朋友。朋友是成功道路上的一位良师，正是他们的支持帮助，为我营造了良好的学习氛围以及足够的思考空间，才能使本书得以出版。他们是杭州师范大学原副校长陈永富教授、陈丹宇教授、陈凡教授、陈礼珍教授、卢福营教授、朱俊瑞教授、傅昌銮教授、潘国旗教授、王光银教授、黄俊尧教授、赵光勇副教授、陈小华副教授、周五四副教授、施远涛老师、吕鸿强老师、李晨行老师、毛叶昕老师等。还有我的朋友，他们是杭州国际城市学研究中心的江山舞主任、杜红心副主任、毛燕武处长、李燕副处长、蒋捷、戴辰、宋航、楼佳飞、宋逸香、汪聪聪、蓝佐坤等。浙江大学博士后来晓维、王辉、马颖杰、邹静、徐可西、王江红等。还有浙江大学的刘慧梅教授、浙江传媒学院的徐爱华教授、浙江开放大学的吴乐珍副教授，浙江工商大学的江亚洲副教授、南京农业大学的范虹珏副教授、西北农林科技大学的胡卫卫副教授、华中师范大学的李华胤副教授、南京航空航天大学的武小龙副教授、吉林大学的张国磊博士后、苏州大学的黄刚博士等。

最后，我要感谢我的家人，尤其是我的父母。他们始终坚信知识改变命运、读书才是最好的出路，正是这种信念使他们非常支持我的学业，并且经常鼓励我要努力读书、踏实做人。我还要特别感谢我的爱人和我的儿子，6年的时光我大部分时间都投入学术研究中，很多时候晚上回家她们早已入睡。早上起床，我就又急匆匆地赶往学校加班工作。我时常和她们说工作是为了更好地生活，可我自己也没怎么做到，实在愧疚。尽管近两年我慢慢调整工作状态，开始逐渐回归家庭，但离我家人的期待还有很大差距，希望接下来努力做到多陪伴，感谢你们的支持与理解。

"路漫漫其修远兮、吾将上下而求索"。伴随着经济社会转型、乡村治理现代化、互联网技术发展以及村民权益保障等时代发展趋势要求，期待未来的自己能在数字乡村领域取得更大的突破，也希望我的研究能给人们带来一定的获益，这也许是当初写该书的初衷吧！

2024年3月12日于杭州师范大学